JESÚS MOSTERÍN

¡VIVAN LOS ANIMALES!

TEMAS DE
DEBATE

Primera edición: noviembre 1998
© Jesús Mosterín, 1998
© De esta edición, Editorial Debate, S.A.,
O'Donnell, 19, 28009 Madrid

I.S.B.N.: 84-8306-141-4
Depósito Legal: M.37.232-1998
Compuesto en VERSAL, A.G., S.L.
Impreso en Unigraf, Arroyomolinos, Móstoles (Madrid)
Impreso en España *(Printed in Spain)*

SUMARIO

Prólogo

El título de este libro —*¡Vivan los animales!*— tiene un doble sentido: de celebración, por un lado; de denuncia y reivindicación, por el otro.

Los animales son sistemas maravillosos. Describirlos es celebrarlos. En este libro, la celebración de los animales, que ocupa los nueve primeros capítulos, adopta la forma de una exposición muy resumida de lo que sabemos de ellos, o, mejor dicho, de nosotros. En efecto, y metáforas aparte, nosotros no somos ángeles ni computadoras, sino animales. Todo lo que decimos acerca de los animales vale también para nosotros. Por eso nuestra celebración de los animales es una autocelebración. Y nuestra conciencia animalista es un componente esencial de nuestra propia autoconciencia. Mi exposición es necesariamente incompleta y lamentablemente desequilibrada, tanto en el tono empleado como en los temas tratados. Mi única excusa es que este escrito —una ensalada de ciencia, filosofía, documentación y reflexión moral— no es ni pretende ser un libro de texto. Aunque he tratado de escribir un libro claro y ameno, quizá en ciertos capítulos no lo haya conseguido. En ese caso, recomiendo al lector que se los salte y pase a los siguientes.

Los diez últimos capítulos están dedicados a la denuncia de la crueldad y a la reivindicación de una convivencia armoniosa entre todos los habitantes de este pequeño planeta. Los animales no humanos han sido y siguen siendo maltratados hasta extremos inverosímiles de crueldad, en nombre de un especieísmo mafioso y supersticioso, basado en la ignorancia científica y la irresponsabilidad moral. Nuestra saña destructiva incluso está arruinando la gloriosa riqueza de la biosfera, de la que nosotros somos un mero tejido que algunos se empeñan en convertir en canceroso. La vanguardia de la moral pasa ahora por decir: ¡Basta ya! Este libro pretende contribuir a esa toma de conciencia.

Nuestra cultura está demasiado dividida en compartimentos estancos. Por un lado, las ciencias; por otro, las humanidades. Por un lado, el conocimiento científico; por otro, la preocupación moral. Por un lado, la ciencia de laboratorio; por otro, la historia natural. Por un lado, el interés ecologista; por otro, la compasión por las criaturas. Incluso los expertos y activistas de los diversos campos se ignoran entre sí o se miran con desconfianza. Así la visión global se resquebraja y se rompe en mil pedazos inconexos. Aquí tratamos de recomponer parte de ese espejo roto. Lo que necesitamos es una visión global y coherente, teórica y práctica, que nos ayude a vivir con lucidez y a tomar decisiones con responsabilidad. Ojalá el lector, al acabar la lectura del libro, comparta la fascinación y el entusiasmo por los animales, y acabe gritando conmigo: ¡Vivan los animales!

Capítulo I

El milagro de la vida

¿Qué es la vida?

Si un milagro es algo extremadamente raro e improbable y, sin embargo, admirable y maravilloso, entonces la vida es el milagro por antonomasia. Desde un punto de vista teórico, casi sería de esperar que algo tan inverosímil y alejado del equilibrio como la vida no existiera, si no fuera porque nosotros mismos estamos vivos y lo sabemos. Desde un punto de vista observacional, la exploración del universo con nuestros telescopios y detectores de todo tipo nos descubre un mundo de inmensas nubes de gas y polvo, de explosiones cataclísmicas, de estrellas y galaxias luminosas, donde la vida parecería no tener lugar. Sin embargo, si dirigimos nuestra vista a nuestro entorno más inmediato, a la superficie de nuestro pequeño planeta Tierra, nos encontramos rodeados de criaturas vivas, milagros vivientes como nosotros.

La Tierra es un oasis de vida en medio de un desierto abiótico, un rincón privilegiado y mágico, el santuario cósmico de cuanto valoramos. La vida no desempeña un gran papel en la economía del universo. A gran escala, el universo está regido por la fuerza gravitatoria (la curvatura del espacio-tiempo), que depende sólo de la distribución y densidad de la materia. A esa escala cósmica, la masa de los seres vivos es totalmente insignificante. Sin embargo, aunque insignificante a nivel cósmico, la vida ocupa el lugar central en nuestra conciencia, en nuestros afectos y preocupaciones, en nuestros valores y emociones. Desde este punto de vista subjetivo, y para nosotros, que somos seres vivos, la vida es lo que más (nos) importa.

9

¿Hay otros rincones milagrosos en nuestra galaxia, o en otras galaxias? ¿Resuena el pálpito de la vida en planetas lejanos de exóticas estrellas? No lo sabemos. Puede que sí y puede que no. Es muy posible que haya vida extraterrestre, y nos alegraríamos de que así fuera, pero no estamos seguros. Ni siquiera estamos seguros de entender lo que significa la noción de vida, en general, pues sólo conocemos y tenemos noticia de un tipo de vida muy especial, la nuestra, la vida terrestre, que compartimos todos los seres vivos del planeta Tierra. Seguro que, si hay vida en otros lugares del universo, ésta será diferente de la nuestra, pero no sabemos en qué se diferenciará.

¿Qué es la vida? Se han propuesto diversas definiciones, cada una de las cuales capta un aspecto esencial de la vida, aunque todas ellas son insuficientes y se aplican también a entidades no vivas. Pasemos revista a algunas:

(1) La definición metabólica de la vida: está vivo cuanto ingiere, metaboliza y excreta. En efecto, todos los seres vivos somos sistemas abiertos, que constantemente absorbemos de nuestro entorno materia y energía, que transformamos en nuestra propia sustancia y utilizamos para nuestras propias funciones, y cuyos residuos excretamos al exterior. Sin embargo, lo mismo puede decirse de los automóviles o de la llama de una vela.

(2) La definición termodinámica de la vida: está vivo cuanto permanece en desequilibrio termodinámico. En efecto, una característica fundamental de los seres vivos —la base de su improbabilidad y excepcionalidad— es su estado de desequilibrio. El segundo principio de la termodinámica afirma que la entropía (la medida física del desorden) de un sistema aislado no puede por menos de crecer. Como el universo es un sistema aislado, su entropía está en continuo crecimiento; de hecho, aumenta con cada cambio que se produce en el mundo. Este principio explica la tendencia natural de los sistemas a la desorganización y al frío. El agua caliente se enfría (hasta la temperatura ambiente) espontáneamente, pero el agua fría no se calienta por sí sola. El café y la leche se mezclan espontáneamente, pero no se separan de por sí. Las máquinas se estropean, la

ropa se ensucia y la habitación se desordena, casi sin darnos cuenta; pero hace falta una esforzada intervención nuestra para arreglar la máquina, lavar la ropa y ordenar la habitación. Dentro de esta tendencia general del universo hacia el desorden, la desorganización y el frío, los seres vivos representan excepciones locales. Todo organismo es una excepción cósmica, nada a contracorriente, en él se incrementan el orden, la organización y la temperatura, y se reduce la entropía. (Esto no contradice en modo alguno al segundo principio, pues los organismos no son sistemas aislados, sino sistemas abiertos a su entorno, con el que intercambian constantemente materia y energía.) Sin embargo, también hay otros sistemas abióticos en desequilibrio termodinámico, como el rayo o la capa de ozono.

(3) La definición de la vida en términos de reproducción: está vivo cuanto se reproduce a sí mismo, cualquier sistema autorreproductivo. En efecto, el juego de la vida es un juego reproductivo, un permanente concurso de fórmulas de autorreplicación, en el que gana quien se reproduce más y mejor. Sin duda, todos los seres vivos se reproducen a sí mismos. Por eso las macromoléculas orgánicas (como las proteínas) o incluso los virus no son seres vivos en sentido estricto, pues son incapaces de reproducirse por sí mismos. Sin embargo, hay programas informáticos (por ejemplo, los «virus» de computador) que se autorreproducen, sin estar vivos.

(4) La definición de la vida en términos de complejidad. El problema estriba en que carecemos de una medida satisfactoria de la complejidad, en general, y de la complejidad de los organismos, en particular. Uno podría pensar, por ejemplo, en medir la complejidad de un organismo por la longitud de su genoma (es decir, por la longitud de la secuencia de bases o letras que codifican su información genética), pero los resultados de esta medida no siempre corresponden con nuestras intuiciones. Las cebollas tienen cinco veces más DNA por célula que los humanes [1], ¡y los tulipanes diez veces más! Tampoco tenemos una noción precisa de la compleji-

---

[1] Los *humanes* son los seres humanos, hombres o mujeres. En singular, el *humán*.

11

dad en general. La medida matemáticamente más precisa es la de Kolmogorov, pero según ella los sistemas máximamente complejos son los caóticos, como la «nieve» de la pantalla del televisor, que no es un ser vivo.

(5) La definición evolucionaria de la vida: está vivo cuanto evoluciona por selección natural. Por ejemplo, en palabras de Francis Crick, «hay un criterio útil de demarcación entre lo vivo y lo no-vivo. ¿Está operando la selección natural, aunque sea de un modo muy simple? En caso afirmativo, un evento raro puede hacerse común. Si no, un evento raro se debe sólo a la casualidad y a la naturaleza intrínseca de las cosas» [2]. En efecto, Crick señala una propiedad fundamental de la vida: la de preservar los trucos improbables y milagrosos, si éstos resultan eficaces (para sobrevivir y reproducirse). Por eso la teoría darwiniana de la evolución es la mejor explicación científica de la asombrosa variedad y adaptación de los seres vivos. Las fuerzas creativas del azar (la mutación de los genes, la recombinación sexual, la deriva genética) fraguan una inmensa variedad de fórmulas o propuestas, que son luego seleccionadas por el filtro implacable de la selección natural. De todos modos, también las macromoléculas orgánicas sufrieron un proceso de evolución prebiótica (anterior a la vida, por definición) de tipo darwiniano, y lo mismo puede quizá decirse de los procesos de selección clonal en el sistema inmunitario o incluso de ciertos procesos de evolución cultural.

Características de la vida en la Tierra

Aunque todas estas definiciones parciales son insuficientes, en su conjunto caracterizan de un modo muy general a los seres vivos que conocemos: todos ellos metabolizan, están en desequilibrio, se reproducen, son complejos y han surgido de un proceso de evolu-

---

[2] Francis Crick, *Life Itself: Its Origin and Nature*, Nueva York, Simon and Schuster, 1981, p. 80.

ción darwiniana. De hecho, los seres vivos que conocemos, es decir, los seres vivos del planeta Tierra, comparten muchísimas cosas más, que han heredado de un ancestro común, del que todos ellos descienden. Muchas de estas características probablemente son peculiares de la vida terrestre, y otras podrían ser compartidas con formas de vida extraterrestre, si es que existen. De hecho no sabemos delimitar qué propiedades de la vida terrestre corresponden a constreñimientos universales de las leyes de la física y la química, y cuáles otras representan la herencia contingente de los accidentes azarosos de un antepasado común. En cualquier caso, a partir de ahora, siempre que hablemos de vida nos referiremos al único tipo de vida que conocemos, la que se ha desarrollado en nuestro planeta y de la que nosotros somos ejemplos típicos.

Los seres vivos terrestres estamos hechos (en más del 95 por 100 de nuestro peso) de cuatro tipos de átomos: hidrógeno, oxígeno, carbono y nitrógeno. Estos cuatro elementos químicos se encuentran entre los seis más frecuentes en el universo. Los otros dos, el helio y el neón, son gases inertes, que no forman compuestos químicos. El gran porcentaje de agua (por lo menos el 70 por 100) de los organismos explica la abundancia del hidrógeno y el oxígeno en su composición. En cuanto al carbono y el nitrógeno, son relativamente raros en nuestro planeta (donde abundan mucho más otros como el hierro, el silicio o el magnesio, escasos en nuestro interior).

Todos los seres vivos utilizamos el carbono como elemento estructural, en torno al cual construimos nuestras numerosas macromoléculas biológicas. El carbono es un elemento especialmente versátil, que puede combinarse establemente con cuatro átomos de hidrógeno y puede formar enlaces fuertes, pero rompibles, con átomos de oxígeno y nitrógeno, formando así moléculas especialmente largas y complejas, como las macromoléculas biológicas que constituyen la maquinaria celular. Quizá el silicio (que también combina con cuatro átomos de hidrógeno) podría ser la base de una bioquímica alienígena, pero en la bioquímica terrestre el elemento estructural es siempre el carbono.

La vida que conocemos se basa en el agua como disolvente. El agua proporciona el medio estable en el cual las moléculas orgánicas se disuelven e interactúan. Las reacciones vitales tienen lugar en el agua, sus ingredientes y residuos son transportados por el agua y, como ya señalamos, los seres vivos (bacterias o humanes, elefantes o plantas) somos agua en un 70 por 100. Por eso, siempre que se aplasta un ser vivo, se produce un charco. En planetas mucho más fríos que el nuestro otros disolventes, como el amoniaco o el alcohol metílico, tendrían ventajas, pues permanecen líquidos a temperaturas más bajas. Pero la vida en la Tierra se basa en el agua.

La gran mayoría de las macromoléculas de los seres vivos son polímeros, largas cadenas de elementos similares más simples, llamados monómeros. Entre los polímeros están las proteínas (cadenas de aminoácidos), los ácidos nucleicos (cadenas de nucleótidos) y los polisacáridos (cadenas de monosacáridos).

Las proteínas son los elementos estructurales de los que estamos hechos todos los seres vivos, los ladrillos de la arquitectura celular. La mitad del peso de los organismos que no es agua corresponde a las proteínas. Nuestras proteínas siempre están hechas de los mismos 20 tipos de aminoácidos. Otros muchos tipos de aminoácidos son posibles (y se encuentran, por ejemplo, en meteoritos procedentes del espacio exterior), pero la vida en la Tierra siempre construye sus proteínas a partir de esos 20 aminoácidos.

Los seres vivos son entidades improbables y enormemente alejadas del equilibrio, sistemas frágiles e inestables que navegan contra corriente, oponiéndose a la tendencia universal hacia la entropía y el desorden, resumida en la segunda ley de la termodinámica. Es sorprendente que haya seres vivos, y que no todo se reduzca a rocas y gases y plasmas. Estos sistemas tan excepcionales sólo pueden surgir, mantenerse y reproducirse a base de detectar, procesar, almacenar y usar información. La existencia, por efímera que sea, de un ser vivo es casi un milagro, es algo tan inverosímil y asombroso, que sólo puede explicarse por la aplicación simultánea y coordinada de miles de trucos sofisticados. Por muy rebuscado e improbable que sea un truco, una vez descubierto, registrado y almacenado, puede ser aplicado una y otra vez en millones de ocasiones y en millones de organismos. Un truco es información. Y, sin esa acumulación de información, la vida sería imposible. El uso de esa información acumulada nos permite a los organismos remontar la universal corriente entrópica y seguir avanzando sobre el abismo.

Los ácidos nucleicos (DNA y RNA) son las moléculas en que se codifica y almacena la información sobre cómo construir un ser vivo que funcione adecuadamente. La evolución, estabilidad y diversidad de la vida sería inconcebible sin un código genético que permitiera almacenar y transmitir con precisión todo el arsenal de recetas y trucos atesorado en el genoma de cada organismo. La información genética seguramente podría codificarse de diversas maneras, pero todos los seres vivos de la Tierra usamos el mismo código genético para hacerlo: todos usamos las mismas cuatro bases nitrogenadas (adenina, timina, guanina y citosina) para construir nuestro DNA, todos usamos las mismas secuencias de tres bases para codificar el mismo aminoácido, y el mecanismo de la transcripción y expresión de los mensajes genéticos es siempre el mismo.

Una de las características universales de los seres vivos actuales, heredada del ancestro común, es la producción y uso de ATP (trifosfato de adenosina) como moneda energética de la célula. Todas las células necesitan energía para realizar sus funciones vitales, para crecer y reproducirse, para mantener su individualidad en desequilibrio con el entorno. Las células generan energía por fermentación, fotosíntesis o respiración, y esa energía se invierte inmediatamente en la producción de ATP. La molécula de ATP se compone de la base nitrogenada adenina, del azúcar ribosa y de una secuencia de tres grupos fosfato (de ahí el nombre de trifosfato). Los enlaces que conectan los dos grupos fosfato exteriores con el resto de la molécula son muy energéticos, por lo que su separación libera gran cantidad de energía, que puede ser usada para cualquier reacción bioquímica, para ensamblar proteínas, para contraer un músculo o para cualquier otro proceso vital. Todos los organismos vivientes producen ATP. Donde hay vida, hay ATP. El ATP transporta la energía allí donde se necesite, dentro de la célula.

Todas estas uniformidades no parecen ser fruto de la necesidad, ni tampoco mera coincidencia. Sólo son explicables en función de una herencia compartida recibida de un ancestro común. Todos los seres vivos de este planeta somos parientes, descendemos de antepasados comunes, y por eso compartimos tantos mecanismos, propiedades y estructuras.

El origen de la vida

Nuestro sistema solar se formó hace unos 4.600 millones de años por la contracción gravitatoria de una nube de polvo y gas. El 99 por 100 del polvo y gas se condensó en el sol; el 1 por 100 restante dio lugar a los planetas, satélites y cometas. Nuestro planeta Tierra se formó también entonces. Durante los siguientes 600 millones de años no hubo un momento de tranquilidad. Por si la continua actividad volcánica interna fuera poco, el planeta estuvo constantemente bombardeado por una lluvia incesante de planetoides, cometas y meteoritos. En el laboratorio de la agitada Tierra primitiva probablemente se formarían ciertas moléculas orgánicas y aminoácidos. Otras serían aportadas por los cometas que bombardeaban la Tierra. A partir de esas moléculas orgánicas probablemente la vida surgió hace unos 3.900 millones de años mediante procesos que todavía no conocemos con seguridad (no porque falten las teorías al respecto, sino al revés, porque hay demasiadas teorías incompatibles entre sí).

El tema del origen de la vida sigue siendo controvertido. La vida, tal como ahora existe, está basada en un sistema dual en el que el DNA no puede replicarse sin enzimas previas y las enzimas no pueden construirse sin DNA previo. Obviamente, no puede haber sido así en sus orígenes. Parece que la vida surgió en forma de RNA autorreplicante. Quizá cien millones de años después del inicio del frágil experimento de la vida, éste se estabilizó al aislarse dentro de una membrana, y la función de almacenamiento de la información fue asumida por el DNA. Con ello ya había vida, células primitivas de las que todos los seres vivos actuales descendemos. La primera célula era básicamente una porción de DNA en una gotita de agua en la que estaban disueltas ciertas moléculas orgánicas. Cuando la lluvia de planetoides y meteoritos acabó por completo, hace unos 3.800 millones de años, ya se había formado la vida, como parecen indicar las huellas fósiles de materia orgánica halladas en las rocas sedimentarias más antiguas del mundo, en Isua (Groenlandia). Probablemente, pues, hace 3.800 millones de años ya había células. A partir de entonces la historia de la vida sería la historia de la evolución de las células.

La célula

La célula es el «átomo» de la vida, el mínimo trozo de realidad viviente. Posee ya todos los atributos de la vida. Todos los seres vivos o son células o están hechos de células. Nosotros mismos, los animales, somos repúblicas de células.

Toda célula es una bolsita de agua en la que están disueltas toda una serie de moléculas orgánicas esenciales, como el DNA (el procesador de información o «cerebro» de la célula, que posee todas las instrucciones para su funcionamiento) y los ribosomas, donde las instrucciones del DNA se llevan a la práctica ensamblando proteínas. Otras macromoléculas incluidas en la célula son las enzimas (proteínas que actúan como catalizadores de ciertas reacciones, como la replicación del DNA) y las moléculas que constituyen el combustible de las reacciones químicas de la célula, entre las que sobresale el ATP. Todo ello está rodeado por una membrana celular, constituida por una envoltura doble de lípidos, que aísla a la célula de su entorno, protegiendo a las reacciones químicas que tienen lugar en su interior de ser diluidas o perturbadas por el agua y los elementos tóxicos del exterior. Además, la membrana tiene proteínas especiales que actúan como puertas que permiten la entrada y salida selectiva de ciertas moléculas.

Desde el punto de vista de su alimentación, los seres vivos se clasifican en heterótrofos y autótrofos. Los heterótrofos (por ejemplo, los animales) obtienen la energía que necesitan descomponiendo las moléculas orgánicas que obtienen de su entorno exterior. Los autótrofos (por ejemplo, los vegetales no parásitos) fabrican en su interior las moléculas orgánicas que necesitan (fundamentalmente azúcares, como la glucosa) a partir de componentes inorgánicos y de la energía de la luz solar.

Las primeras células eran heterótrofas y se limitaban a utilizar las numerosas moléculas orgánicas disueltas (y en especial el ATP disuelto) en las aguas someras de los mares primigenios. El metabolismo de esas primeras células se basaba en la fermentación. La fermentación tiene lugar en ausencia de oxígeno y consiste en la degradación o descomposición de ciertos compuestos orgánicos (ciertos azúcares, como la glucosa, la sacarosa o la lactosa, o polisacáridos como la celulosa o el almidón, o alcoholes como el etanol, etc.) en otros más pequeños y con menos energía. La energía liberada en el proceso se utiliza para producir ATP. Esa degradación se produce a través de diversas series de reacciones químicas, que dan lugar a otros tantos tipos distintos de fermentación. Las bacterias fermentadoras abundan hoy en día en los suelos y aguas, depuran nuestras aguas residuales, agrian la leche y producen yogur y queso. La fermentación es una forma ineficiente de metabolismo: sus productos finales (como el ácido láctico), que se excretan al entorno, contienen todavía mucha energía usable.

Las arqueas metanógenas, consumen materia orgánica, y también generan energía por respiración anaerobia (respirando CO_2 en vez de O_2 como hacen los organismos aerobios) de un modo muy ineficiente, a base de producir metano y agua (y algo de energía) a partir del dióxido de carbono y el hidrógeno: $CO_2 + 4 H_2 \rightarrow CH_4 + 2 H_2O$ + energía. Las arqueas metanógenas siguen produciendo unos dos mil millones de toneladas de metano al año (todo el que se encuentra en la atmósfera). Todos los animales que comen celulosa (como los elefantes, las vacas o las termitas) sólo son capaces de digerirla gracias a la fermentación y degradación de la misma que producen las numerosísimas bacterias y arqueas de sus estómagos e intestinos. También nosotros llevamos las nuestras en el intestino, y nuestros modestos pedos contribuyen marginalmente al mantenimiento del metano atmosférico.

Oxígeno

Conforme las primeras células heterótrofas se iban multiplicando, iban acabando con los recursos acumulados de moléculas orgánicas, lo cual acabó conduciendo a una gran crisis alimentaria. Confrontadas a ese reto, algunas bacterias aprendieron a fabricar sus propios alimentos, su propia energía, su propio ATP. Algunas moléculas, como las porfirinas, son capaces de captar la energía de la luz y de almacenarla, elevando el nivel energético de sus electrones. Varias porfirinas fueron ensayadas por las células, y la más exitosa resultó ser la clorofila. Las células que contenían moléculas de clorofila usaban la energía de la luz solar que éstas acumulaban para fabricar su propia comida, sus propias moléculas orgánicas dentro de la célula.

Las bacterias fototróficas fueron los primeros organismos capaces de realizar la fotosíntesis o función clorofílica, fabricando así sus propios alimentos con ayuda de la luz solar y del dióxido de carbono de la atmósfera. Las primeras bacterias fototróficas eran anaerobias, y usaban el sulfuro de hidrógeno y el dióxido de carbono para producir (en presencia de la luz) glucosa, agua y azufre. Después aparecieron otras bacterias fototróficas, como las cianobacterias, que eran aerobias, y usaban el agua (H_2O) para reducir el dióxido de carbono (CO_2) del aire, liberando oxígeno molecular (O_2), y utilizando el carbono restante para fabricar glucosa ($C_6H_{12}O_6$), su alimento, en presencia de la luz solar, cuya energía aprovechaban por fotosíntesis: $6\ CO_2 + 6\ H_2O \rightarrow C_6H_{12}O_6 + 6\ O_2$ (en presencia de luz y clorofila).

Toda la vida en la Tierra es un proceso en desequilibrio, que sólo se mantiene a base de consumir continuamente grandes cantidades de energía procedente del sol. El sol es una inmensa central de fusión nuclear que constantemente libera energía en el espacio en forma de luz. La porción de esta luz solar que llega a la superficie de la Tierra cada año tiene una energía de unos 2×10^{24} J, de la cual entre un 1 y un 2 por 100 son absorbidos por los organismos fotosintetizadores (plantas, algas, fitoplancton). La fotosíntesis abrió el camino a la proliferación de las bacterias autótrofas y forma hoy en día la base energética de toda la vida. Cada año 7×10^{14} kg de dióxido de carbono atmosférico son fijados por la fotosíntesis, que a su vez libera en la atmósfera 5×10^{14} kg de oxígeno. En el proceso inverso de la respiración son luego absorbidas cantidades similares de oxígeno, y liberadas otras tantas de dióxido de carbono, de tal modo que las proporciones de oxígeno molecular y dióxido de carbono en la atmósfera permanecen estables.

La fotosíntesis fue un «invento» temprano e inicialmente peligroso en la evolución de la vida. El oxígeno generado en la fotosíntesis era sumamente tóxico para la propia célula, que tuvo que generar sus propios antídotos, en forma de moléculas antioxidantes. En 1992 se descubrieron en la formación rocosa de Apex, en Australia, huellas fósiles de hace 3.460 millones de años. Algunos de estos fósiles parecen cianobacterias, un tipo de bacterias fototróficas. Hasta entonces no había oxígeno en la atmósfera, pero las cianobacterias empezaron a producirlo y expulsarlo, envenenando así a sus vecinos y obteniendo los mejores lugares en los fondos bien iluminados de las aguas someras. Complejas comunidades de bacterias, coronadas por las cianobacterias fotosintetizadoras, fueron formando estromatolitos, curiosas formaciones rocosas recubiertas de un felpudo de bacterias. Los sedimentos que se iban quedando enredados entre las bacterias acababan combinándose con el carbonato cálcico del agua y formando una roca. Comparables en esto a los corales, los estromatolitos están muertos y rocosos por dentro y vivos por fuera. Las bacterias subían para evitar ser atrapadas por el proceso, y las columnas rocosas seguían creciendo. Los estromatolitos fueron la forma de vida dominante durante los siguientes cientos de millones de años.

Inicialmente había gran cantidad de hierro disuelto en el agua. Durante mucho tiempo, la mayor parte del oxígeno liberado por las cianobacterias de los estromatolitos se fue combinando con ese hierro disuelto, cayendo al fondo del mar como herrumbre u óxido de hierro. Así se formaron los principales depósitos de mineral de hierro (por ejemplo, de hematita, Fe_2O_3) que aún hoy explota la industria siderúrgica, y cuya existencia debemos a las antiguas cianobacterias. Sólo cuando este proceso de oxidación del hierro marino quedó concluido empezó a liberarse oxígeno en grandes cantidades a la atmósfera. La difusión del oxígeno en el mar y en la atmósfera creó la peor crisis ecológica de todos los tiempos, arrastrando a la mayoría de los organismos entonces existentes a la muerte y la extinción. En efecto, esos organismos, habiendo evolucionado en un medio carente de oxígeno, eran anaerobios, es decir, no podían tolerar el oxígeno, de una toxicidad letal para ellos, pues atacaba (oxidaba) sus estructuras moleculares.

La célula eucariota

Algunas bacterias aprendieron a domeñar la fuerza destructora del oxígeno, inventando la respiración aerobia, es decir, la combustión de las moléculas alimenticias para producir energía en forma de ATP, secretando agua y dióxido de carbono. La respiración aerobia genera energía de un modo mucho más eficiente que los demás procesos metabólicos, como la fermentación o la respiración anaerobia.

Algunas de esas bacterias exitosas, capaces de transformar el problema del oxígeno venenoso en la oportunidad del progreso energético, se convirtieron en temibles predadores de las otras bacterias y arqueas, en las que penetraban, oxidando sus componentes y multiplicándose a su costa. Las bacterias demasiado agresivas acababan pronto con su hospedante y morían con él. Sin embargo, las predadoras moderadas explotaban a su hospedante sin acabar con él y sobrevivían, convirtiéndose en lo que luego serían las mitocondrias, los orgánulos generadores de energía de la célula eucariota. Además,

21

esta asociación simbiótica era mutuamente beneficiosa. La arquea hospedante proporcionaba a la bacteria conquistadora un ambiente tranquilo y propicio y una provisión regular de comida. La agresora, por su parte, se multiplicaba moderadamente en su interior, y ella y su descendencia producían un exceso de energía, de ATP, del que se beneficiaba el resto de la célula hospedante. Algunas de estas simbiosis se estabilizaron y se convirtieron en los antepasados de las células eucariotas actuales. La célula eucariota (con núcleo, la nuestra) parece haber surgido hace unos 2.000 millones de años. Más tarde algunos de los primeros eucarios fagocitaron a algunas cianobacterias, que se convirtieron en los antepasados de los cloroplastos de las algas y plantas posteriores. La teoría del origen endosimbionte de la célula eucariota fue propuesta por Lynn Margulis en 1967 y hoy está generalmente aceptada.

Sexualidad

La manera más sencilla de reproducirse un organismo es por simple duplicación o clonación. Así es como se reproducen, por ejemplo, los organismos más abundantes, los procarios (bacterias y arqueas). Una bacteria va creciendo hasta alcanzar un cierto tamaño máximo. Entonces, duplica su material genético y se divide en dos bacterias más pequeñas genéticamente idénticas. Éstas, a su vez, crecen hasta alcanzar el tamaño máximo y vuelven a replicarse. La división bacteriana atraviesa tres estadios cíclicos: (1) el material genético (el DNA) de la bacteria se replica. Pausa. (2) La célula se parte en dos células, cada una de las cuales tiene la mitad de tamaño que la originaria y posee una de las copias del DNA en su citoplasma. Pausa. (3) Cada una de las bacterias resultantes crece hasta alcanzar el tamaño de la originaria. Y vuelta a empezar. El rigor de la autocopia del cromosoma garantiza que las células hijas tendrán la misma composición genética que la célula madre. Todo el clon permanece idéntico, con la excepción de las posibles mutaciones.

Así se consigue una multiplicación rápida y eficiente. En condiciones óptimas, muchas bacterias (como *Escherichia coli*, presente en nuestro intestino) se replican cada veinte minutos, produciendo una nueva generación cada veinte minutos [3]. En condiciones óptimas de temperatura y disponibilidad de nutrientes, una sola bacteria produciría cien mil millones de bacterias iguales en sólo 12 horas. En 24 horas esa única bacteria se habría transformado en unas 5×10^{21} (es decir, cinco mil millones de millones de millones de) bacterias. En cuatro días produciría casi 10^{87} bacterias, lo cual es imposible en la práctica, pues ese número es superior al de partículas elementales en el universo observable. A pesar de que las mutaciones sólo tienen lugar muy raras veces en el proceso reproductivo, el ritmo generacional es tan rápido que permite que un cierto número de mutaciones se produzcan y —si resultan favorables en su entorno— se difundan, por lo que de hecho las poblaciones bacterianas suelen ser genéticamente polimorfas.

Las bacterias conocen una cierta sexualidad, aunque separada de la reproducción. Un tal tipo de sexualidad es la conjugación bacteriana: a veces dos bacterias se juntan, pared contra pared, y una de ellas inyecta una copia de su DNA en la otra. Trozos de este DNA exógeno se introducen en los lugares correspondientes del DNA propio durante su replicación. Al final, la célula receptora acaba teniendo un DNA recombinado, una mezcla del suyo propio y del ajeno, produciéndose así un genoma nuevo y distinto al anterior. Otro tipo de sexualidad es la transducción, en la cual ciertos virus recogen fragmentos del DNA de una bacteria y los incorporan al DNA de otra bacteria distinta. Finalmente, hay un tercer tipo de sexualidad, denominado transformación: trozos de DNA que hay en el ambiente (procedentes de bacterias que se han roto y liberado su contenido en el exterior) pasan a la bacteria receptora y se recombinan con su DNA. La aparición periódica de esta conjugación,

---

[3] De hecho, en el intestino las condiciones son subóptimas y cada bacteria tiene que competir con miles de millones de otras bacterias, por que una *Escherichia coli* se reproduce «sólo» una vez cada 12 a 24 horas de promedio.

transducción, transformación y recombinación sexual extiende y mantiene el polimorfismo genético de las poblaciones, reforzando así sus oportunidades de adaptación y supervivencia. Esta facilidad para intercambiar material genético, esta ilimitada «promiscuidad» sexual, confiere a las bacterias una enorme variedad genética, que facilita considerablemente su eficaz adaptación a nuevos retos y circunstancias. Ello explica la preocupante y creciente resistencia de las bacterias patógenas a casi todos los antibióticos introducidos por los humanos para combatirlas.

La sexualidad, en principio, no tiene nada que ver con la reproducción. El sexo es un mecanismo para producir novedad y variedad genética, lo que se consigue «barajando» y recombinando genes procedentes de fuentes distintas. Como acabamos de ver, las bacterias practican el sexo con independencia de la reproducción. Sencillamente, dos bacterias se juntan e intercambian trozos de DNA a través de sus paredes. La situación cambiaría con los eucarios.

Desde hace al menos 2.000 millones de años hay células eucariotas, como las nuestras. Poseen un verdadero núcleo, separado por su membrana nuclear del citoplasma. Este núcleo contiene varios cromosomas. Cada especie tiene su cariotipo determinado, su peculiar estructura cromosómica. Algunas células eucariotas aprendieron a combinar la sexualidad con la reproducción, «inventando» la reproducción sexual, que es la manera como nos reproducimos la mayoría de los eucarios (muchos protistos, hongos, plantas y todos los animales). En la reproducción sexual, dos organismos diploides (con un doble juego de cromosomas en los núcleos de sus células) de distinto sexo producen gametos haploides (con un solo juego de cromosomas en sus núcleos) que, al juntarse y fecundarse, dan lugar a una nueva célula diploide o zigoto, origen de un nuevo organismo genéticamente inédito, novedoso y distinto de sus progenitores.

Aunque la reproducción sexual es mucho más complicada, lenta y costosa en energía que la asexual, posee la gran ventaja de que contribuye a la creación y preservación de variedad genética, de biodiversidad. Esa variabilidad y diversidad es el campo de actuación de la selección natural, que elige las variedades mejor adaptadas en cada momento a las circunstancias del entorno. Cuanto mayor sea esa diversidad, tanto más fácil será dar con trucos y soluciones óptimas a los problemas que el entorno presenta al organismo en cuestión. Por tanto, aunque la reproducción sexual es peor que la asexual desde un punto de vista de eficiencia reproductiva, es mejor desde el punto de vista de la evolución de estructuras biológicas nuevas, complejas y refinadas. Por ello, desde que apareció la reproducción sexual, el ritmo de la evolución biológica se aceleró notablemente y condujo pronto al surgimiento de organismos mucho más grandes y complejos que cuanto se había visto hasta entonces.

Aunque ha habido células eucariotas desde hace más de 2.000 millones de años, durante los primeros 800 millones de años no se aprecian grandes novedades evolutivas. Sólo desde que apareció la reproducción sexual (hace unos 1.200 millones de años) se aprecia una notable aceleración de la evolución biológica. Los genomas, recombinados en todas las direcciones, condujeron a una gran variedad de organismos. Esta profusión de nuevas formas de vida incluía auténticos organismos multicelulares, es decir, no sólo colonias de células iguales, como las algas gigantes, compuestas por enormes cantidades de protistos uniformes, sino organismos con células distintas, agrupadas en tejidos bien diferenciados estructural y funcionalmente.

La sexualidad dio también origen a las especies biológicas. Una especie está formada por una o varias poblaciones de organismos sexuales que se entrecruzan, que intercambian material genético entre sí, pero no con otros. Una especie es una población reproductivamente aislada, posee un acervo genético común, dentro del cual los genes de sus miembros se barajan y circulan. Los organismos que se reproducen asexualmente, como las bacterias, no constituyen especies propiamente dichas.

Clasificación de los seres vivos

La fantástica biodiversidad de nuestro planeta es el tesoro de información acumulado por la vida durante casi 4.000 millones de años de evolución. Para poder hablar y pensar sobre esa gran variedad de organismos, los biólogos los han clasificado en grandes grupos taxonómicos o taxones. La clasificación no es arbitraria, sino que trata de agrupar juntos a los organismos más emparentados entre sí, descendientes de antepasados comunes, es decir, se trata de que la taxonomía refleje la filogenia.

La mayor diferencia entre los organismos estriba en el tipo de células de que están hechos. Las células se dividen en procariotas (pequeñas, carentes de núcleo y cromosomas) y eucariotas (grandes, provistas de un núcleo con membrana que contiene cromosomas y de orgánulos diversos, algunos de los cuales —como las mitocondrias o los cloroplastos— tienen su propio DNA independiente). Los organismos constituidos por una célula procariota se llaman procarios (*Prokarya*); los organismos compuestos de células eucariotas se llaman eucarios (*Eukarya*).

Los procarios se dividieron hace unos 3,7 millones de años en dos ramas distintas, las arqueas y las bacterias, según su adaptación a condiciones diversas, conseguida mediante el desarrollo de tipos distintos de membranas. Las arqueas (*Archaea*) se adaptaron a las temperaturas más altas, y todavía hoy en día se encuentran en ambientes de temperatura o acidez extremas, como los géiseres, los volcanes y los manantiales sulfurosos submarinos. Las bacterias (*Eubacteria*) se adaptaron a las temperaturas más bajas, y siguen siendo ubicuas y numerosísimas. Cada humán, por ejemplo, porta en su intestino miles de millones de bacterias *Escherichia coli*. De hecho, las arqueas y las bacterias son grupos muy diferentes, que llevan 3,7 millones de años evolucionando independientemente, como muestra el análisis molecular de sus diferencias genéticas.

Las células eucariotas se formaron por fagocitosis o asociación simbiótica de procarios previamente existentes, y ésa es la razón de que algunos orgánulos, como las mitocondrias (o los cloroplastos de las plantas) tengan su propio DNA, procedente de antepasados distintos al del núcleo. Las células eucariotas suelen ser mucho más grandes que las procariotas, unas mil o incluso diez mil veces mayores (en volumen), y tienen una estructura mucho más compleja. Nosotros, los animales, estamos compuestos de células eucariotas, somos eucarios.

Los procarios siempre son unicelulares; los eucarios pueden ser unicelulares o multicelulares. Los eucarios unicelulares (células eucariotas aisladas o colonias de células eucariotas uniformes, no diferenciadas en tejidos distintos) constituyen el reino de los protistos (*Protista*), que incluye, por ejemplo, a las amebas, los paramecios y todo tipo de algas. Los eucarios multicelulares se agrupan en tres reinos distintos: los hongos, las plantas y los animales.

Los hongos (*Fungi*) son eucarios que se desarrollan a partir de esporas y carecen de undulipodios (cilios o flagelos). Proceden de ciertos protistos como las algas rojas o *Rhodophyta*. Los hongos incluyen las levaduras, las setas, etc.

Las plantas (*Plantae*) se desarrollan a partir de embriones. La mayoría de las plantas son autótrofas, fabrican su propia comida mediante la fotosíntesis que tiene lugar en sus cloroplastos. Poseen en sus células, además de su genoma principal (contenido en los cromosomas del núcleo), otros dos genomas secundarios en sus mitocondrias y cloroplastos. Proceden de las algas verdes o *Chlorophyta*. Las plantas incluyen los musgos, los helechos, las hierbas, los árboles, etc.

Los animales (*Animalia*) se desarrollan a partir de blástulas (bolsas de células). Son heterótrofos, incapaces de fabricar su propia comida, que tienen que buscar en el exterior. Poseen su propio genoma principal (en el núcleo) y otro secundario en sus mitocondrias. Proceden de protistos aún no bien identificados. Los animales incluyen una gran variedad de organismos, desde las esponjas y las medusas hasta los mosquitos, los pulpos, los elefantes y nosotros, los humanos.

Todos los seres vivos estamos emparentados (en sentido literal, no metafórico), todos procedemos de antepasados comunes. La relación de parentesco es tanto más estrecha cuantas menos generaciones tenemos que recorrer hacia atrás para encontrar antepasados comunes. Por eso estamos más emparentados con nuestros hermanos (con los que compartimos antepasados comunes una generación atrás) que con nuestros primos (con los que sólo los compartimos dos generaciones atrás). Los animales estamos mucho más estrechamente emparentados entre nosotros que con los miembros de otros reinos, pero también somos parientes lejanos de las plantas, los hongos, los protistos e incluso de las bacterias y las arqueas. Además de estar emparentados con los otros seres vivos, los animales dependemos totalmente de ellos. Todos los seres vivos formamos una gran familia interdependiente, turbulenta y abigarrada, cuyo destino compartimos.

De hecho, la biosfera entera de nuestro planeta es como un gran ser vivo, del que todos formamos parte. La atmósfera de la Tierra tiene una composición química altamente improbable y en completo desequilibrio termodinámico. Sin la acción constante de los seres vivos, la atmósfera terrestre sería parecida a la de Venus o Marte, compuesta casi enteramente de dióxido de carbono y con muy poco nitrógeno y casi nada de oxígeno, y en equilibrio. Sin embargo, la atmósfera terrestre no es así: se compone casi enteramente de nitrógeno y oxígeno. El oxígeno es altamente reactivo y su masiva presencia en la atmósfera (21 por 100) es sorprendente y sólo explicable por la acción de los seres vivos que lo produjeron y constantemente lo renuevan, como ha enfatizado James Lovelock[4]. Quizá en el universo haya diversas biosferas, donde formas radicalmente distintas de vida habrán tenido orígenes diferentes. A escala cósmica esas biosferas serían los seres vivos más conspicuos, los objetos genuinos de una biología universal. De momento sólo tenemos noticia de una biosfera, la terrestre, de la cual nosotros somos componentes minúsculos y momentos efímeros. Toda nuestra biología actual es meramente la biografía de este único organismo que es nuestra biosfera.

---

[4] Jim Lovelock, *Gaia: A New look at Life on Earth*, Oxford University Press, 1979. Sobre el estatus epistémico de la hipótesis de Gaia, véase H. Schneider y P. Boston (ed.): *Scientists on Gaia*, The MIT Press, 1991.

Las dos biologías

La biología es el estudio científico de la vida y de los seres vivos. La vida, tal y como se ha desarrollado en la Tierra, tiene un origen único. Todos los seres vivos descendemos de un ancestro común, del que hemos heredado muchas de nuestras características y mecanismos fundamentales. Como ya vimos, todos los organismos estamos hechos de las mismas moléculas (proteínas, ácidos nucleicos, polisacáridos), funcionamos mediante los mismos procesos (como el almacenamiento de la energía en ATP), y nos ensamblamos conforme a las mismas instrucciones, registradas en el mismo código genético.

Los biólogos moleculares han descubierto que esos procesos y mecanismos comunes y fundamentales de la vida pueden ser investigados con todo detalle a nivel molecular en el laboratorio. La biología molecular ha cosechado éxitos decisivos en ese empeño, sobre todo desde que Francis Crick y James Watson descifraron en 1953 la estructura en doble hélice del DNA. Poco a poco hemos ido desentrañando los secretos básicos de la vida. Probablemente en ningún otro campo de la ciencia el progreso en los últimos cincuenta años ha sido tan espectacular como en la biología molecular.

Desde un punto de vista fundamental, tanto da estudiar un organismo como otro: los resultados obtenidos en la investigación de un ser vivo con frecuencia pueden extrapolarse a todos los demás. Por eso la investigación se ha ido concentrando en unos pocos organismos, aquellos que por su exiguo tamaño, su simple genoma, su fecundidad reproductiva y su facilidad de manipulación en el laboratorio han acabado acaparando la atención de los biólogos y sirviendo de modelo de todos los demás. A este club tan exclusivo sólo han logrado entrar una bacteria, un hongo, una planta, un gusano, una mosca y un ratón. Mucho de lo que hoy sabemos de nosotros mismos lo hemos aprendido de ellos. Y, puesto que los mecanismos fundamentales de la vida están codificados en los genes, la investigación de los procesos biológicos pasa con frecuencia por el desciframiento, «lectura» e interpretación de los genes que los expresan.

Aunque la mayor parte de los seres vivos son bacterias, no tenemos ni idea de cuántas haya ni de cuál sea su variedad, pues ni siquiera la noción de especie les es aplicable. Sin embargo, de la enterobacteria *Escherichia coli* se sabe más que de ningún otro organismo. *Escherichia*, que vive en el intestino grueso de los animales, fue aislada por primera vez en 1922, y esa cepa (denominada K-12) se convirtió a partir de 1945 en el objeto predilecto de la investigación bioquímica, genética y molecular. Una de sus ventajas es que —como vimos— se multiplica muy deprisa. A finales de 1997 se publicó[5] la secuencia completa del genoma de *Escherichia coli*, que abarca 4.403 genes, con un total de 4.639.221 pares de bases de DNA. La representación del genoma ocupa un desplegable de 12 páginas en la revista *Science*, donde se indica la función de cada gen, si se conoce.

La gran mayoría de especies de hongos están aún por descubrir. De las 60.000 descritas, la más afortunada (desde el punto de vista de su investigación) ha sido la famosa levadura de la cerveza (*Saccharomyces cerevisiae*), que fue el primer hongo (e incluso el primer eucario) cuyo genoma (de unos 13 millones de pares de bases) se acabó de secuenciar, en 1996. Esta levadura ha sido el organismo más utilizado como modelo para el estudio de la genética molecular de los eucarios.

Aunque hay unas 250.000 especies descritas de antófitos (plantas con flores), la atención de los científicos se ha concentrado en una: *Arabidopsis thaliana*. Esta plantita (pariente de la col) de genoma sencillo crece bien en el laboratorio bajo las lámparas fluorescentes, se reproduce rápidamente y es tan pequeña que miles de ejemplares caben sobre una mesa. Sobre ella se realiza gran parte de la investigación actual en ingeniería genética y desarrollo vegetal. El genoma de *Arabidopsis* consta de unos 100 millones de pares de bases, que conforman unos 15.000 genes. En 1998 se

---

[5] En *Science*, 227, 1997, pp. 1453-1462.

anunció[6] una primera secuenciación parcial de este genoma. Actualmente *Arabidopsis thaliana* constituye nuestro principal modelo experimental para el conocimiento de los mecanismos del mundo vegetal.

Entre los animales, un nematodo, una mosca y un ratón han sido los modelos favoritos. El nematodo *Caenorhabditis elegans* es como un hilito transparente de un milímetro. Este gusanito se reproduce en tres días, crece bien en la placa de Petri en el laboratorio, se conforma con un menú de bacterias, se puede guardar en el congelador y enseña todas sus interioridades a través de su piel transparente, con lo que nos sirve de modelo para estudiar el desarrollo de los animales. Cada *Caenorhabditis elegans* consta de exactamente 558 células, que se forman a partir de unas pocas células embrionarias por un proceso uniforme y genéticamente determinado en todos sus detalles. Ya se ha logrado descifrar gran parte del genoma de *Caenorhabditis* (que parece tener cerca de 13.000 genes, 6 veces menos que nosotros), cuya secuenciación está a punto de acabarse, por lo que será el primer animal del que tendremos un conocimiento genético completo. De todos modos, ningún animal ha recibido una atención comparable a la mosca *Drosophila melanogaster*, un insecto que se reproduce fácilmente y tiene un genoma sencillo (4 pares de cromosomas). Ya desde 1910 Thomas Morgan y su grupo de colaboradores (colectivamente conocidos como el *grupo de la Drosophila*) combinaron la genética mendeliana con la teoría cromosómica y la de las mutaciones, tomando a esta mosca como modelo genético por antonomasia, y abriendo así un camino que luego han seguido todos los genetistas del siglo XX. Entre los animales craniados, los más investigados han sido los ratones *(Mus musculus)* y ratas *(Rattus norvegicus),* que han servido de modelos de la biología y la psicología experimental de los vertebrados.

Aunque todos los libros de una biblioteca pueden estar escritos con las mismas letras y quizá incluso en la misma lengua, es la

---

[6] En *Nature,* 391, 1998, pp. 438-439.

variedad de sus mensajes y contenidos lo que verdaderamente interesa a sus lectores. Así también, los biólogos —ya desde Aristóteles— siempre han estado fascinados por la gloriosa diversidad de las manifestaciones de la vida. Es cierto que los líquenes que se forman sobre las rocas de las altas montañas, las bacterias que pululan en el rumen de una vaca, las algas marinas, los robles, las orquídeas, las hormigas, los elefantes africanos, los tiburones blancos y los guacamayos amazónicos tienen todos la misma maquinaria molecular fundamental y codifican sus instrucciones genéticas del mismo modo. Pero no es menos cierto que muchos biólogos siempre se han interesado por lo que cada uno de esos organismos tiene de distinto, peculiar, único e irrepetible, más bien que por los rasgos comunes. Este interés por la diversidad y la peculiaridad es la base de la biología naturalista. Son los naturalistas (como Darwin y Wallace) los que han desarrollado la teoría de la evolución, los que han clasificado la variedad de las formas de vida (sistemática) y su distribución en el espacio (biogeografía) y en el tiempo (paleontología), los que han analizado sus interrelaciones (ecología) y han estudiado la conducta de los animales (etología). El comportamiento sexual de los bonobos no se descubre analizando moléculas en el laboratorio, sino observándolos en acción en la selva congoleña.

Los mecanismos moleculares comunes producen no una única fórmula, sino millones y millones de fórmulas distintas para adaptarse a los diversos entornos, sobrevivir y reproducirse. La realidad presenta a los organismos todo tipo de retos y problemas, la continua lotería genética propone todo tipo de soluciones, y la selección natural va filtrando en cada momento las más eficientes. De todos modos, un número suficiente pasa el examen como para constituir la asombrosa biodiversidad que caracteriza a nuestra biosfera. Los naturalistas llevan tres siglos explorando esta biodiversidad y describiendo las especies que la componen. A pesar de todo, la gran mayoría (más del 90 por 100) de las especies está todavía por descubrir. A veces basta con recoger en un cubo sedimentos del fondo del mar o de una ciénaga, o recolectar insectos o plantas de una selva tropical primaria para encontrarse con especies desconocidas. Además, las especies que ahora existen constituyen sólo un pequeño porcentaje de las que han existido. Cada vez que los paleontólogos excavan los estratos de los yacimientos ricos en fósiles descubren formas nuevas. La variedad de la naturaleza asombra, fascina y produce vértigo.

La biología molecular se practica en los laboratorios, entre probetas, centrifugadoras y microscopios, con luz artificial y aire acondicionado. La biología naturalista avanza en los estudios de campo, excavando con pico y pala bajo el sol abrasador, trepando a las copas de los árboles, sudando y aguantando las picaduras de mosquitos, anillando aves. Con frecuencia los biólogos moleculares y los naturalistas son tipos distintos de personalidades, más metódicos y precisos los primeros, más intuitivos y aventureros los segundos. A veces se producen desencuentros. Los moleculares pueden considerar la biología naturalista como mero coleccionismo, como ciencia de segunda. Los naturalistas pueden despreciar a esos señores de bata blanca que no saben distinguir una garza de una grulla y que no han visto la naturaleza más que en los libros. Hace años, en la Universidad de Harvard, la tensión entre los dos grupos (cada uno de los cuales contaba con figuras del máximo prestigio, como Watson y Wald, por un lado, y Mayr y Wilson, por el otro) llegó al punto de tener que dividir el departamento de Biología en dos, uno para los moleculares y otro para los naturalistas. Sin embargo, parece obvio que ambas ramas de la biología se complementan de un modo absolutamente necesario para una adecuada comprensión de los seres vivos.

Capítulo II

El reino de los animales

¿Qué son los animales?

Los seres vivos se agrupan en reinos. El reino de los animales encierra una asombrosa diversidad de organismos, desde los microscópicos rotíferos hasta las gigantescas ballenas, desde las pasivas esponjas hasta los espabilados primates. ¿Qué tienen de común todos ellos? Todos los animales son organismos multicelulares, heterótrofos y diploides, que se desarrollan a partir de dos gametos haploides diferentes, un óvulo grande y un esperma pequeño. El producto de la fecundación del óvulo por el esperma es un zigoto diploide que se desarrolla por divisiones mitóticas sucesivas, que primero dan lugar a una bolita maciza de células y luego a una bola hueca de células, llamada blástula. Todos los animales (y sólo ellos) se desarrollan a partir de una blástula.

Los animales somos los organismos multicelulares por excelencia. La multicelularidad ha surgido repetidamente en el curso de la evolución, incluso entre las bacterias (como las ya citadas cianobacterias) y los protistos (como las algas, o los protistos mucosos que se forman por agregación de amebas, adoptan la forma de un limaco migratorio y finalmente forman un tallo portador de esporas). Pero en esos casos las células son todas del mismo tipo, apenas hay diferenciación. Incluso en las plantas, donde ya hay una clara diferenciación estructural y funcional de las células, la especialización no llega tan lejos como en los animales, ni la comunicación entre las diversas células es tan intensa y refinada.

Todos los seres vivos somos cooperativas de células, pero en el caso de los animales, la integración es tan grande, la división del trabajo tan manifiesta, la coordinación y el control unitario tan perfectos, que el organismo multicelular entero, el animal entero, se nos aparece como el paradigma mismo de la individualidad. Ya Aristóteles, cuando definía su noción de entidad individual concreta (*ousía*), ponía siempre a los animales como ejemplos.

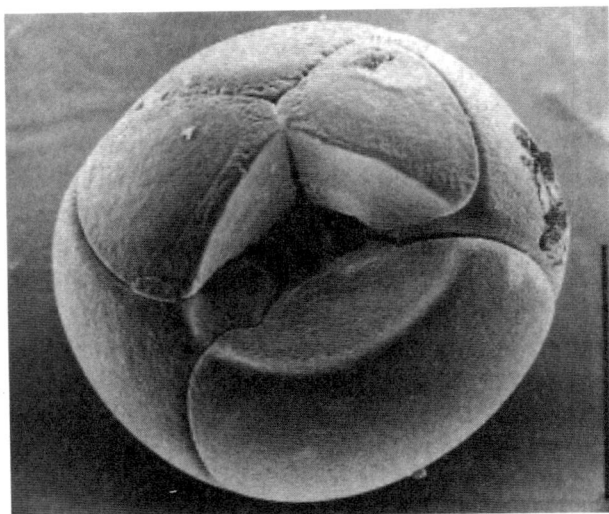

Blástula de ocho células que dará origen a una rana. (Una de las células ha sido retirada para ver el hueco interior.) Todos los animales se originan a partir de blástulas. (Fotografía de E. J. Sanders)

La inmunidad de los animales es una de las más espectaculares manifestaciones de su individualidad insobornable. Los animales tienen un sistema inmunitario innato, es decir, nacen ya con células especializadas en reconocer y destruir a ciertos microbios y células extrañas o invasoras. El interior de un animal es un campo de batalla permanente entre sus propias defensas y sus múltiples invasores y parásitos. Sus defensores, como los fagocitos (comedores de células), entre los que destacan los macrófagos (grandes comedores), reconocen, ingieren, destruyen y comen a los microbios u otras células extrañas invasoras. Naturalmente, es muy importante que no se equivoquen y ataquen a las propias células del animal, provocando un fenómeno patógeno de autoinmunidad. Élie Metchnikoff descubrió la inmunidad y en especial la fagocitosis (la actividad de los fagocitos) en 1882, estudiando los equinodermos (estrellas de mar). Además del sistema inmunitario innato, los craniados poseen un sistema suplementario de inmunidad adaptativa, que aprende a lo largo de la vida del individuo a reconocer y atacar a microbios imprevistos.

Los animales somos heterótrofos, incapaces de fabricar nuestra propia comida orgánica a partir de materia prima inorgánica. Nuestras células carecen de cloroplastos, no podemos alimentarnos tomando el sol, como las plantas. Sólo podemos obtener la energía que necesitamos consumiendo las moléculas orgánicas que otros organismos fabrican, estamos condenados a comernos a otros seres vivos para vivir. Los animales no podríamos alimentarnos sin la comida que producen las plantas y el fitoplancton. Tampoco podríamos digerirla sin la ayuda de las bacterias de nuestro intestino. Ni siquiera podríamos respirar sin el oxígeno que producen las plantas y las algas. Los animales somos, pues, totalmente dependientes del resto de la naturaleza viva, de la cual formamos parte inextricable.

Los primeros animales

Hace mil millones de años todos los continentes estaban juntos, formando uno único, llamado Rodinia [1], un paisaje de rocas y arena, sin vegetación ni animales. Parece que fue por esa época, hace entre 1.000 y 800 millones de años poco después de la aparición de la reproducción sexual, cuando los primeros animales se fueron diferenciando ya de las pegajosas colonias multicelulares de microbios, cuando aparecieron la blástula y las típicas conexiones entre células animales,

---

[1] Muy posteriormente, hace unos 200 millones de años, durante el Triásico y parte del Jurásico, los continentes volvieron a estar juntos, formando un continente único llamado Pangea.

cuando se formaron los primeros complejos de genes *hox* y, en definitiva, cuando surgieron los ancestros comunes de los animales.

Hace unos 800 millones de años Rodinia empezó a romperse y separarse, provocando grandes cambios en la orografía, el clima y las corrientes marinas, así como una serie de períodos glaciales de gran severidad que duraron unos 200 millones de años. Estas convulsiones enriquecieron el mar con oxígeno, incrementando así la potencialidad para el posterior surgimiento de organismos de gran tamaño. Cuando esas glaciaciones tocaron a su fin, hace 600 millones de años, aparece ya formada la extraña fauna ediacarense.

A partir de 1946 en el sur de Australia y luego también en Rusia, en Namibia, en Canadá y en Nevada (EE UU) se han encontrado fósiles de animales blandos de hace 600 a 540 millones de años (es decir, del período anterior al Cámbrico), que constituyen la llamada fauna Ediacarense (por el sitio australiano de Ediacara, donde primero se hallaron).

Los organismos ediacarenses carecían de partes duras que pudieran fosilizarse. Los fósiles que dejaron son más bien como las huellas huecas que dejan los pies en la arena. El paleontólogo australiano Martin Glaessner interpretó estos fósiles como miembros primitivos de los actuales filos (tipos básicos) de animales. Más tarde el alemán Dolf Seilacher desechó esa interpretación y señaló que muchos de ellos eran extrañas criaturas acolchadas, planas y sin órganos, que no se parecían a los actuales animales ni plantas. Los llamó vendobiontes. No podían comer, pero asimilaban luz solar y nutrientes del agua marina. El estudio de nuevos fósiles ha mostrado que se daban ambas cosas: algunos organismos ediacarenses eran ciertamente animales, como *Kimberella*, un animal de forma oval que se movía por el fondo del mar. Otros, sin embargo, no eran animales, sino vendobiontes, como *Phyllozoon*, un organismo acolchado que hospedaba a multitud de bacterias y algas en su interior, o *Dickinsonia*, una especie de felpudo acolchado oval con estrías radiando a partir de una línea central. Incapaces de moverse y de comer, los vendobiontes pasaban su vida tumbados sobre el fondo marino, absorbiendo luz solar y nutrientes del agua marina. Durante el período Ediacarense, a finales del Precámbrico, no había predadores. Los fondos marinos se llenaron de organismos grandes, inmóviles y carentes de defensas, pues nadie pretendía comerlos ni atacarlos. De hecho, los móviles animales no tenían apenas ventajas sobre los vendobiontes.

Recientemente se han encontrado en las minas de fosfato cálcico de Doushantuo (en China meridional) fósiles de pequeñas esponjas y de otros diminutos antecesores de las medusas, trilobites y almejas, así como embriones fosilizados (de 2 hasta 62 células) de animales desconocidos aunque bilaterales de hace 570 o 580 millones de años, 40 millones antes de la explosión del Cámbrico.

La predación y la revolución del Cámbrico

El período Cámbrico (y, en general, la era Paleozoica) empezó hace 540 millones de años. En él aparecieron grandes cantidades de animales con esqueletos, caparazones y conchas, por lo que se conservan una enorme cantidad de fósiles, ya que esas partes duras (formadas de fosfato cálcico y quitina) se fosilizan fácilmente.

Con la llegada del Cámbrico, todo el panorama marino cambió drásticamente. Aparecieron grandes predadores, exterminando inmediatamente a las criaturas indefensas. Así, los vendobiontes se extinguieron sin dejar descendencia al inicio del Cámbrico, quizá comidos por los predadores, pues carecían de todo tipo de defensas. El pacífico mundo ediacarense llegaba a su fin, y aparecía el nuevo y competitivo mundo cámbrico, lleno de agresiones, peligros y oportunidades. La evolución de los animales durante el Cámbrico fue una continua carrera de armamentos, en la que a la capacidad de segregar conchas y caparazones duros de protección respondía el desarrollo de predadores cada vez mejor armados, con bocas más grandes, pinzas más fuertes o estrategias agresivas más eficientes. Las criaturas desarrollaron rápidamente sistemas ofensivos y defensivos, esqueletos y caparazones, dientes y garras, piernas y rabos, ojos y tentáculos, así como sistemas nerviosos cada vez más refinados.

La más espectacular manifestación de esa explosión evolutiva del Cámbrico se encuentra en la enorme variedad de fósiles de esa época hallados en los esquistos de Burgess (en las Montañas Rocosas de la Columbia Británica, en Canadá). Allí quedaron atrapados hace 515 millones de años una multitud de animales cubiertos de duros caparazones, pero también algunos blandos. Allí se han encontrado, por ejemplo, varios ejemplares del temible predador *Anomalocaris* (quizá un artrópodo primigenio, como los trilobites) con sus ojos salientes, sus garras articuladas, su cuerpo acorazado y sus duros dientes. Algunos son antepasados de animales actuales. *Picaia* tenía una columna vertebral incipiente, por lo que podría haber sido el antepasado de los cordados actuales. Otros son muy extraños y no se parecen a ningún filo actual, como ocurre con *Hallucigenia* (así llamado porque su descubridor, al verlo, pensó que alucinaba). En Chengjiang (provincia de Yunnan, China) se han encontrado fósiles cámbricos de hace 530 millones de años, sólo diez millones de años después del inicio de la explosión cámbrica, y ya eran parecidos a los de Burgess. Lo mismo ocurre con los hallados en Sirius Passet (Groenlandia). Todo parece indicar que la explosión radiactiva cámbrica se produjo con enorme rapidez, en los primeros diez millones de años, y que luego la evolución fue mucho más lenta. En cualquier caso, en los fósiles cámbricos ya encontramos realizados todos los planes corporales (susceptibles de fosilización) que caracterizan a los diversos filos en que clasificamos los animales actuales.

Las instrucciones genéticas contenidas en su núcleo permiten al zigoto (una única célula) transformarse en un complejo animal multicelular con una gran variedad de tejidos diferenciados, con partes del cuerpo espacial y funcionalmente distintas, como la cabeza, los segmentos o las patas, y con órganos como los ojos. Los genes que regulan todo este desarrollo morfológico son los llamados genes homeóticos, y en especial los genes *hox*. Los genes *hox* definen ya en el desarrollo embrionario temprano el plan corporal que va a tener el animal, las diversas partes de su cuerpo y su situación respectiva: cuántos segmentos, partes o apéndices va a tener, qué partes van a estar en posición dorsal y cuáles en posición ventral, qué cosas van a estar delante y cuáles detrás, etc. Los genes *hox* fueron primero descubiertos en la mosca *Drosophila.* Sus genes *hox* forman en el cromosoma una secuencia lineal, que, curiosamente, tiene la misma ordenación que el cuerpo de la mosca, en el sentido de que los primeros genes de la secuencia codifican las regiones frontales del animal, y así sucesivamente, hasta que los últimos genes codifican su cola. Cuando se estudió el genoma del ratón se descubrió con gran sorpresa que básicamente tenía los mismos genes *hox,* ordenados de la misma manera, aunque con ligeras variaciones y replicaciones. Por tanto, parece obvio que la mosca y el ratón han heredado sus genes *hox* de antepasados comunes que vivían en los mares ediacarenses o cámbricos. Incluso en animales tan primitivos como los cnidarios (las medusas y corales) se han descubierto ciertos genes *hox* (como el complejo *Antennapedia,* que en otros animales tiene que ver con la cabeza, aunque los cnidarios carecen de cabeza) comunes con moscas y ratones. Parece que estos genes *hox* se han heredado de antepasados ediacarenses o anteriores, datando del inicio mismo de los animales. Y es posible que fuera precisamente la formación de los primeros complejos de genes *hox* lo que permitió la fabulosa explosión morfológica de nuevas y variadas formas animales en el Ediacarense y Cámbrico. Quizá en el futuro próximo, cuando conozcamos mejor la composición de los genomas de los diversos grupos de animales y la evolución de los genes mismos, sea posible caracterizar el reino de los animales por la posesión compartida de ciertos genes *hox*. Este tipo de investigaciones están llamadas a revolucionar la clasificación de los seres vivos en general y de los animales en particular, pero de momento los resultados disponibles son aún escasos y fragmentarios, por lo que hay que seguir acudiendo a criterios más tradicionales y mejor comprobados para clasificar y ordenar la variedad de la vida.

La clasificación de los animales

Los animales más sencillos son los poríferos o esponjas, que carecen de forma definida o de tejidos diferenciados que formen órganos separados. Anclados en el suelo marino y carentes de sistema nervioso y sensibilidad, a simple vista recuerdan más a una planta que a un animal, aunque ya Aristóteles los reconoció como animales. En efecto, son animales, pues se desarrollan a partir de una blástula. La clasificación los relega al subreino de los *Parazoa* (cuasianimales). El resto de los animales, los animales propiamente dichos (*Eumetazoa*), tienen tejidos diferenciados y órganos. De ellos, los más primitivos tienen simetría radial (*Radiata*): son los cnidarios, algunos de los cuales (los hidrozoos) alternan estadios de pólipo sésil, bentónico, y medusa libre, pelágica (y contienen un 95 por 100 de agua), y los ctenóforos.

Probablemente, los primeros animales surgieron de la diferenciación en dos capas distintas de colonias más o menos esféricas de protistos zooflagelados. Al aplastarse la esfera, podría surgir una especie de bolsa plana. La capa inferior de células se transformaría en el tejido endodermo, mucoso y especializado en asimilar y digerir la comida. La capa superior se transformaría en el ectodermo, que daría lugar a la piel del animal. Así se formó la estructura básica de los diploblastos, animales que se desarrollan a partir de embriones con dos capas de células, endodermo y ectodermo. Atendiendo a su desarrollo embrionario, tanto las esponjas como los cnidarios son diploblastos. Unos diploblastos (las esponjas) formaron una enorme multitud de canales internos interconectados, a través de los cuales fluía el agua, agitada por los flagelos de las células. De esa agua fluyente filtraban las bacterias y los trozos de alimento en suspensión. Se hicieron sedentarios. Otros (los cnidarios) cambiaron el plan primitivo. El endodermo se hizo más y más cóncavo, hasta envaginarse y formar una cavidad digestiva o bolsa de doble pared con un orificio abierto al exterior, que servía a la vez de boca y ano. La cavidad así creada, forrada de endodermo, resultaba muy eficaz para digerir los alimentos, y en torno a ella el animal se organizaba con simetría radial. Era el antepasado de los cnidarios actuales (pólipos y medusas). Hace entre unos 700 y 600 millones de años esos diploblastos (esponjas y cnidarios) compartían los océanos con las algas marinas, los vendobiontes y diversos microorganismos.

Desde un punto de vista embriológico, todos los animales, excepto las esponjas y los cnidarios, son triploblastos, es decir, se forman a partir de embriones con tres capas de células: endodermo, mesodermo y ectodermo. Desde un punto de vista morfológico, son bilaterales (*Bilateralia*), no radiales. Un dramático cambio genético llevó de los diploblastos a los triploblastos; la simetría radial del organismo se transformó en simetría bilateral; la forma del cuerpo se hizo alargada; la cavidad digestiva perforó un segundo orificio, convirtiéndose en un tubo con dos orificios y una sola dirección digestiva, de boca a ano. Todos estos cambios condujeron a la formación de una cabeza en torno a la boca, pronto convertida en un lugar de concentración de células sensoriales y nerviosas.

Los animales bilaterales se dividen a su vez en acelomados (es decir, sin celoma) y celomados (con celoma). El celoma (del griego *koilos*, hueco) es la cavidad interna en que se acomodan los diversos órganos internos. El conducto alimentario no es una cavidad interna, pues comunica con el exterior a través de uno o dos agujeros, según los animales. El proceso de gastrulación en los bilaterales conduce al desarrollo de tres capas de tejido (endodermo, mesodermo y ectodermo), que posteriormente dan lugar a los diversos órganos. El intestino y los órganos digestivos se forma a partir del endodermo. Los músculos y el esqueleto se forman a partir del mesodermo. El sistema nervioso y los tegumentos externos, a partir del ectodermo. En los celomados, el mesodermo se abre para formar una cavidad interior rodeada de mesodermo en la cual se desarrollan los sistemas digestivo, reproductor y otros. Nosotros somos celomados. En el cuerpo humano el celoma está formado por la cavidad torácica y abdominal, y su funda mesodérmica está constituida por la pleura y el peritoneo, respectivamente. Todos los animales en los que pensamos son celomados, aunque hay unos 12 filos de animales bilaterales acelomados, en general pequeños y sólo conocidos como parásitos.

Los animales celomados con frecuencia desarrollaron nuevos planes corporales a base de duplicar y multiplicar las estructuras disponibles, formando nuevos planes de individuos segmentados, donde cada segmento se parecía a un individuo anterior, pero todos los segmentos permanecían unidos por la piel, por un tubo digestivo común, por dos vasos sanguíneos y por una cuerda nerviosa que comunica los ganglios de los diversos segmentos, como en el caso de los anélidos (*Annelida*, gusanos segmentados o anillados, de *anulus*, anillo). La segmentación condujo también a los artrópodos (literalmente, «de pies articulados»), en que la segmentación es patente, aunque los segmentos anteriores se han fusionado en la cabeza, y sus correspondientes pies han dado lugar a toda una panoplia de antenas, pinzas y otros instrumentos sensoriales o alimentarios. Los artrópodos se dividen en varios grandes grupos (filos o clases, según los autores), como los crustáceos, los quelicerados (que incluyen a las arañas) y los insectos. La mayor parte de las especies animales son especies de insectos. Unas 750.000 especies de insectos han sido descritas científicamente, pero todavía hay millones sin describir, sobre todo en los bosques tropicales. La clase de los insectos se divide en órdenes como los lepidópteros (o mariposas), los himenópteros (hormigas, abejas y avispas) y los coleópteros (o escarabajos). Estos últimos constituyen sin duda el orden más numeroso de todo el reino animal, con más de 300.000 especies distintas descritas.

En los moluscos las placas dorsales se fusionaron en una concha calcificada, el cuerpo se dobló y torció de tal modo que todos sus órganos sensoriales, respiratorios, excretores, genitales, boca y ano se agruparon en la parte frontal del animal, dejando la dorsal protegida por la concha, que fue evolucionando y adoptando todo tipo de formas. El filo de los moluscos es el segundo más rico en especies (después del de los insectos), con unas 110.000 especies descritas. Se divide en clases como los bivalvos (o conchas), los gastrópodos (o caracoles) y los cefalópodos (pulpos, sepias y calamares). Los cefalópodos son probablemente los animales invertebrados más inteligentes.

Todos los animales celomados de los que hemos estado hablando hasta ahora (anélidos, moluscos, insectos, crustáceos) son protostomos («primera boca»): en su desarrollo embrionario, que hasta cierto punto (y como quería Haeckel) recapitula su evolución filética, la blástula se transforma en gástrula (o bolsa aplanada de doble pared) con un orificio (el blastoporo) que comunica la cavidad gastrular con el exterior. La cavidad gastrular se transforma luego en tubo digestivo, convirtiendo su blastoporo en la boca y abriendo un nuevo orificio, el ano, en el extremo opuesto. Una serie de mutaciones sorprendentes crearon una nueva línea evolutiva de animales, los deuterostomos («segunda boca») que hacía lo contrario, convertía el blastoporo en el ano y abría una nueva boca en el extremo opuesto. Esta transformación acercó las estructuras alimentarias y respiratorias. Los animales de este nuevo tipo filtraban por la boca grandes cantidades de agua, de la que sacaban tanto el alimento como el oxígeno disueltos en ella. Nosotros somos deuterostomos.

Algunos deuterostomos sufrieron nuevas mutaciones que los hicieron abandonar la simetría bilateral por una extraña simetría como de estrella de cinco puntas: fueron los equinodermos. Otros deuterostomos, los cordados, conservaron la simetría bilateral y centralizaron sus cuerdas nerviosas en un tubo nervioso dorsal (nuestra médula espinal), sostenido (al menos en el estadio embrionario) por una barra cartilaginosa o notocordio resistente.

El reino de los animales se divide o clasifica en unos 35 filos. Esta clasificación no es arbitraria, sino que refleja los planes somáticos básicos que surgieron hacia el Cámbrico y se han conservado hasta nuestros días. Todos los animales vivos o fósiles conocidos adoptan uno de esos planes. Todos los miembros del mismo filo comparten el mismo plan somático básico, porque lo han heredado de antepasados comunes. Cada filo puede contener muchas especies distintas, que son como variaciones sobre el tema del plan somático del filo. Ya hemos mencionado algunos filos: los poríferos o esponjas (*Porifera*), los cnidarios o pólipos y medusas (*Cnidaria*), los nematodos o gusanos redondos (*Nematoda*), los gusanos planos (*Platyhelminthes*), los gusanos segmentados o anélidos (*Annelida*), los moluscos (*Mollusca*), los queliscerados (*Chelicerata*), los crustáceos (*Crustacea*), los insectos (*Insecta*), los equinodermos o estrellas de mar (*Echinodermata*) y los craniados (*Craniata*). Otros filos menores son menos conocidos. El de los *Placozoa* contiene una sola especie, *Trichoplax adhaerens*, una masita amorfa de células. También el último filo en ser descubierto (en 1995), *Cycliophora*, abarca una sola especie, *Symbion pandora*, un parásito minúsculo (de menos de 1 mm) que habita la boca de las langostas noruegas y tiene una complicadísima vida sexual. Casi todos los filos de animales que fosilizan fácilmente aparecieron durante los 35 millones de años del período Cámbrico. En los últimos 500 millones de años no han aparecido —que se sepa— nuevos planes somáticos.

Los craniados

Los cordados son los animales bilaterales celomados deuterostomos que centralizaron sus cuerdas nerviosas en un tubo nervioso dorsal (nuestra médula espinal), sostenido por un notocordio o soporte cartilaginoso resistente dispuesto a lo largo de su cuerpo. De esta cuerda dorsal o notocordio (que en los actuales craniados sólo se conserva en el estadio embrionario) reciben su nombre los cordados. Los cordados actuales se dividen en los filos (o clases, según otros autores) de los tunicados, los cefalocordados y los craniados.

Hace unos 500 millones de años surgieron los craniados o vertebrados, cuando el tubo nervioso y el notocordio de ciertos cordados quedó envuelto y protegido por una estructura a la vez dura y flexible, formada por las vértebras de la columna vertebral, que permite los movimientos necesarios para la locomoción, mientras que proporciona una excelente protección al tubo nervioso. En el estadio adulto la columna vertebral sustituye al notocordio. Al final del tubo nervioso se desarrolló el cerebro, una notable acumulación de células nerviosas, protegida a su vez por una fuerte coraza ósea, el cráneo. La formación del cráneo como protección del cerebro parece una premonición de la importancia que este órgano habría de tener en la posterior evolución del filo de los craniados. Nosotros mismos, los humanes, somos craniados, y también lo son todos nuestros animales domésticos y de compañía (perros y gatos, caballos y camellos, vacas y ovejas, gallinas y guajolotes), así como la gran mayoría de los animales en los que solemos pensar o cuya posible extinción nos preocupa. Aunque objetivamente los craniados son un filo como cualquier otro, subjetivamente ocupan el centro de nuestra atención.

El filo de los craniados (*Craniata*) abarca unas 45.000 especies. Se divide en dos subfilos: los agnatos (*Agnatha*, sin mandíbulas ni apéndices pares), que en la actualidad sólo incluyen a las lampreas y los mixinos, y los gnatostomos (*Gnathostomata*, con mandíbulas y apéndices pares), que incluye a los peces y a los tetrápodos. Los peces están adaptados a la vida acuática y suelen dividirse en las dos clases de los peces cartilaginosos o condrictios (*Chondrychthyes*), como las rayas y los tiburones, y los peces óseos u osteictios (*Osteichthyes*), como los atunes y las anchoas. Hay unas 25.000 especies de peces. Los tetrápodos estamos adaptados a la vida terrestre. Esa adaptación se perfeccionó con la aparición del amnios o bolsa amniótica (cuya ruptura inicia el parto en las mujeres), un saco lleno de líquido en que el embrión puede completar su desarrollo sin necesidad de volver al agua. Hay unas 20.000 especies de tetrápodos.

Los craniados tetrápodos se dividen en anamniotes (sin amnios: los anfibios) y amniotes (con amnios: los demás). Los anfibios todavía ponían sus huevos en el agua y pasaban en el agua una parte de su desarrollo larvario. Los amniotes, gracias al amnios, pudimos independizarnos completamente de las aguas marinas y lacustres. Entre los amniotes están los reptiles (un cajón de sastre de la taxonomía, que abarca las tortugas, los cocodrilos, los lagartos y las serpientes), las aves y los mamíferos. Los primeros anfibios aparecieron hace unos 370 millones de años y pronto poblaron las tierras emergidas. Los amniotes aparecieron en el período Carbonífero, hace unos 300 millones de años. Durante el período Pérmico los primeros reptiles desplazaron a los anfibios como fauna preponderante. Durante todo el Mesozoico (la era comprendida entre hace 240 y hace 65 millones de años) los grandes reptiles diápsidos, sobre todo los dinosaurios, dominaron la Tierra.

La evolución de los mamíferos desde los reptiles mamiferoides empezó en el Mesozoico y duró más de 100 millones de años. Tras la extinción de los dinosaurios a finales del Mesozoico (hace 65 millones de años), los mamíferos heredaron la tierra, expandiéndose en número y variedad. Desde entonces estamos en el Cenozoico, la era actual, la era de los mamíferos, nuestra era. Actualmente hay unas 4.500 especies de mamíferos.

En taxonomía las clases se dividen en órdenes. Por ejemplo, la clase de las aves se divide en órdenes como los pelecaniformes (pelícanos, cormoranes, fragatas), los ciconiiformes (cigüeñas, garzas, espátulas), los falconiformes (buitres, zopilotes, águilas), los psitaciformes (loros, cotorras, guacamayos), los paseriformes (gorriones, cuervos, gallitos de roca), etc. La clase de los mamíferos se divide en órdenes como los marsupiales (canguros, zarigüeyas), los quirópteros o murciélagos, los primates (nosotros), los edentados (perezosos, armadillos, hormigueros), los carnívoros (gatos, osos, focas), los cetáceos (delfines, cachalotes, ballenas), los perisodáctilos (caballos, tapires, rinocerontes), etc. Los órdenes se dividen en familias, que a su vez agrupan géneros, que reúnen especies. Las especies son los únicos taxones o grupos de animales que están objetivamente delimitados en la naturaleza. El resto de las categorías taxonómicas dependen en parte de las convenciones y gustos del clasificador, aunque todos se esfuerzan porque las clasificaciones que proponen reflejen la filogenia de los taxones, es decir, sus relaciones efectivas de descendencia y parentesco.

Las lenguas ordinarias (como el inglés o el español) carecen de nombres para la inmensa mayoría de los taxones animales. Y, cuando los tienen, éstos varían en cada dialecto y región. Por todo ello, la comunidad internacional de los biólogos ha desarrollado una jerga especializada, en la cual todos los taxones reciben nombres artificiales latinos (en un latín macarrónico inventado por ellos). Por convención, esos nombres se escriben en cursiva. El nombre de una especie consta siempre de dos palabras: la primera, que se escribe con mayúscula inicial, designa el género; la segunda, con minúscula, la especie propiamente dicha. Así, el humán se llama *Homo sapiens*, el tucán grande es *Rhamphastos toco* y la abeja recibe el nombre de *Apis mellifica*. Diversas comisiones internacionales de nomenclatura fijan las convenciones taxonómicas, aunque su aplicación concreta se deja en manos de los científicos, que no siempre se ponen de acuerdo. Toda esta maquinaria taxonómica puede resultar pesada y pedante, pero permite una comunicación fácil, unívoca y eficiente entre los científicos (y aficionados) de todo el mundo acerca de los seres vivos que les interesan.

Nosotros no somos arqueas ni bacterias. Tampoco somos protistos, ni hongos, ni plantas. Somos animales. Nuestro reino, que sí es de este mundo, es el reino de los animales. Es un reino sin reyes, cuyos incontables habitantes son todos parientes y comparten una historia agitada y gloriosa. Es fácil marearse y perderse en este reino fabulosamente diverso, abigarrado y variopinto. Menos mal que la sistemática zoológica nos orienta y nos ayuda a entender quiénes somos, con quién y en qué grado estamos emparentados, de dónde venimos y hasta dónde hemos llegado.

Capítulo III

El ánima del animal

Sólo los animales tienen capacidades anímicas y problemas psíquicos. Por eso nos resultan tan interesantes. De los animales, y sólo de ellos, se puede estudiar la psicología. En las últimas décadas los psicólogos han definido la psicología como la ciencia de la conducta, y sólo los animales tienen conducta, se comportan, actúan. Quizá por ello en la Universidad de Oxford se trasladó el Departamento de Psicología a la Facultad de Zoología. La concepción más antigua según la cual la psicología (en griego, *psykhé)* es la ciencia del alma también nos remite a los animales. La noción de animal implícita en el lenguaje ordinario y en la etimología de la palabra es muy sencilla: animal es el que tiene ánima, es decir, alma. En efecto, la palabra castellana *animal* deriva de la latina *ánima*, que significa alma. Lo primero que implica la idea de alma o ánima es la vida. Por eso a los seres sin vida los llamamos inanimados. Lo segundo que implica es la posesión de sensaciones y sentimientos, deseos y emociones. Finalmente, asociamos el alma con una cierta subjetividad, con la capacidad de reflejar el mundo desde dentro. Todas estas características se dan en los animales y —juntas— sólo en ellos. Sin embargo, y en contra de lo sostenido por ciertas doctrinas religiosas y filosofías idealistas, el alma no es ningún fantasma caído del cielo y encerrado en el cuerpo. El alma es el resultado de la actividad del sistema nervioso. Así como la digestión es la función del aparato digestivo, las funciones anímicas son (algunas de) las funciones del sistema nervioso.

La neurona

Durante las últimas etapas del Precámbrico se desarrollaron diversas formas de vida multicelular, pero sin neuronas ni músculos, y por ello pasivas y como inertes, al menos en comparación con la activa vida animal que apareció en la explosión evolutiva del Cámbrico.

Para moverse, los animales necesitan músculos. El tejido muscular es básicamente común a todos los animales. Los músculos incluso precedieron a los esqueletos y a los nervios, pues ya los tenían algunos organismos ediacarenses. La coordinación de los movimientos requiere la transmisión de mensajes. Todos los animales (excepto las esponjas) poseen un tipo particular de células, las neuronas, especialmente adaptadas a la transmisión de mensajes, que permiten coordinar la locomoción muscular, la digestión compleja y otros aspectos de la vida y conducta animal. En el desarrollo embrionario, las neuronas se forman a partir del ectodermo. No hay neuronas en los procarios, ni en los protistos, los hongos o las plantas. Las neuronas son una exclusiva de los animales.

La neurona consta de cuerpo celular y filamentos. El cuerpo celular es semejante al de las demás células, una bolsa de membrana celular que contiene en su interior el núcleo celular y el citoplasma. El núcleo, rodeado de su membrana nuclear, guarda los cromosomas, es decir, el DNA propio de la neurona. El citoplasma contiene los orgánulos habituales de la célula eucariota, como las mitocondrias y los ribosomas, todo ello encerrado en una membrana celular de la que salen largas protuberancias filamentosas o filamentos. Los filamentos de las neuronas (sobre todo los axones) pueden alcanzar enormes longitudes, de hasta un metro en los humanes, de hasta diez metros en las ballenas.

La neurona es un sistema receptor-transmisor. Su única función consiste en recibir y emitir señales. La parte receptora de la neurona está constituida por una maraña arboriforme de filamentos llamados dendritas (del griego *dendros*, árbol). La parte emisora está formada por un largo filamento, el axón, que al final se ramifica más o menos. El axón está generalmente envuelto y protegido en una funda de mielina, lo que incrementa la velocidad de transmisión de la señal. La neurona es como un relé orientado en la dirección dendritas-axón. Si una o varias dendritas son disturbadas o excitadas, la neurona dispara o lanza un impulso nervioso por el axón.

El impulso nervioso es un proceso electroquímico gobernado por la membrana. La membrana mantiene fuera a los iones positivos de sodio y mantiene dentro a los iones negativos de potasio y otros, con lo cual se crea una diferencia de potencial entre el interior (negativo) y el exterior (positivo). Cuando la neurona se dispara, la membrana cambia su porosidad, permite la entrada de iones positivos y cambia su carga eléctrica interior de negativa a positiva en un punto (donde están los iones positivos) que va avanzando a través de toda la extensión del axón. Este viaje del potencial eléctrico de acción a lo largo del axón constituye el impulso nervioso. Al llegar ese impulso a las terminaciones (o sinapsis) del axón se secretan ciertas moléculas, llamadas neurotransmisores. Estos neurotransmisores, a su vez, provocan en las células adyacentes provistas de los receptores adecuados la reacción pertinente: la contracción (en una célula muscular), la secreción (en una célula glandular) y la excitación o inhibición (en otra neurona).

Probablemente las primeras neuronas conectarían directamente células de la piel con células musculares, de tal modo que cualquier perturbación de la piel provocase una contracción muscular, lo que permitiría al organismo huir o atacar al objeto perturbador. Con el tiempo, unas neuronas empezaron a conectarse con otras, creando redes neuronales que permitirían distribuir la información y coordinar la respuesta. Muchas medusas poseen un cordel circular de neuronas que, entre otras cosas, permite al animal coordinar sus contracciones y autopropulsarse. Las neuronas fueron especializándose como neuronas sensoriales (que transmiten impulsos de la piel a otras neuronas), neuronas motoras (que los transmiten de neuronas a músculos) y neuronas intermedias, que conectan neuronas con neuronas. A su vez, las neuronas sensoriales, por ejemplo, se diversificaron en células especializadas sensibles a diversas señales físicas y químicas (a la luz, la temperatura, la presión, el estiramiento, el sonido, el calor, el frío, la electricidad, la destrucción cutánea, así como a una gran variedad de moléculas).

El sistema nervioso

Las plantas y los hongos carecen de conducta y, por tanto, no necesitan sistema nervioso. Su pasivo modo de vida consiste en esperar a que la energía y los nutrientes que necesitan les lleguen a donde ellos están. Lo mismo ocurre con los animales más primitivos, las esponjas (*Porifera*), ancladas en el suelo marino, esperando tranquilamente que las corrientes de agua les aporten los nutrientes que necesitan. Por eso las esponjas carecen de sistema nervioso y de ánima, y por tanto no son animales en sentido pleno, sino sólo a medias (*Parazoa*), aunque su generación a partir de blástulas nos obliga a incluirlos en el reino animal. Los primeros animales con movimientos propios fueron los cnidarios (*Cnidaria*), sobre todo en su estadio o forma de medusas, persiguiendo activamente a sus presas a través del agua del mar. Por eso los cnidarios fueron los primeros en especializar algunas de sus células en la transmisión de señales, es decir, como neuronas, que les permiten coordinar sus movimientos en función de los estímulos que reciben de su entorno. Estas primitivas líneas telefónicas neurales forman redes sencillas, pero todavía carecen de centralitas. Además, sus neuronas están completamente desnudas, mientras que en los demás animales siempre están más o menos envueltas en capas de mielina u otros aislantes.

En la posterior evolución del sistema nervioso en los animales bilaterales, los cuerpos celulares de las neuronas se fueron uniendo, formando ganglios, y sus extensiones filamentosas (sensoriales y motoras) se unieron formando cuerdas nerviosas o nervios. Los ganglios neurales son como centralitas telefónicas que reciben señales, las analizan y las reenvían a los destinatarios adecuados. Un sistema nervioso basado en ganglios y fibras nerviosas controla el funcionamiento interno de todos los bilaterales. En nuestro caso se trata del sistema nervioso autónomo. En muchos animales «inferiores» los ganglios controlan la totalidad de su conducta, basada en respuestas reflejas automáticas a estímulos previstos.

En los gusanos segmentados (*Annelida*) cada segmento posee en su parte inferior un par de ganglios conectados a la piel y a los músculos por nervios sensoriales y motores. Esos ganglios coordinan el movimiento del par de pies de ese segmento. Cuerdas nerviosas ventrales ligan unos ganglios con otros (en forma de escalera de mano) y permiten la coordinación de la actividad de los diversos segmentos. En el segmento anterior, las cuerdas nerviosas se elevan por encima de la boca, conectándose a los órganos sensoriales allí situados en un gran ganglio que iría transformándose en un pequeño cerebro. Este tipo de sistema nervioso ha sido heredado por la mayoría de los animales, incluidos los numerosísimos artrópodos. En la línea evolutiva de los cordados, el cordón nervioso y los ganglios pasaron de su posición ventral a otra dorsal, dando finalmente lugar a la médula espinal de los craniados.

La multiplicación de las neuronas intermedias condujo al predominio de la comunicación indirecta (mediada por múltiples neuronas) entre la piel y los músculos, entre la percepción y la acción. Las dendritas y las terminaciones de los axones se ramificaron más y más, de tal manera que cada neurona quedaba conectada con miles de otras neuronas, de las que podía recibir impulsos o a las que podía excitar. Además, en cada una de esas conexiones o sinapsis se podían establecer diversos tipos de comunicación, dependiendo de los neurotransmisores emitidos y los receptores disponibles. Así se abría un número enorme de posibilidades combinatorias.

Aunque todas las células reaccionan de alguna manera a los cambios físicos o químicos en su entorno sólo los animales han desarrollado una red de células especializadas que permite la intercomunicación rápida y precisa de unos grupos de células con otros. Esta red permite al animal almacenar información sobre su estado interno y sobre su entorno y procesarla antes de reaccionar. Además, confiere al animal cierta libertad de decisión, sobre si responder al estímulo o ignorarlo, sobre si responder de un modo o de otro. También le permite almacenar y evaluar la información sobre las consecuencias de sus decisiones previas, de tal modo que pueda tenerlas en cuenta cuando circunstancias similares se presenten en el futuro. Esta gran red de intercomunicación que es el sistema nervioso asume en sus diversos subsistemas todo tipo de funciones relacionadas con la información: los sistemas sensoriales adquieren información del entorno externo e interno del animal; los sistemas de integración evalúan la información en función de la experiencia pasada y toman las decisiones pertinentes; los sistemas motores convierten las decisiones en órdenes y programas de acción para los músculos y las glándulas; los sistemas de coordinación coordinan las órdenes motoras de tal modo que los movimientos se realicen de un modo suave, continuo y adaptado a las circunstancias.

El cerebro

Con la polarización boca-ano de los animales bilaterales, la parte frontal (es decir, la de la boca) fue adquiriendo más y más neuronas sensoriales, pues era la zona clave para detectar peligros u oportunidades. Así la formación de la boca condujo a la de la cabeza, y ésta a la de la acumulación de ganglios que condujo al cerebro.

La mayor acumulación de neuronas se da en el cerebro de los craniados, una maravilla de la informática natural convenientemente guardada en esa caja fuerte ósea que es el cráneo. El cerebro de todos los craniados tiene una estructura muy parecida, dividida en las mismas partes. La primera, empezando por atrás (en nuestro caso, por debajo), es el rombencéfalo, que es una continuación de la médula espinal e incluye el bulbo raquídeo y el puente, así como, detrás de ellos, el cerebelo (encargado del equilibrio y la coordinación de los movimientos). La segunda parte es el mesencéfalo, responsable de la visión en los craniados más primitivos, aunque en los mamíferos esa función ha pasado al telencéfalo. Bulbo raquídeo, puente y mesencéfalo forman el llamado tronco cerebral, la parte más antigua del cerebro, que regula las funciones más básicas del organismo. Por el interior del tronco se extiende la formación reticular, que contiene los núcleos de las células nerviosas relacionadas con el control del corazón, de los pulmones y del aparato digestivo.

El diencéfalo o cerebro intermedio es una complicada e intrincada zona escondida en el centro del cerebro de los craniados, que incluye el tálamo, el hipotálamo, la glándula pituitaria y el sistema límbico. El hipotálamo está directamente conectado a la glándula pituitaria, que a su vez dirige el sistema endocrino, secretando hormonas que transmiten las órdenes del cerebro a las otras glándulas del animal. El diencéfalo es responsable de tareas tan diversas como el control endocrino, la regulación de la temperatura, los relojes biológicos, el comportamiento sexual y la reproducción. El diencéfalo es también la sede de la vida emotiva de los craniados. En este área se producen emociones como el miedo, el estrés, la impaciencia, la agresividad, el hambre, el dolor, el aburrimiento, el placer, la ternura o el cariño, mediadas por ciertos neurotransmisores, como la dopamina y la serotonina. Todas estas estructuras cerebrales, todos esos neurotransmisores y el sistema endocrino son básicamente comunes a todos los craniados, por lo que en todos ellos pueden darse tales emociones.

La región más anterior (en nuestro caso, superior) del cerebro es el telencéfalo, cuya parte más prominente en los craniados que se orientan por el olfato es el gran bulbo olfatorio, que, sin embargo, está muy reducido en las aves y en aquellos mamíferos (como nosotros) en los que el olfato es poco importante. Relacionados con el procesamiento de la información que llega al bulbo olfatorio están los hemisferios cerebrales, que en el caso de los mamíferos y sobre todo en el nuestro se han ido ampliando hasta ocupar la mayor parte del telencéfalo. La corteza cerebral, que recubre esos hemisferios, ha ido asumiendo funciones generales de coordinación de toda la información sensorial y de toda la conducta del animal. En el caso humano, la corteza de estos hemisferios alberga también los centros del lenguaje, como el área de Broca o la de Wernicke. La principal función del sistema nervioso y del cerebro consiste en recoger información del entorno externo y del medio interno del animal, y procesarla de tal manera que resulten respuestas motoras adecuadas y, en general, conductas apropiadas. En el curso de la evolución de los craniados fueron adquiriendo importancia creciente las estructuras asociativas, sobre todo la corteza cerebral. Esa tendencia se observa, por ejemplo, en la evolución de los mamíferos. El peso de la corteza en proporción al peso del organismo es sesenta veces mayor en los chimpancés que en los mamíferos más primitivos (y en el humán, tres veces mayor que en el chimpancé).

La enorme cantidad de neuronas del cerebro de los craniados, su intrincadísima y en gran parte aún desconocida microestructura, la multiplicidad insondable de sus conexiones sinápticas y la pluralidad de los neurotransmisores dan lugar a un juego combinatorio con potencialidades de complejidad casi ilimitada. El cerebro humano, por ejemplo, posee unas 10^{11} (es decir, unos cien mil millones) de neuronas, cada una de las cuales puede establecer unas 10.000 conexiones, en las que se pueden transmitir como señales más de 50 tipos distintos de neurotransmisores. No es de extrañar que sus posibilidades de codificación y proceso de la información sean inabarcables.

Personalidad

En algunos animales sencillos, la estructura del sistema nervioso está completamente determinada por el genoma incluso en sus detalles más nimios. Así, el nematodo *Caenorhabditis elegans* contiene exactamente 302 neuronas, y la posición de cada una de ellas está indicada genéticamente. En animales más complicados, la complejidad del sistema nervioso y en especial del cerebro es tan grande, que el genoma carece de suficiente capacidad de almacenamiento de información como para codificarla en todos sus detalles.

El genoma sólo indica las líneas generales del desarrollo y son las propias neuronas las que, durante su desarrollo, acaban encontrando su sitio y estableciendo sus conexiones en un proceso que mezcla la determinación genética de la estructura básica con una gran dosis de aleatoriedad y de ensayo y error en los detalles. Durante su desarrollo, las neuronas lanzan sus filamentos en todas las direcciones, y luego la mayoría son destruidas por apoptosis (muerte celular programada). Sólo sobreviven las que encuentran conexiones adecuadas con otras células. En definitiva, entre animales complicados, no hay dos que tengan el sistema nervioso idéntico al nacer. Además, durante el resto de la vida del animal, el cerebro conserva cierta plasticidad, y sus experiencias influyen en su conformación. Por ejemplo, cada vez que los animales aprendemos algo, nuestro cerebro cambia. Estas diferencias son la base de la personalidad.

Cada animal individual de sistema nervioso complejo tiene su propia personalidad única e irrepetible. Sus neuronas maduras ya no se mueven ni se reproducen; son la base permanente de su personalidad. Cuando convivimos suficiente tiempo con un animal superior (con un perro o un caballo, por ejemplo, o con un orangután o un humán), acabamos conociendo su personalidad, sus habilidades y flaquezas, sus querencias y aversiones, su temperamento y sus intereses, las cicatrices que la experiencia de la vida ha ido dejando en su carácter. El alma de cada animal es una combinación inédita de neuronas, un punto de vista único sobre la realidad, una lámpara que brilla con luz propia y distinta en la árida oscuridad del universo mineral.

Capítulo IV

Un mundo propio

Los animales, como todos los seres vivos, consiguen resistir la corriente universal hacia el caos y la entropía (en definitiva, consiguen sobrevivir y reproducirse) utilizando la información disponible en su medio. La información a largo plazo la reciben ya procesada en su genoma. La información a corto plazo la detectan ellos mismos y la procesan en su cerebro, que es un procesador mucho más rápido (aunque menos seguro) que el genoma. El cerebro puede procesar la información recibida del entorno en fracciones de segundo; por eso es más eficaz que el genoma a la hora de producir adaptaciones rápidas a cambios repentinos del ambiente.

Receptores

El animal necesita detectar o recibir la información relevante del entorno. Para eso posee detectores o receptores (de señales). Nuestros receptores son los órganos de los sentidos (la piel, los ojos, los oídos, el paladar, las fosas nasales, etc.). A través de ellos penetra toda la información que se nos transmite no genéticamente. También necesita procesar esa información, construyendo una representación o mapa del entorno. Para eso está el cerebro, que elabora ese mapa y lo compara con su propio mapa ideal, infiriendo las medidas a tomar para hacer que el entorno real se ajuste mejor a a sus necesidades y deseos. El animal necesita, finalmente, interferir con el entorno para modificarlo en el sentido indicado por el cerebro. Para eso están los efectores: los músculos y las glándulas exocrinas. El cerebro dirige las acciones de nuestros efectores

61

teniendo en cuenta la información recibida por nuestros receptores y con vistas al mantenimiento de las homeostasis o equilibrios vitales y a la consecución de nuestros objetivos. Todos los animales «superiores» poseen receptores, sistema nervioso con cerebro y efectores.

Si la temperatura sube por encima de cierto umbral, nuestras glándulas sudoríparas se ponen a sudar y nos enfrían. Si la temperatura baja por debajo de cierto umbral, nuestros músculos se ponen a tiritar y nos calientan. Así nos adaptamos al ambiente, al menos dentro de ciertos límites. Este tipo de adaptación es especialmente simple y directa, pero los animales superiores necesitan también otros tipos de adaptación mucho más compleja. Piénsese en la veloz huida de un conejo perseguido por un zorro. La coordinación de la información recibida del entorno y del efecto adaptativo (el movimiento) es aquí complicadísima, y requiere todos los recursos del sistema nervioso y del cerebro del mamífero.

Los primates (y en especial los humanes) poseemos el sistema nervioso más desarollado; en él la distancia entre receptores y efectores es máxima y la coordinación se realiza a través de muchos procesos, de los cuales sólo unos pocos son conscientes. La mayor parte del procesamiento de la información y de la toma de decisiones tiene lugar sin que nos demos cuenta de ello, afortunadamente para nosotros. Es lo que nos permite dormir, por ejemplo, o concentrar toda nuestra atención en una sola tarea, confiando en que nuestros procesos inconscientes ya se ocuparán del resto.

El mundo perceptivo

El universo está costantemente emitiendo señales, portadoras de información objetiva. Nosotros sólo detectamos una minúscula porción de esa información. Por ejemplo, no detectamos las ondas de radio que emiten todas las emisoras del mundo o los múltiples objetos cósmicos que inundan la habitación en que nos encontramos.

Cada animal tiene su mundo. De la inmensa cantidad de información objetiva presente en su entorno, cada animal detecta sólo una parte, aquella que está genéticamente programado para detectar, interpretar y experienciar [1].

Las señales recibidas por los receptores sensoriales son procesadas en el cerebro y dan lugar a las percepciones, que a su vez se integran en nuestras vivencias o experiencias. Cada especie animal tiene su propio ámbito de percepciones, vivencias y experiencias posibles, su propio mundo perceptivo, vivencial, experiencial.

La experiencia consciente, que se da en muchos animales (sin duda en los mamíferos), y quizá en organismos de otros planetas, es intrínsecamente subjetiva. Las experiencias subjetivas de los animales con aparatos sensoriales muy distintos de los nuestros (como los murciélagos) son inconcebibles por nosotros. Cada uno sólo percibe sus propias percepciones, sólo experiencia sus propias experiencias, sólo vive sus propias vivencias. Sólo podemos concebir o imaginar las experiencias de los demás por analogía conjetural con nuestras propias experiencias. Esta analogía es tanto más apropiada cuanto más similares a nosotros (en su filogenia, en su conducta y en su aparato neurosensorial) son los seres a los que la aplicamos. No tiene sentido preguntarse cómo son las experiencias realmente, con independencia de cómo le aparezcan a quien las tiene, pues las experiencias consisten precisamente en apariciones subjetivas de procesos neurológicos subyacentes.

Señales químicas

La sensibilidad es la ventana por la que los animales se asoman al mundo. A través de esa ventana penetran del exterior, entre otras señales, moléculas portadoras de información acerca de los objetos

---

[1] En este libro usamos el verbo «experimentar» en el sentido de hacer experimentos, y «experienciar» en el sentido de tener experiencias. De igual modo usamos el adjetivo «experimental» como relativo a los experimentos, y «experiencial» como relativo a las experiencias.

que las soltaron. El gusto y el olfato son los sentidos que detectan esas señales químicas. El origen del gusto y del olfato es común. Partiendo de los quimiorreceptores ancestrales, que tienen incluso los protistos, hace cientos de millones de años se formaron separadamente los órganos gustativos y olfativos y fueron evolucionando. La estructura y localización de los sentidos son muy diversas. Las mariposas tienen receptores gustativos en las patas (para identificar las flores cuyo néctar succionan) y un olfato muy sensible situado en las antenas.

El aire que nos rodea está lleno de moléculas portadoras de información potencialmente interesante para el animal capaz de detectarlas. Las hormigas y otros muchos insectos se orientan e interaccionan fundamentalmente a través de feromonas, sustancias químicas muy volátiles que funcionan como señales químicas mediante las que unos individuos se comunican con otros de la misma especie. En los insectos la emisión de feromonas es imprescindible para el apareamiento. En la época de celo, las hembras emiten feromonas y el macho las capta por quimiorreceptores situados en sus antenas. Las feromonas desencadenan en el macho una respuesta nerviosa, que lo obliga a levantar el vuelo en busca de la hembra y a no cejar en su empeño hasta dar con su amada.

Para que algo huela es necesario que libere moléculas. Es necesario que dichas moléculas sean transportadas a través del aire (o del agua) hasta llegar a nuestro órgano olfativo. Es preciso que los quimiorreceptores olfativos sean sensibles a la sustancia olorosa y que el número de moléculas supere el umbral mínimo de percepción. Si no se cumplen estas condiciones, el olor no existe. Estas moléculas, generalmente orgánicas, están formadas sobre todo por carbono, hidrógeno, oxígeno, nitrógeno y azufre. Tienen un bajo peso molecular, lo que permite una mayor volatilidad, y son al menos ligeramente solubles en agua para poder atravesar la mucosidad olfativa. Una característica única del olfato es la persistencia del estímulo externo, incluso en ausencia del animal u objeto que lo ha emitido, ya que las sustancias olorosas emiten moléculas identificables mucho tiempo después de haber sido soltadas al aire.

También los mamíferos detectan las señales químicas emitidas o secretadas por sus congéneres o las que delatan la presencia de potenciales predadores o presas de otras especies. El zorro percibe la trayectoria que ha seguido el conejo, detectando con su fino olfato las moléculas que el conejo ha dejado a su paso prendidas en los matorrales. Las feromonas forman parte también de la sexualidad de muchos mamíferos, como los perros, cuyos machos se enteran por ellas de que cierta hembra está en celo, y se sienten irresistiblemente atraídos por ella. Esta situación puede llevar al perro a huir de su casa en busca de la hembra. De hecho los mamíferos primitivos eran de hábitos nocturnos y todavía ahora la mayoría de los mamíferos se fían más del olfato que de la vista. Entre los mamíferos, sólo los primates nos orientamos sobre todo visualmente, como las aves. Nuestro propio sentido del olfato está bastante atrofiado y tiene una muy pobre capacidad discriminativa, por lo que las percepciones olfativas juegan un papel muy limitado en nuestras experiencias y apenas podemos imaginar el mundo olfativo en que viven otras especies.

Audición

Los sonidos son ondas de presión en el aire. Nuestro sentido del oído, que capta la información contenida en esas ondas sonoras, es muy importante en nuestra vida social y constituye la base de nuestra comunicación lingüística. Sin embargo, el abanico de frecuencias que captamos es limitado. Nuestro oído no detecta los sonidos muy agudos o ultrasonidos, de frecuencia superior a 20 kHz. Tampoco detecta los muy graves o infrasonidos, de frecuencia inferior a 20 Hz.

Los murciélagos del suborden de los microquirópteros (*Microchiroptera*) son mamíferos voladores bien adaptados a la oscuridad en la que frecuentemente habitan o cazan. Se orientan por ecolocalización mediante ultrasonidos (sonar), sonidos de alta frecuencia que el oído humano no percibe. El murciélago se orienta sin dificultad alguna en la oscura caverna o en la penumbra del bosque o en la noche, localizando sus presas o los obstáculos a su vuelo mediante la detección del eco rebotado de sus propios ultrasonidos.

Los guácharos (*Steatornis caripensis*) son unas aves del orden de las *Caprimulgiformes* (como el chotacabras). Cuando no hay luz, los guácharos se orientan por sonidos audibles. Habitan la Cueva del Guácharo (en Caripe, Venezuela), que ya atrajo la atención de Alexander von Humboldt, y otras cuevas de la costa septentrional de Suramérica. Los indígenas chainas de Caripe los cazan por la grasa que acumulan en forma de pelota (de ahí su nombre *Steatornis*). Los guácharos pueden ver cuando hay luz. En la oscuridad (de la cueva o de la noche, cuando salen a alimentarse de frutos de la selva) usan su sonar, que les permite la ecolocalización mediante clics o chasquidos de baja frecuencia que emiten y cuyo eco captan. Hacen lo mismo que los murciélagos, pero en frecuencia audible para nosotros. Pueden volar en multitud sin confusión, pues cada guácharo tiene su propia frecuencia y reconoce su propio eco, ignorando el de los demás, lo que le permite orientarse.

Visión

El sol es una fuente prácticamente inagotable de radiación electromagnética (o fotones) que, al rebotar en los múltiples objetos sobre los que cae, adquiere información sobre los mismos, información que nos llega con los fotones rebotados que impactan en nuestra retina. La mayor parte de la información que recibimos del mundo nos llega por el sentido de la vista, que es sensible a la radiación electromagnética de longitud de onda entre 0,4 y 0,7 micrometros (un micrometro = 10^{-6} m), o, equivalentemente, de frecuencia entre $4,2 \times 10^{14}$ Hz y $7,5 \times 10^{14}$ Hz. Por esta ventana nuestro mundo perceptible se asoma incluso al universo extraterrestre. Para el resto del espectro electromagnético somos ciegos, como el topo lo es para la luz.

Muchos animales que detectan la luz visible procesan la información que contiene de modos muy diferentes y así obtienen percepciones distintas. Las ranas no ven nada estático, sólo son sensibles a los movimientos, a los perfiles que se mueven. Los ojos compuestos de los insectos dan una visión imprecisa, caleidoscópica, de pixels, pero detectan el movimiento fácilmente. El toro no distingue los colores. El gato sólo lo hace en masas compactas muy grandes o de muy cerca.

Muchos reptiles, aves e insectos son sensibles a los colores (tienen conos en la retina), pero la mayoría de los mamíferos no lo son, pues empezaron a evolucionar en un medio nocturno, cuando aún dominaban los dinosaurios. Diversas combinaciones de bastones (sensibles a la intensidad luminosa, al blanco y negro) y conos (sensibles a los colores) en la retina permiten al animal detectar la información del ambiente más necesaria para su supervivencia. El guepardo (*Acinonys jubatus*) tiene en medio de la retina una zona de mayor densidad de conos que le permite enfocar mejor una zona horizontal en medio de su campo de visión, lo que le ayuda a otear más eficazmente el horizonte de la sabana en busca de presas. En el agua salada, lejos de la superficie, no se ve el rojo (que es absorbido por el agua), sólo el amarillo y el azul. Las aves pescadoras (como el pelícano, el martín pescador o el águila pescadora) filtran y eliminan los reflejos de la superficie del agua, viendo lo que hay debajo.

Nosotros somos incapaces de detectar direccionalmente la radiación infrarroja, aunque a veces la notamos en forma de calor. Por eso no podemos ver de noche, cuando todos los objetos, y en especial nosotros, los mamíferos, seguimos emitiendo en infrarrojo. Sin embargo, muchas serpientes de las familias de los boidos (*Boidae*), como las pitones y boas, y de los crótalos (*Crotalidae*), como las serpientes de cascabel, detectan direccionalmente el infrarrojo. Los crótalos poseen dos fosas situadas entre el ojo y las fosas nasales; estas fosas son más grandes que las de la nariz y más pequeñas que los ojos. En 1936 A. Schmidt y G. Noble (del American Museum of Natural History) descubrieron que esas fosas son órganos sensoriales que captan la radiación infrarroja y detectan minúsculas variaciones de temperatura, de menos de una centésima de grado. Cada fosa sensorial tiene una membrana finísima cubierta por unas 150.000 terminaciones nerviosas. Estos receptores de infrarrojo producen una imagen térmica o termografía del objeto, a poco más caliente que esté el objeto que el entorno. Así el crótalo detecta por la noche a un ratón (capta su imagen termográfica) en completa oscuridad a una distancia de medio metro, lo que le permite cazarlo y comerlo. Los boidos tienen alrededor de la boca (encima de los labios superiores) unas fosas que detectan también la radiación infrarroja. Aunque las serpientes tienen buena visión normal (en el espectro visible), la detección del infrarrojo les ayuda a localizar las presas, tanto de día (complementando la visión, al igual que la percepción del color complementa la de la forma, o el oído complementa la visión) como de noche, en que sólo sus órganos sensoriales de infrarrojo les permiten cazar pequeños organismos homeotermos, más calientes que su entorno. Las señales detectadas tanto en el ojo como en las fosas de infrarrojo se combinan y transmiten al cerebro (a su téctum óptico) a través del mismo nervio óptico. Algunas mariposas y luciérnagas (*Lampyridae*, una familia de coleópteros) detectan también el infrarrojo cercano (hasta 690 nm de longitud de onda).

Aunque la mayor parte de la radiación ultravioleta emitida por el sol es absorbida por la capa de ozono, una porción suficiente llega a la superficie terrestre como para ponernos morenos cuando tomamos el sol. De todos modos, no la vemos. Sin embargo, las abejas (*Apidae*) ven los colores ultravioleta de las flores, que resultan muy atractivos para ellas y a nosotros se nos escapan. Muchas de las flores que las atraen son especialmente llamativas en ultravioleta. Los ojos de las abejas son sensibles a las longitudes de onda entre 345 y 550 nm. Su visión es tricotómica, como la nuestra, pero sus colores primarios no son el rojo, verde y azul, sino el amarillo, el azul y el ultravioleta cercano (la radiación entre 345 y 400 nm). También algunas mariposas (*Lepidoptera*) son sensibles al ultravioleta. Por ejemplo, los machos y hembras del género *Colias* (de la familia *Pieridae*) nos parecen iguales, pero, fotografiados en ultravioleta, muestran grandes diferencias, que ellas detectan.

Nuestro cerebro procesa la información que recibe de los receptores o sentidos y ese procesamiento, previo a la emisión de instrucciones y coordinaciones neuromotoras y neuroexcretoras, es sentido por dentro como experiencia subjetiva, como percepción consciente o vivencia. Los mamíferos en general tienen mala vista (en el Mesozoico eran de vida nocturna y se guiaban por el olfato más que por la vista) y no suelen ver los colores. Sus experiencias tienen con frecuencia marcado carácter olfativo. La excepción somos los primates, originariamente adaptados a la vida arbórea, donde la buena vista y el cálculo adecuado de distancias y la coordinación espacial de los saltos de rama en rama es esencial. Por eso nuestras experiencias o percepciones son sobre todo de tipo visual.

Nuestra visión es tan importante que la utilizamos sin darnos cuenta como metáfora constante para la comprensión y la representación abstracta y simbólica de la realidad, con la que no tiene nada que ver. Hablamos de la «visión del mundo» *(Weltanschauung),* de cómo «ve uno este problema», de adoptar cierto «punto de vista», de considerar diversas «perspectivas», de que una idea o dato «arroja luz» sobre una cuestión, o resulta «iluminadora». La palabra «teoría» significa en griego visión o mirada (del verbo *theōréō,* ver, mirar). Incluso «idea» proviene de *idein,* ver, y significa apariencia, forma visible.

Señales magnéticas

Algunos peces perciben las variaciones del campo magnético. El pez eléctrico (*Electrophorus electricus,* del orden de los *Cypriniformes*) vive en el agua turbia de los ríos someros de la Amazonia. Un 80 por 100 de su cuerpo está dedicado a contener órganos electrógenos, que producen tanto fuertes descargas (de hasta 800 voltios) para el ataque o la defensa, como descargas débiles (de 20 voltios) para el sondeo o la comunicación. Las descargas eléctricas débiles van tanteando el agua alrededor del pez como un sonar, permitiéndole percibir el entorno.

Otros vertebrados se orientan por el campo magnético terrestre para navegar largas distancias. En 1997 fue descrito por primera vez en detalle el sentido magnético del pez salmónido *Oncorhynchus mykiss*, basado en células magnetorreceptoras localizadas en cierta área de la nariz del salmónido y conectadas con la región del cerebro que procesa esa información magnética[2].

Horizontes del mundo perceptivo

Todas estas percepciones producen en los animales que las tienen experiencias y vivencias que los que no las tenemos no podemos imaginar siquiera, pues caen fuera de nuestro mundo perceptivo. Las experiencias subjetivas de los murciélagos cuando usan su sonar, por ejemplo, son inconcebibles por nosotros, como recalcó Thomas Nagel[3]. Y menos aún podemos imaginar qué percepciones y vivencias puedan tener los desconocidos organismos que posiblemente pueblen otros rincones del universo alejados de nuestro sistema solar, como ha subrayado Nicholas Rescher[4].

En sentido estricto, cada animal individual y concreto tiene su propio mundo perceptivo, único e intransferible. De todos modos, los mundos perceptivos de los animales de la misma especie se solapan considerablemente, por lo cual podemos hablar del mundo perceptivo de la especie. Sin embargo, algunos animales individuales pueden no tener acceso a parcelas del mundo perceptivo de su especie, como ocurre entre nosotros con los ciegos de nacimiento o con los sordomudos.

El aparato neurosensorial de la especie, que sólo responde a

---

[2] Véase el artículo de M. M. Walker y otros en *Nature,* 390, 1997, p. 371.

[3] Thomas Nagel, «What it is like to be a bat?», en *Philosophical Review*, octubre 1974, reimpreso en *Mortal Questions*, Cambridge University Press, 1979.

[4] Nicholas Rescher, *The Limits of Science*, The University of California Press, 1984.

cierta gama de estímulos, que sólo detecta cierto tipo de señales, y que las procesa de una manera característica, determina el tipo de percepciones y experiencias de las que son capaces sus miembros. La frontera así trazada entre las percepciones posibles y las imposibles para dichos animales constituye el límite de su posibilidad de percibir, o, como también se dice, el horizonte de su mundo perceptivo. No puedo tener cualesquiera sensaciones o experiencias, sino sólo aquellas que mi aparato neurosensorial, en contacto con los estímulos a los que responde, pueda generar. Las percepciones y experiencias de animales con aparatos neurosensoriales muy alejados de los nuestros están más allá de nuestro horizonte vivencial. Para el ciego, las experiencias visuales están también más allá de su horizonte vivencial. El horizonte de mi mundo perceptivo marca los límites de mis experiencias posibles.

Algunas limitaciones de nuestro mundo perceptivo se deben a nuestra posición en el espacio-tiempo. Estas limitaciones pueden ser parcialmente superadas mediante la exploración o el viaje, es decir, trasladándonos, acudiendo a otra posición espacial. Si carezco de la experiencia de la nieve, porque vivo en un país cálido, puedo obtenerla yendo a uno frío. Si no he tenido nunca la experiencia de bañarme en la mar salada, porque soy de tierra adentro, puedo conseguirla acudiendo a la costa. Pero no puedo compartir las experiencias de los peces abisales en el fondo oceánico ni la de los buitres que planean en las térmicas a gran altura. Puedo sumergirme en una escafandra o volar en avión, o incluso en ala delta, pero no es lo mismo.

La tecnología nos permite también construir extensiones artificiales de los sentidos, que logran detectar las señales que a nosotros se nos escapan. Nuestro oído no detecta los sonidos muy agudos o ultrasonidos, de frecuencia superior a 20 kHz, pero nuestro aparato de sonar los utiliza para localizar objetos bajo el agua, o para el diagnóstico médico y prenatal. Y mediante detectores adecuados, terrestres o montados en satélites artificiales, somos capaces de detectar todo el espectro electromagnético y no sólo la luz visible. Sin embargo, no hay que confundir la detección en un aparato construido por nosotros con la vivencia o experiencia nuestra. Nosotros no podemos tener la experiencia de las ondas (los fotones) de radio. Podemos construir un transductor, un aparato de radio, que transforma esas ondas de radio en ondas sonoras, y podemos escuchar esas ondas sonoras. Pero eso es una experiencia acústica, no una de radio.

Nosotros, los mamíferos, organizamos la información sensible que recibimos del exterior en forma de objetos concretos individuales situados en el espacio tridimensional. No todos los animales proceden de ese modo. Algunos sólo notan los cambios o movimientos bruscos, el mundo experiencial de otros es un campo de intensidades variables y otros tienen vivencias inconcebibles para nosotros.

Los animales procesan la información que reciben del entorno en su sistema neurosensorial de un modo parcialmente subjetivo y consciente. A través de ese procesamiento se apropian subjetivamente del mundo objetivo y construyen un mundo propio. Sólo ellos (entre todas las entidades del universo que conocemos) tienen subjetividad, sólo ellos se representan su entorno y elaboran su «imagen del mundo». Sólo los animales tienen un mundo propio, hecho de percepciones, experiencias y vivencias. Sólo ellos se enteran de lo que pasa en su entorno y reaccionan emocionalmente; sólo ellos sienten miedo y esperanza, curiosidad y cansancio, se toleran y se aman, se ayudan, se atacan y se comunican entre sí. Nosotros, como animales que somos, podemos de alguna manera entender empáticamente a los otros animales, podemos (hasta cierto punto) ponernos en su lugar. El resto del universo es des-almado y empáticamente opaco para nosotros. Podemos describirlo mediante ecuaciones, pero no podemos ponernos en su lugar.

Capítulo V

Los animales como agentes

Los animales no se limitan a percibir el mundo, a observarlo y representarlo. Una vez elaborada y procesada en su cerebro la información que reciben del exterior, los animales actúan. Los animales son agentes. Tienen conducta, se comportan. No son meros sujetos pasivos a los que les pasan cosas, juguetes inertes de las circunstancias. También a las estrellas y a las montañas, a las setas y a las hierbas les pasan cosas. Pero sólo los animales son sujetos activos, sólo ellos toman decisiones en su cerebro, transmiten órdenes por las neuronas motoras hasta sus efectores, contraen sus músculos, disparan sus glándulas voluntarias, se mueven, atacan, huyen, excavan el suelo, vuelan por los aires, nadan por las aguas, cantan, construyen nidos, hacen cosas, transforman el mundo en su beneficio. A todos los seres les pasan cosas, todos están sometidos a los efectos de las fuerzas externas, pero sólo los animales actúan. Necesitan actuar. No pueden dejarse llevar por la corriente, pues enseguida desaparecerían. Son demasiado frágiles, improbables e inestables. La vida no es algo que les esté dado sin más. Tienen que ganársela día a día. Ser animal puede ser fatigoso, pero también puede ser una gozada.

Los animales hacemos muchas cosas y casas espectaculares. Los castores embalsan los ríos construyendo grandes presas de madera. Los caciques de la Amazonia tejen sus elaborados nidos, colgándolos de las ramas más altas de los gigantescos árboles de la orilla. Las termitas construyen sus enormes termiteros como montañas de cemento que esconden ciudades subterráneas de innumerables galerías. Los gorilas construyen cada noche de nuevo su cama en el dosel del bosque. Los humanos horadamos túneles en las montañas y franqueamos los ríos con puentes. No menos espectaculares son las migraciones anuales de muchas aves, sobrevolando varios continentes, las de las inmensas manadas de ñus en busca de pastos frescos, las de los salmones hacia los ríos en los que nacieron para desovar, o las de los turistas humanos en busca de playas. El guepardo caza a la carrera, lanzado a más de 100 km por hora por la sabana africana. Los animales atacan y se defienden, forman alianzas, se engañan, se ayudan, se cortejan y se rechazan, juegan y copulan, y mil cosas más. Sin embargo, todas estas cosas que hacen los animales no las hacen directamente, sino sólo indirectamente, como consecuencia de las acciones directas que ejecutan.

Un animal hace algo directamente cuando basta con que el animal quiera hacerlo para que se produzca, sin que esa intención requiera acciones previas para su ejecución. Si el guepardo quiere atrapar a una gacela, no basta con que lo quiera para que la atrape. Tiene que perseguirla. Pero para perseguirla tiene que correr detrás de ella. Para correr tiene que mover las patas. Para mover las patas tiene que contraer los músculos. La contracción de sus músculos resulta de la obediencia inmediata de las células musculares a las órdenes que llegan del cerebro a través de las neuronas motoras. Contraer los músculos y excretar líquidos de las glándulas son las únicas acciones básicas o directas de los animales. Todas las demás cosas que hacen (como volar, o construir un nido, o bailar un tango) son acciones mediadas, las hacen mediante la ejecución de una serie adecuada de acciones básicas [1].

La descripción de la acción es un acto lingüístico, pero la acción misma no es algo lingüístico, sino biológico, una parte o aspecto de la conducta de ciertos animales. Nosotros, los humanes, somos animales, y la acción humana es un caso especial de la acción animal. En la filosofía analítica —que es la filosofía preponderante en nuestro tiempo— la concepción más extendida de la acción concibe a ésta como un evento causado por una intención y

---

[1] Para la distinción entre acción básica y mediada, véase, por ejemplo, J. Mosterín, *Racionalidad y acción humana* (2ª ed.), Madrid, Alianza Editorial, 1987.

una creencia [2]. A su vez, la intención y la creencia se definen en función de la proposición creída y de la intentada. Toda esta teoría es insatisfactoria y excesivamente lingüística. Desde luego, no se aplica a las acciones de los otros animales, y ni siquiera se aplica a las nuestras. Cuando conducimos un automóvil, cuando comemos, cuando bailamos, cuando hacemos el amor, cuando jugamos al tenis, cuando tocamos el piano, cuando pintamos, cuando descorchamos una botella de cava, cuando nos lavamos o nos vestimos, en todas estas y mil otras situaciones actuamos como agentes, de un modo consciente y voluntario, pero no mediado por proposiciones lingüísticamente articuladas.

Programas en el cerebro

La mayor parte de las veces podemos interpretar fácilmente y sin esfuerzo la información que detectan nuestros receptores, sin necesidad de razonamientos conscientes. También podemos fácilmente alcanzar muchas de nuestras metas sin especiales cavilaciones. Nuestro cerebro posee programas múltiples de computación y decisión que trabajan a la sombra de nuestra consciencia. Nuestra intuición cotidiana nos permite resolver al instante, con precisión y eficacia, problemas difíciles de solucionar de otro modo. Esta intuición y estos programas son el resultado de la evolución biológica y se refieren a tipos de situaciones a los que nuestros antepasados debían confrontarse repetidamente, situaciones a nivel mesoscópico, habiéndoselas con masas y velocidades pequeñas, con conjuntos finitos y con grupos humanos reducidos. La información contenida en esos programas la hemos heredado genéticamente, aunque también mediante la experiencia y el aprendizaje hemos extendido esos programas y asimilado otros nuevos. Todos ellos forman las rutinas básicas con las que vivimos.

---

[2] Véase, por ejemplo, Donald Davidson, *Essays in Actions & Events*, Oxford, Clarendon Press, 1980.

Por ejemplo, todos los mamíferos poseemos la habilidad innata de organizar la experiencia espaciotemporalmente y de realizar complejísimas y precisas computaciones de posiciones, velocidades, aceleraciones, etc. Cuando jugamos a la pelota, y a partir de los datos de la posición de la pelota, del ángulo de su dirección respecto a la pared, de su velocidad, etc., computamos inconscientemente el lugar exacto en que va a estar la pelota dentro de un segundo, después de haber rebotado de la pared. Esa computación se traduce en instrucciones precisas a los músculos para colocar la mano precisamente en el momento y el lugar oportuno para recoger la pelota. Un científico experto en geometría y mecánica llegaría a los mismos resultados a partir de los mismos datos, pero necesitaría mucho más tiempo. Pensemos en los miles de datos que estamos procesando y en los miles de instrucciones que estamos siguiendo mientras caminamos, o mientras hablamos, o mientras conducimos el automóvil. También los otros mamíferos son capaces de proezas asombrosas de procesamiento de la información y de coordinación mediante programas de increíble precisión. Pensemos en el zorro que persigue al conejo a través del bosque, tomando atajos, detectando e interpretando señales químicas, sorteando obstáculos, saltando y calculando distancias, todo a la vez.

Consciencia, placer y dolor

La consciencia es sólo la punta visible del iceberg de nuestro procesamiento interno de la información. Además, la consciencia es un fenómeno intermitente, que desaparece cada vez que dormimos para reaparecer cuando nos despertamos, mientras el sistema nervioso está funcionando todo el tiempo, tanto si dormimos como si velamos, incluso si nos desmayamos o perdemos el conocimiento. La inmensa mayoría de sus procesos discurren inconscientemente, aunque algunos sean conscientes. A veces se dan momentos más o menos largos de consciencia en nosotros. En esos momentos hacemos cosas tales como tomar nota de ciertas opiniones o hipótesis, analizarlas, rechazarlas o aceptarlas, considerar los pros y contras de diversas alternativas que se nos presentan, sopesarlos y decidir un curso de acción. Una vez aceptada una creencia o tomada una decisión, éstas pueden quedar almacenadas en sectores no conscientes del cerebro y, desde allí, seguir influyendo.

Muchos animales «inferiores» tienen un repertorio fijo de respuestas preprogramadas a los diversos estímulos que detectan. Cada estímulo determina una respuesta unívoca. Su conducta es meramente refleja, automática, sin lugar para la indeterminación, ni para la libertad, y sin capacidad de decisión. Tales animales carecen de consciencia, ya que en ellos no sería funcional, no serviría para nada y, por tanto, no sería retenida por la selección natural en el curso de la evolución biológica. Los animales «superiores» han desarrollado un sistema nervioso de gran plasticidad, han perdido la determinación unívoca por los estímulos, grabada en un programa fijo, y la han sustituido por una programación mucho más flexible, que deja una gran dosis de indeterminación y libertad en la conducta.

La libertad y plasticidad de la conducta ofrece grandes oportunidades de rápida y ventajosa adaptación a las variables circunstancias del entorno, pero implica también graves peligros. Un organismo muy poco determinado, con mucha libertad, puede dispararse en cualquier dirección, y la mayoría de las direcciones resultarían letales. La consciencia subjetiva, junto con el placer y el dolor subjetivamente sentidos, son mecanismos de orientación, que compensan los peligros de una libertad no orientada. La consciencia permite integrar la información presentada ahora por los sentidos con la información previamente almacenada por aprendizaje en el cerebro relativa al tema enfocado por la atención consciente en ese momento. El dolor y el placer orientan al animal, apartándole de lo que le duele (que en general es perjudicial para él) y acercándole a lo que le place (que en general le beneficia). De todos modos, en casos especiales y en función de la información conscientemente procesada, el animal puede sobreponerse a su dolor, y proseguir su curso de acción a pesar de que duela, si por sus experiencias pasadas y sus inferencias presentes decide que eso es lo que le conviene.

Aristóteles sobre los animales.

Aunque Aristóteles [3] (-384 a -322), el más grande filósofo de la Antigüedad, fue el fundador de todas las disciplinas filosóficas (lógica, ética, epistemología, ontología, filosofía política, filosofía del lenguaje, etc.) y sobre todas ellas escribió tratados seminales, ningún tema llegó a fascinarle tanto como el de los animales. A ellos dedicó más de un tercio de todas las páginas que escribió. En su vida adulta, posterior a su salida de la Academia platónica (a la edad de treinta y siete años), incluso escribió más de zoología que de todos los otros temas juntos.

Según Aristóteles, los animales tenemos un alma, que es la forma u organización de nuestro cuerpo vivo. El alma es el principio de nuestra vida, de nuestro metabolismo, de nuestras percepciones, emociones y deseos, de nuestros movimientos y acciones. Este alma, forma o tipo de organización se transmite de progenitores a infantes en la reproducción. Aristóteles combinaba las especulaciones teóricas sobre los animales con las observaciones directas de todo tipo de animales, incluso los que parecían repugnantes a otras personas. En sus propias palabras: «No hay que dejarse llevar por una pueril repugnancia hacia la investigación de los animales menos nobles, pues en todos los seres naturales hay algo maravilloso ...Se debe abordar sin asco el examen de cada animal, con la convicción de que en todos ellos hay algo de naturaleza y de belleza. Pues en las obras de la naturaleza no reina el azar, sino la funcionalidad en su más alta expresión. Ahora bien, en esa funcionalidad para la que está organizado y constituido el animal consiste precisamente su belleza. Y si alguien considera despreciable el estudio de los otros animales, que empiece por despreciarse a sí mismo, pues sólo con gran repugnancia se puede mirar aquello de que está constituido el género humano: sangre, carne, huesos, vasos y otras partes semejantes» [4]. Esta atención a los detalles llevó

---

[3] En griego el nombre «Aristóteles» es una palabra llana, y se pronuncia con el acento en la penúltima sílaba: Aristotéles.

[4] Aristóteles: *Perì zōiōn moríōn*, I, 644 b 28 y 645 a 5.

a Aristóteles a reconocer que los cetáceos, a pesar de su apariencia externa de peces, son en realidad mamíferos («sanguíneos vivíparos», en su terminología), pues su anatomía interna, su fisiología y su modo de reproducción no tienen nada en común con el resto de los peces, pero tienen mucho en común con los otros mamíferos. Si traemos aquí a colación a Aristóteles, es, sobre todo, por su teoría de la acción, sin duda una de sus más brillantes creaciones.

Teoría aristotélica de la acción

Aristóteles (en un famoso pasaje del libro II de la *Física*, 192 b) distingue los seres naturales (*phýsei*) de los demás (por ejemplo, de los artificiales o de los aleatorios) en que los primeros tienen en sí mismos el principio de su cambio y movimiento, mientras que los otros sólo cambian como resultado de impulsos ajenos. Como ejemplos de seres naturales pone los animales, las plantas y los elementos (que —según él— se dirigirían espontáneamente a su lugar natural).

Aunque todos los seres naturales tienen en sí mismos el principio de su cambio, no todos actúan. Sólo lo hacen los animales superiores, provistos de imaginación y deseos, que son los motores de la acción. El animal superior actúa (*práttei*) porque tiene imaginación [429 a] y se imagina situaciones distintas de la actual que quiere realizar. La locomoción tiene lugar siempre por un fin y va acompañada de imaginación o de deseo, pues un animal que ni desea algo ni huye de algo no se mueve, a no ser que se lo obligue desde fuera [432 b].

La primera teoría de la acción como evento explicable por las correspondientes intenciones y creencias se debe a Aristóteles, que la expone al hilo de sus consideraciones sobre el silogismo (o razonamiento) práctico. Se trata de una doctrina elaborada en la última etapa de su vida, y expuesta en sus obras más tardías, fundamentalmente en la *Ethikà Nikomákheia* (libro VII), en el *Perì psykhês* (libro III) y, sobre todo, en el opúsculo *Perì zóion kinéseos* (Sobre el movimiento de los animales).

Nosotros, los animales, no sólo somos procesadores de información descriptiva acerca de cómo es el mundo, sino también procesadores de información práctica acerca de qué hacer y cómo hacerlo, de tal modo que nuestras necesidades y deseos se vean satisfechos. Este tipo de procesamiento o razonamiento desemboca no en una conclusión teórica correcta, sino en una acción adecuada.

En el silogismo práctico se dan dos premisas: un deseo o intención (algo que el animal quiere o desea o necesita); y una creencia u opinión (que tal tipo de acción concreta y posible aquí y ahora conducirá a la satisfacción de ese deseo o necesidad). De ambas se sigue necesariamente la acción correspondiente. El principio u origen de la acción está siempre en el deseo (o, mejor dicho, en jerga aristotélica, en el objeto deseado, *tò orektón*), que es el verdadero motor práctico. El animal es capaz de moverse a sí mismo en la medida en que es capaz de desear [433 b].

Cada vez que Aristóteles describe la conclusión de un silogismo práctico, añade: «y eso es una acción». Como indica Elisabeth Anscombe[5], este aspecto automático-maquinal del silogismo práctico es repetidamente subrayado por Aristóteles, pues le ayuda a explicar cómo el silogismo práctico realmente mueve (*kinei*) o pone en marcha al animal. Como ha recalcado Martha Nussbaum[6], el silogismo práctico es un esquema para la explicación teleológica de la actividad animal, destinado a poner de relieve qué factores debemos buscar y mencionar, y qué estados debemos atribuir al animal, a fin de ofrecer una explicación adecuada de su acción.

La pauta de razonamiento práctico aristotélico (un deseo y una creencia, que fuerzan o causan una acción) es fácilmente traducible a una explicación teleológica en tercera persona de la acción del agente. Si mi deseo de comer algo dulce y mi creencia de que esto que tengo delante es dulce me llevan (como conclusión) a la acción de comerlo, entonces un observador podría explicar teleológica-

---

[5] Elisabeth Anscombe, «Thought and action in Aristotle», en R. Bambrough (ed.): *New Essays in Plato and Aristotle*, Londres, 1965.

[6] Martha Nussbaum, *Aristotle's De motu animalium*, Princeton University Press, 1978.

mente mi conducta observada de comer esa cosa dulce, aduciendo como premisas explicativas el que yo tenía el deseo o intención de comer algo dulce y el que pensé que ese alimento que estaba a mi alcance era en efecto dulce, por lo que lo agarré y me lo comí. En el silogismo práctico la llamada conclusión no es en modo alguno una proposición, sino una acción [701 a 22]. Es decir, los factores psicológicos que Aristóteles llama premisas conducen a la acción, no a la verbalización o al pensamiento. La acción es el *explanandum* (lo que hay que explicar); el habla (o la descripción lingüística de la acción) no puede sustituirla. Mientras que el silogismo teórico es esencialmente lingüístico, para la teoría del silogismo práctico el lenguaje es secundario. Como Von Wright [7] observa: «Es de la esencia de las proposiciones el ser expresadas por sentencias. Deseos, creencias y actos carecen de una análoga conexión con el lenguaje.» La verbalización literal no es un aspecto central del esquema explicativo en que consiste el silogismo práctico, ni podría serlo, pues se trata de un modelo para ayudarnos a explicar las actividades de todos los animales superiores, la mayoría de los cuales no hablan.

---

[7] Georg von Wright, «Practical Inference», en *Philosophical Review*, 1963.

Capítulo VI

El dolor como alarma

Sufrimiento y selección natural

Cuando decimos que el automóvil sufre una avería, hablamos metafóricamente. En sentido literal, el automóvil puede resultar dañado o averiado, pero no puede sufrir. Sólo los animales sufren.

Muchos sistemas naturales o artificiales están sometidos a procesos nocivos o a agresiones del entorno, que los dañan, deterioran o lesionan, pero sólo en algunos animales tiene ese daño un componente o reflejo afectivo, el dolor o, más generalmente, el sufrimiento. Las máquinas no sufren cuando se estropean, ni las lechugas cuando las cortan, pero los animales sí sufren cuando son heridos o maltratados.

La noción de sufrimiento es más amplia que la de dolor. El dolor es el sufrimiento más inmediatamente físico, que acompaña a la herida, lesión o enfermedad del organismo. Otros tipos de sufrimiento son el hambre, la sed, el frío, el miedo, la ansiedad, el estrés, la pena, la congoja, el disgusto, la soledad, el aburrimiento y la frustración. El perro herido sufre dolor, pero el perro abandonado por sus amos sufre ansiedad y congoja, el perro alejado de la hembra receptiva sufre frustración, y el perro al que se impide jugar o correr experiencia un malestar sordo y continuado.

Todos los estados subjetivos desagradables —desde las meras molestias hasta el dolor más atroz— son formas de sufrimiento. El dolor, cuando es muy intenso, se impone al animal y eclipsa cualquier otro sentimiento. En la película *Jules et Jim* (de François Truffaut) uno de los personajes regresa del frente gravemente herido y con la cabeza vendada. Cuando sus amigos se quejan de sus

83

problemas de celos, él replica: «Dios me libre de los dolores físicos, que de los morales ya me encargo yo.» Los «dolores morales» son más bien sufrimientos que dolores en sentido estricto, pero el mensaje queda suficientemente claro.

Ya hemos dicho que el sufrimiento es un fenómeno más amplio que el dolor. No sólo sufrimos cuando algo nos duele, sino también cuando no alcanzamos lo que deseamos, o cuando ocurre lo que aborrecemos. En este sentido, y como subrayaba Buda, todo deseo insatisfecho es *duhkha*, sufrimiento, frustración.

El sufrimiento surgió en el curso de la evolución biológica como un sistema de señales de alarma, que advierten al organismo de los daños potenciales que le amenazan. El sufrimiento abarca un amplio repertorio de estados subjetivos desagradables que han sido retenidos por la selección natural como medios de evitar el peligro y de restaurar déficit fisiológicos. La capacidad de sufrir es ventajosa para la supervivencia y la eficacia biológica.

Para sobrevivir, los animales necesitan coordinar la información del entorno que reciben a través de sus sentidos con la acción de sus efectores (músculos o glándulas). El ojo tiene que comunicar a la boca o a la mano dónde está la comida o el peligro, hacia dónde moverse o huir. Por eso desde el principio algunas células (las neuronas) se especializaron como líneas telefónicas que transmitían información entre receptores y efectores, y, poco a poco, otras neuronas fueron formando ganglios nerviosos, que eran como centrales telefónicas. Este proceso condujo en los vertebrados al sistema nervioso provisto de médula espinal y encéfalo. El sistema nervioso incorpora una gran cantidad de recetas fijas de conducta, que conectan de modo fijo ciertas constelaciones de estímulos con ciertas reacciones. Estas recetas las hereda el animal genéticamente. Aunque el sistema funciona admirablemente en ambientes estables, en ambientes variables las recetas hereditarias son demasiado rígidas y pueden resultar contraproducentes. Por eso en los vertebrados superiores (y en cualquier caso en los mamíferos) las respuestas del sistema nervioso se han hecho más flexibles e indeterminadas, de tal modo que el animal tenga la posibilidad de decidir por sí mismo lo que hacer en función no sólo de su información genética y los estímulos presentes, sino también de su propia experiencia de la vida y de su propio aprendizaje. Estos animales, capaces de aprender y recordar y decidir, pueden responder de un modo más eficiente a los retos y embites del entorno cambiante. Por eso la conducta flexible ha sido seleccionada por la evolución.

La flexibilización y liberalización de la conducta que supone el abandono de los esquemas fijos encierra, sin embargo, serios peligros. El animal puede lanzarse en cualquier dirección y hacer cualquier cosa, poniendo en peligro su propia supervivencia y reproducción. Por eso tendría ventajas dotarle de un mecanismo de orientación vital, que, sin determinar rígidamente su conducta, lo incentivara a hacer lo que le conviene y a evitar lo que le perjudica. Y, en efecto, un tal sistema ha sido inventado e implementado en el curso de la evolución: es el sistema del gozo y del sufrimiento, del placer y del dolor. El sistema no es perfecto, sino chapucero y con efectos laterales lamentables, como todos los productos de la evolución, pero, a pesar de todo, funciona lo suficientemente bien como para que sus portadores hayamos sobrevivido y nos hayamos multiplicado.

¿Por qué los animales han sido «diseñados» para sufrir en determinadas situaciones nocivas, y no simplemente para evitarlas? En las especies en que la toma de decisiones fuera puramente automática, procedimental, algorítmica, el sufrimiento no tendría sentido. Sólo en las especies cuya conducta exhibe plasticidad, donde los estímulos no determinan unívocamente las respuestas conforme a un programa genéticamente heredado, sino que dejan un espacio de indeterminación, una holgura donde el propio organismo, en función de sus propias experiencias individuales, puede tomar sus propias decisiones, sólo en esos casos de respuesta flexible e indeterminada tiene sentido evolutivo un mecanismo de orientación como el del placer y del dolor, que no obliga, pero orienta. Así, en circunstancias excepcionales, evaluadas individualmente, el organismo puede decidir sobreponerse al impulso congénito y hacer lo que piensa que le conviene, aunque sufra y le duela. Pero normalmente, le bastará con seguir sus impulsos y huir de las experiencias desagradables, del sufrimiento. La capacidad de sufrir y gozar es el correlato y el correctivo de la libertad y la plasticidad nerviosa, que sin ningún tipo de correctivo podría lanzarnos en direcciones letales. El sufrimiento natural es el precio que los animales pagamos por la libertad, y el tratar de minimizar ese precio es también parte de la naturaleza. Sólo nosotros, los animales, ejercemos el agridulce privilegio de la libertad y sólo nosotros ponemos una nota de gozo y de dolor en medio de un universo indiferente y desalmado.

El dolor como experiencia subjetiva

El dolor propio se impone a nuestra consciencia con una evidencia abrumadora. De nada puedo estar tan seguro como de mi dolor. Se puede discutir la existencia del yo doliente (y los budistas y Hume, entre otros, la han discutido), pero no la del dolor.

El dolor que yo siento (cuando lo siento) es una vivencia o experiencia subjetiva. El cariz, tono o cualidad de esa experiencia puede ser distinto, según el tipo de dolor de que se trate. No es lo mismo un dolor de muelas punzante que un brumoso dolor de cabeza, no es lo mismo el repentino calambre de la descarga eléctrica que los recurrentes retortijones de la infección intestinal, ni el sordo mareo que el dolor lacerante de la herida o el picante prurito de la alergia. Lo que todos los dolores tienen en común es el ser experiencias extremadamente desagradables, que se imponen a nuestra consciencia, reclamando su atención inmediata y prioritaria.

Es posible (aunque ocioso) dudar de que otros humanos o, en general, de que otros mamíferos sientan dolor. No podemos estar tan seguros de su dolor como del nuestro. Ya hemos dicho que de *nada* podemos estar tan seguros como de nuestro dolor. Por tanto, puedo poner en duda que los demás sientan un tipo de experiencia subjetiva similar o comparable a la experiencia que yo tengo cuando siento dolor. Los signos externos de dolor del otro podrían ser automáticos o fingidos, podrían no ir acompañados de la correspondiente sensación subjetiva. Incluso si el interesado nos comunica que algo le duele, podría mentirnos o podría designar con el verbo *doler* otro tipo de experiencia. Como dijo B. Skinner, «en lo que concierne a nuestros sentimientos, estamos encerrados dentro de nuestra propia piel». Las dudas filosóficas de este tipo no pueden ser eliminadas de un modo apodíptico e irrefutable. Sin embargo, no dejan de ser artificiosas e incluso teatrales. En la práctica, no dudamos del dolor de los otros, excepto en situaciones excepcionales. El padre no duda del dolor de su hijo ni de su perro, y médicos y veterinarios no dudan del dolor de sus pacientes. Todos reconocemos el dolor de los animales, y en especial el de los humanos, con los que tenemos trato directo y frecuente, aunque a veces podamos dudar legítimamente de lo genuino de sus presuntos síntomas, como ocurre con el comportamiento mimoso de ciertos infantes y de ciertos perros.

La ausencia de crecimiento, las heridas, las enfermedades graves, los altos niveles de productos adrenales, la alta fecuencia de conductas estereotipadas, la respuesta reducida a los estímulos, el desplazamiento de acciones, el mal funcionamiento del sistema inmunitario, la evidencia de autonarcotización por endorfinas, todos estos síndromes conductales son síntomas de malestar y de sufrimiento en el animal.

Los gemidos, las vocalizaciones intensas, las resistencias, los temblores, las convulsiones y otros signos externos de aflicción son señal inequívoca de dolor. Sin embargo, el dolor puede existir también sin señales externas, como es el caso del dolor de cabeza humano, del que sólo tenemos noticia por la comunicación verbal del paciente. Los humanos, a partir de los dos años, pueden expresar lingüísticamente su dolor, aunque rara vez son capaces de describirlo.

Los animales no humanos usan a veces señales específicas para expresar su dolor, pero la evolución sólo ha favorecido tal comportamiento cuando tiene ventajas. Como indica McFarland, un chimpancé al que se le ha clavado una espina en el pie gritará lastimeramente para llamar la atención de sus compañeros, hasta que uno de ellos le preste ayuda, sacándole la espina. En este caso la señal externa (acústica) es útil. Sin embargo, el ñu que está siendo desgarrado por los licaones en la sabana sufre en silencio, pues sus posibles señales de aflicción no contribuirían a salvarlo, mientras que pondrían en peligro a sus compañeros de manada, por lo que no han sido seleccionadas por la evolución.

Como ha señalado Marian Stamp Dawkins, los animales de ciertas especies pueden sufrir estados anímicos dolorosos que ningún humán ha experienciado y ni siquiera soñado. Los animales domésticos transportados en cajas o jaulas pequeñas durante largos trayectos con frecuencia padecen no sólo heridas, sino un deterioro tan grande que los conduce a la muerte. Probablemente un gran sufrimiento mental acompaña al viaje, aunque los animales no lo manifiesten mediante señales externas fácilmente comprensibles.

La función cibernética del dolor

Placer y dolor cumplen una función cibernética: orientan al organismo, lo acercan a lo que le conviene y lo alejan de lo que le perjudica. Por ejemplo, el otro día, al agarrar yo un plato que había quedado sobre el fogón eléctrico y había adquirido una alta temperatura sentí un dolor agudo, que me llevó a soltarlo inmediatamente, acabando el incidente sin más consecuencias que una quemadura superficial de mi dedo (y un plato hecho añicos). Si no llega a ser por el dolor que sentí, habría seguido agarrando el plato y pensando en otras cosas, mientras un número mucho más elevado de mis células habrían sido quemadas. El dolor actuó como una señal de alarma que me permitió minimizar el daño producido a mi organismo.

Un niño insensible al dolor correría muchos más riesgos que uno normal. Los raros casos de personas insensibles al dolor suelen acabar mal. Por ejemplo, Michael Gazzaniga describe el caso de una niña de Montreal que no respondía a los estímulos dolorosos. Como consecuencia de ello, adoptaba posturas inconvenientes —que en otra persona serían dolorosas—, lo que condujo a la malformación e inflamación de sus articulaciones, y finalmente a su infección y muerte.

El dolor cumple una misión de señal de alarma prioritaria. Como escribe Marvin Minsky, «cuando sientes dolor es difícil mantener el interés en otras cosas. Sientes que nada es más importante que encontrar la manera de detener el dolor. Por eso es el dolor tan poderoso: porque hace difícil pensar en otra cosa. El dolor simplifica tu punto de vista... El poder que tiene el dolor de distraernos de nuestras otras metas no es accidental; es la manera como nos ayuda a sobrevivir» [1]. Y como Ornstein y Sobel comentan, «el dolor puede inundar la conciencia como una crisis llena la portada del diario. El sistema de prioridad proporciona a ciertos acontecimientos —los que afectan a la supervivencia— un acceso rápido al interior. Seguridad y supervivencia tienen prioridad» [2].

Parte de la función cibernética del dolor consiste en evitar los peligros que nos acechan: objetos o procesos que pueden dañar seriamente nuestra integridad física, tales como los venenos, el fuego, las brasas, las superficies o líquidos muy calientes, el hielo, las puntas punzantes, las aristas cortantes, las presiones excesivas, etc.

El placer y el dolor son fenómenos objetivos. Son reguladores y disparadores —*triggers*— de procesos y conductas tendentes a mantener la estabilidad y pervivencia de los individuos (o de la especie). Un mundo sin dolor sería un mundo más peligroso, en que los organismos estarían más desorientados.

Como señala Marvin Minsky, «nos parece completamente natural que sintamos dolor cuando somos heridos o hambre cuando estamos privados de comida. Nos parece como si esos sentimientos fueran inherentes a tales situaciones. Pero entonces, ¿por qué no siente un coche dolor cuando se le pinchan los neumáticos, o ham-

---

[1] Marvin Minsky, *The Society of Mind*, 1985, p. 37.

[2] Robert Ornstein & David Sobel, *The Healing Brain*, 1987, p. 42.

bre cuando se le acaba la gasolina? La respuesta es que el dolor y el hambre *no* son inherentes al ser herido o carecer de alimentos: *tales sentimientos necesitan ser diseñados e implementados.* Esas circunstancias físicas no producen directamente los estados mentales que provocan; por el contrario, éstos dependen de redes intrincadas de agencias y haces de nervios que tardaron millones de años en evolucionar. Pero no tenemos consciencia de esa maquinaria»[3].

Alain Connes ha señalado la falta de afectividad, de capacidad de sentir placer y dolor, como la característica que más diferencia a los computadores de los cerebros. Por ejemplo, un computador que conozca todas las reglas del ajedrez y tenga una gran capacidad de cálculo tendrá que ser provisto desde fuera con una función de evaluación a fin de que trate de ganar las partidas. Si el computador fuera capaz de sentir dolor o frustración cada vez que perdiera una partida podría él mismo construir su propia función de evaluación. La capacidad de sentir placer y dolor hace a los cerebros, y a los organismos que los poseen, mucho más autónomos y capaces de orientarse por sí mismos en el mundo que las máquinas y los computadores.

Ya Eudoxos observaba que todos los animales rehúyen el dolor y tienden al placer. Epicuro «aducía que los animales, apenas han nacido, gozan del placer y huyen del dolor, por instinto natural y al margen del razonamiento»[4]. La función del placer y del dolor como guías para la acción ha sido subrayada muchas veces, por ejemplo por Goethe (en carta a Eckermann) en 1829: «El humán... de sí mismo sabe sólo cuándo goza y cuándo sufre, y sólo sus sufrimientos y sus goces le instruyen sobre sí mismo, le enseñan lo que ha de buscar y lo que ha de evitar.»

El placer y el dolor sirven también para ayudarnos a mantener nuestras homeostasis, regulando, por ejemplo, el aporte energético, orientándonos decisivamente respecto a cuándo y cuánto comer. Cuanto más necesitamos aporte energético (alimentos), más hambre

---

[3] Marvin Minsky, *The Society of Mind*, 28 de abril de 1985, p. 286.
[4] Diógenes Laertios, X, 137.

sentimos, lo que nos induce a buscar comida. Al principio, la comida produce placer (y ya se sabe que el hambre es el mejor condimiento). Conforme vamos comiendo, necesitamos cada vez menos aporte energético suplementario, por lo que los alimentos sucesivos que ingerimos nos producen cada vez menos placer. Llega un momento en que ingerir nueva comida pasa a ser objeto de náuseas o dolor (utilizado para la tortura de prisioneros o de gansos —en la producción de *foie gras*—). Del mismo modo el dolor de la sed excesiva nos induce a evitar la deshidratación, el dolor del calor o del frío excesivos nos invita a buscar refugio o (en el caso humano) a vestirnos de modo adecuado, evitando la congelación o el sofoco.

La base neurológica del dolor

El daño infligido al animal desde fuera es detectado por las innumerables terminaciones libres de las fibras nerviosas C que inervan la piel y transmiten la información dolorosa (mejor dicho, la información sobre el daño, que será experienciada subjetivamente como dolor). Las fibras C son neuronas filogenéticamente antiguas y no están mielinizadas, no están recubiertas por fundas de mielina, como la mayoría de las neuronas. Las finas terminaciones libres de estas fibras nerviosas que literalmente tapizan la periferia del cuerpo detectan inmediatamente cualquier herida, corte, aplastamiento o irritación química por ácidos o toxinas, en definitiva, cualquier daño sufrido por el tejido. Estas terminaciones libres desempeñan, pues, el papel de receptores del daño o, en jerga técnica, nociceptores (del latín *nocere*, dañar, de donde también procede el adjetivo «nocivo»).

La información sobre el daño (nociceptiva) es transmitida al cerebro por los conductos nerviosos en forma de impulsos electroquímicos (eléctricos —ondas de potencial de acción— a lo largo del axón de una neurona hasta llegar a la sinapsis, donde inducen la secreción de moléculas neurotransmisoras, que transmiten químicamente el impulso a la neurona siguiente). La transmisión pasa por diversas sinapsis (conexiones entre neuronas) que actúan como puertas que modulan la transmisión, dejándola pasar o no, según instrucciones recibidas directamente del cerebro.

Los impulsos nerviosos de origen nociceptivo (mensajeros de un daño) que son vehiculados por las delgadas fibras C están sometidos a un doble control, local (de la médula espinal) y central (del cerebro), del que depende que se queden a las puertas de la médula o que lleguen hasta el cerebro. Esos impulsos que, partiendo de los nociceptores, llevan al cerebro la noticia dolorosa del daño sufrido se transmiten entre neuronas a través de las sinapsis mediante neurotransmisores como el glutamato y la llamada sustancia P (de *pain*, dolor). Resultados obtenidos en 1998 muestran que los animales privados de la sustancia P responden a los estímulos dolorosos, pero no presentan amplificación de la respuesta cuando se incrementa el estímulo, como si no se enterasen de ese aumento, como si no les doliese más [5].

El control local es el resultado de un desequilibrio entre las frecuencias de los impulsos que recorren las fibras nerviosas gruesas (inhibidoras) que penetran en la médula por el asta posterior y las de las fibras delgadas (excitadoras). Cuando el balance se inclina a favor de las fibras gruesas, el impulso nervioso de dolor no puede franquear la primera sinapsis, y no llega al cerebro, por lo que no llega a sentirse. Si se produce un desequilibrio a favor de las fibras delgadas, el impulso accede al sistema nervioso central y llega al cerebro. Este es el sistema de control de puerta (*gate control*) en el asta posterior de la médula. Desde la médula espinal, neuronas especiales proyectan los impulsos hacia las áreas del cerebro responsables de la experiencia de dolor y de las reacciones correspondientes. El dolor se produce cuando el número de impulsos que llegan a estas áreas excede un cierto umbral o nivel.

El sistema de control central se compone de fibras de grueso calibre, que llevan muy rápidamente la información (no dolorosa)

---

[5] Véanse los artículos de Y. Q. Cao y otros y de C. de Felipe y otros en *Nature*, 392, 1998, pp. 390 y 394.

sobre el daño hacia las estructuras cerebrales. Por vía descendente, éstas ejercen a su vez su acción sobre el sistema de control de puerta del asta posterior de la médula, permitiendo o bloqueando el paso de la información dolorosa transmitida por las fibras delgadas. La teoría del control del dolor mediante puertas sinápticas fue propuesta en 1965 por Melzack y Wall, y actualmente es generalmente aceptada.

El placer y el dolor son fenómenos físicos, cósmicos, objetivos, y consisten en la excitación de ciertas zonas del cerebro. En cualquier caso, no son fenómenos meramente subjetivos (quizá nada sea un fenómeno meramente subjetivo). James Olds, José Rodríguez Delgado y otros han estudiado los efectos de la estimulación eléctrica de diversas zonas del cerebro. La estimulación de ciertas áreas del diencéfalo y del mesencéfalo produce gran placer en los animales. Al menos, eso es lo que cabe inferir del hecho de que los animales de laboratorio, dada la oportunidad de autoestimularse eléctricamente esas zonas (a través de un microelectrodo) mediante la manipulación de una palanca, no se cansan de accionarla. Por el contrario, la estimulación de otras zonas parece producir dolor, pues los animales accionan la palanca que las estimula eléctricamente una sola vez, y no vuelven a accionarla nunca más, huyendo obviamente de la experiencia provocada.

Todavía estamos muy lejos de un conocimiento y comprensión cabales de las complejísimas estructuras (tálamo, sistema límbico) que componen el diencéfalo. Sabemos que entre sus funciones se encuentra toda nuestra vida emocional y afectiva, incluyendo los sentimientos de placer y dolor. En 1995 varios investigadores anunciaron que habían descubierto en el cerebro el núcleo específico del dolor y de las sensaciones térmicas, tras estudiar a pacientes afectados por el síndrome del dolor talámico. Este núcleo estaría situado en el tálamo posterior (al menos en el humán y en el macaco).

Según P. MacLean y otros autores, el cerebro (el prosencéfalo) de los mamíferos avanzados contiene tres formaciones filogenéticas básicas: la reptiliana, la paleomamífera y la neomamífera. A cada una de ellas corresponde un tipo distinto de fenómenos psíquicos. El cerebro reptiliano (predominante también en las aves), que incluye los ganglios basales, dirigiría las conductas preprogramadas y estereotipadas tales como la búsqueda de comida, las exhibiciones ritualizadas de territorialidad o de sumisión, las acciones de juntarse y migrar, etc. El cerebro paleomamífero o sistema límbico rodea el tronco cerebral de los mamíferos. De él dependen la crianza, el juego, los afectos y los sentimientos. La consciencia límbica nos proporcionaría la capacidad de empatía y enlace emocional con nuestros animales de compañía. El cerebro neomamífero o neocórtex aumenta de tamaño progresivamente en los mamíferos superiores. En los humanes permite el lenguaje y el pensamiento abstracto. El neocórtex humano no es la sede del sufrimiento, sino el interfaz que permite expresar el sufrimiento de un modo abstracto y lingüístico. De ahí concluye R. Chapman que el sufrimiento es específico de los mamíferos, que son los únicos que tienen un sistema límbico suficientemente desarrollado. En las aves predomina el cerebro reptiliano, por lo que serían incapaces de sufrir. Por ello los mamíferos requieren más consideración moral que otras especies, porque sienten más. M. S. Dawkins no acepta esa opinión de Chapman. Por el mismo argumento podría inferirse que las aves no aprenden tan bien como los mamíferos, pues tienen un córtex muy poco desarrollado. Pero sabemos empíricamente, por observación conductal, que eso es falso; las aves son muy capaces de aprender y de formar conceptos. En las aves otras partes del cerebro, como el hyperstriatum, se han agrandado y han asumido muchas de las funciones del córtex de los mamíferos. En palabras de M. S. Dawkins, «decir que las aves no sufren porque sus cerebros son diferentes de los de los mamíferos es como afirmar que los aviones a reacción no pueden volar porque carecen de hélices. Construcciones anatómicas diversas pueden desempeñar la misma función, y no debiéramos cerrar nuestra mente a la posibilidad de que animales con anatomías y fisiologías muy distintas a la nuestra, sin embargo, compartan capacidades con nosotros»[6].

---

[6] Marian Stamp Dawkins, «From an animal's point of view: Motivation, fitness, and animal welfare» en *Behavioral and Brain Sciences*, 13, 1990, p. 50.

Analgesia natural

Cuando el dolor es insoportablemente intenso, los médicos lo calman administrando opiáceos como la morfina. Las moléculas de morfina tienen la misma forma (en una de sus caras) que las encefalinas y endorfinas producidas por el propio cerebro y encajan, por tanto, en los receptores específicos de encefalinas y endorfinas de las neuronas de ciertas zonas cerebrales, como la sustancia gris periacueductal del mesencéfalo. Desde esta zona descienden fibras por el tronco cerebral y la médula espinal, a través de las cuales se envían las órdenes de cerrar las puertas a las señales de dolor aferentes.

En 1973 Solomon Snyder descubrió los receptores para opiáceos en las neuronas de las ratas. Dos años después J. Hugues y H. Kosterlitz descubrieron los primeros narcóticos producidos por el cerebro, a los que llamaron encefalinas. Desde entonces se han descubierto diversas otras moléculas opioides producidas por el cerebro, las endorfinas (así llamadas por ser como morfinas producidas internamente). Estas endorfinas son neurotransmisores que ponen en marcha el proceso de cerrar las puertas a los impulsos nerviosos que anuncian el dolor, bioqueando así su efecto y actuando como analgésicos naturales.

Cada neurona sintetiza y segrega un solo tipo de neurotransmisor, aunque puede poseer receptores para muchos transmisores distintos. Las endorfinas se encuentran en las rutas nerviosas de transmisión del dolor y de respuesta al dolor, pero no sólo en ellas. Otras moléculas, como la serotonina, también participan en el mecanismo de inhibición del dolor. En cualquier caso, los diversos opiáceos (naturales y artificiales) tienen una estructura molecular muy parecida. La analgesia morfínica y la obtenida por estimulación de ciertas zonas de la sustancia gris periacueductal son de idéntica naturaleza.

Los animales privados de la sustancia P no desarrollan la analgesia intrínseca inducida por el estrés, como si no sintiesen estrés.

Las moléculas de encefalina (como las de morfina o heroína)

reducen la generación de neurotransmisores P y así disminuyen o anulan la transmisión de la señal dolorosa. El dolor se produce en los centros específicos del diencéfalo cuando llegan suficientes noticias del daño sufrido desde los nociceptores. En la analgesia intrínseca el cerebro elige no enterarse del daño sufrido, dando órdenes de que esa información se bloquee en las puertas aferentes. Y, según el adagio de que «ojos que no ven, corazón que no siente», el cerebro, que no quiere enterarse del daño, no se entera y, por tanto, no sufre.

Este mecanismo de analgesia intrínseca es el que explica los fenómenos de ausencia de dolor en presencia de heridas durante situaciones límite. En general, el mecanismo del dolor es una útil señal de alarma, que llama la atención hacia algo que nos está dañando y que es urgente atajar. Sin embargo, hay circunstancias excepcionales, en que nuestra vida puede estar en juego, y en las que cualquier distracción podría ser peligrosa. El animal en medio de una pelea por su supervivencia o en medio de una huida frente al enemigo sería peligrosamente distraído por las urgentes señales de alarma y dolor procedente de sus heridas. Por eso, el sistema nervioso de los vertebrados ha inventado un mecanismo analgésico, que a veces se pone en marcha en tales circunstancias y suprime momentáneamente el dolor. En efecto, múltiples testimonios de soldados gravemente heridos en el fragor de la batalla cuentan que no han sentido el dolor de sus heridas hasta que el combate ha terminado. Y atletas heridos durante una competición con frecuencia no sienten tampoco el dolor de sus heridas hasta que la competición ha concluido. (Sin embargo, ese mecanismo no parece dispararse siempre, y no parece darse en los casos de tortura de humanes, toros, osos y otros animales.)

S. Nuland narra el caso de la niña Katie Mason, brutalmente asesinada con múltiples cortes faciales y en el cuello con arma blanca, pese a lo cual murió con una expresión de serenidad (no de dolor ni miedo) en la cara. El famoso explorador David Livingstone describió cómo una vez en África en 1844 (cuando él contaba treinta años) fue zarandeado por un león herido, que lo mordió en el brazo y lo levantó en el aire. El león le fracturó el húmero y le hizo once heridas profundas que laceraron su piel y músculos, pero, durante todo el episodio, no sintió dolor, sino ecuanimidad. Como él mismo cuenta, «rugiendo horriblemente cerca de mi oreja, me zarandeó como un perro terrier zarandea a una rata. El choque me produjo un estupor similar al que parece sentir un ratón tras la primera agitación por el gato. Me produjo una especie de ensoñación, en la cual no había sentimiento de dolor ni de terror, aunque era perfectamente consciente de todo lo que estaba pasando»[7].

Los humanos y otros animales a veces son protegidos frente a la muerte atroz por una súbita producción interna de endorfinas, que elimina el miedo y el dolor, y ofrece tranquilidad y serenidad final. Este mecanismo de analgesia natural ha debido de incrementar la eficacia biológica de sus portadores en el pasado. El efecto es el mismo que el de una buena dosis de morfina o heroína. También el efecto analgésico de la acupuntura se explicaría porque la acción de las agujas puede estimular la producción interna de endorfinas. Este mecanismo de analgesia intrínseca podría explicar también los casos del efecto placebo relacionados con el dolor.

Este sofisticado sistema de analgesia intrínseca o natural es común a todos los vertebrados. Al menos, en los cerebros de los vertebrados investigados (monos, ratas, etc.) se han encontrado las endorfinas mencionadas y los correspondientes receptores. También se han encontrado endorfinas en los sistemas nerviosos de diversos invertebrados, como arañas, centollos y sanguijuelas.

Las preferencias de los animales

Como ha recalcado Marian Stamp Dawkins, tenemos la posibilidad de hacer preguntas sin palabras a los animales acerca de sus preferencias, y así podemos hacerlos «hablar» o, al menos, dejarlos votar. Los animales son capaces de elegir entre alternativas, de

---

[7] David Livingstone, *Missionary Travels and Researches in South Africa*, 1857.

tomar decisiones, de renunciar a un placer presente en aras de un mayor placer futuro, etc. Si les damos la oportunidad, los animales nos comunicarán el tipo de habitáculo o de nido que prefieren, cuál de entre dos alimentos les gusta más, o si (en el caso de machos hambrientos) prefieren acercarse a la hembra más bien que comer. La caja de Skinner y otros tinglados experimentales semejantes permiten medir el grado en que diversos estímulos son percibidos por el animal como recompensas o como castigos. Ello se consigue permitiendo que sea el propio animal quien determine la producción de dichos estímulos mediante el accionado de una palanca (en el caso de las ratas; en otros casos, como en el de las aves, la mecánica puede ser distinta, basada, por ejemplo, en la selección de anillos de colores con el pico).

Si el animal aprieta repetidamente la palanca que lo provoca, puede inferirse que el estímulo le gusta. Se puede graduar el experimento de tal modo que el estímulo sólo se produzca tras apretar la palanca un cierto número de veces. Si el placer producido no es muy alto, el animal se aburrirá tras unas pocas pruebas y desistirá de seguir apretando. Si acciona más veces una palanca que otra, puede inferirse que el estímulo producido por la primera es más atractivo o placentero que el producido por la segunda. Lo mismo, pero a la inversa, ocurre con los estímulos que producen aversión o sensaciones desagradables. Cuanto más desagradable resulte el estímulo, tanto más dispuesto estará el animal a accionar repetidamente la palanca que evita su producción. En cierto modo, el animal nos está diciendo cuál es el precio que está dispuesto a pagar por obtener algo que le gusta o por evitar algo que le disgusta. Es de suponer que cuanto mayor sea dicho precio, tanto mayor será la intensidad del placer o del dolor que el animal siente como consecuencia del estímulo respectivo.

Los animales, mediante sus elecciones, nos muestran sus preferencias e, indirectamente, nos informan sobre sus sufrimientos y sus goces. En cualquier caso, será el propio animal el que, mediante sus elecciones, nos informe de las valoraciones que él hace de las diversas alternativas. Podemos razonablemente suponer que las situaciones o estímulos que el animal prefiere producen en su cerebro una sensación subjetiva placentera. Por el contrario, las situaciones o estímulos que el animal rehúye o evita producen en su cerebro una sensación subjetiva desagradable, de dolor o sufrimiento.

Los animales tienen experiencias subjetivas desagradables cuando se les impide hacer lo que están muy motivados para hacer. ¿Cómo medir la motivación de un animal para hacer algo? La tendencia a realizar una conducta incluso en la ausencia de los estímulos es signo de alta motivación. Por ejemplo, las gallinas confinadas en baterías de jaulas de alambre realizan a pesar de todo los movimientos de revolcarse en el polvo (sobre el suelo de alambre sin polvo). Estas «acciones vacías» se consideran signos de alta motivación. También las actividades de desplazamiento y las secuencias de movimientos estereotipados y compulsivos inhabituales (por ejemplo en los zoos) son síntomas de gran malestar. De todos modos, estas señales no nos permiten cuantificar cuánto desea el animal algo, ni medir el precio que está dispuesto a pagar por algo.

M. S. Dawkins ha desarrollado métodos experimentales para medir las preferencias de los animales, y ha analizado sus resultados con ayuda de herramientas conceptuales suministradas por los economistas, en especial las curvas de demanda (que representan la cantidad demandada como función del precio o coste). La demanda de un animal por un determinado estímulo es proporcional al precio que el animal está dispuesto a pagar por el estímulo, que a su vez se mide por el trabajo que está dispuesto a realizar para conseguirlo: accionar cada vez más veces una palanca, empujar una puerta cada vez más pesada, atravesar un pasillo cada vez más frío, o más caliente, o más electrizado, incrementar la velocidad del viento contra el que se debe andar para conseguirlo, etc. Manipulando experimentalmente los costos podemos averiguar las preferencias de los animales respecto a diversas actividades o recursos. Cuando la demanda del animal se mantiene o apenas baja a pesar de que el costo se incremente, decimos que su conducta refleja una demanda inelástica. La demanda de los lujos y caprichos es elástica, desciende cuando el coste aumenta. La de las necesidades vitales es inelástica. El estudio experimental de la elasticidad de la demanda muestra lo importante que es algo para el animal, desde su punto de vista. Cuando la recompensa es comida, la demanda es bastante inelástica. La demanda de compañía es más elástica.

El sufrimiento es tanto más probable cuanto más inelástica sea la curva de demanda. Si la curva de demanda de una cosa es tan inelástica como la de comida, eso significa que esa cosa es tan importante como la comida para el animal. Los animales sufren también cuando están en circunstancias por las que sienten aversión (es decir, tales que están dispuestos a trabajar duro por evitarlas). M. S. Dawkins propone usar la privación de comida como estándar frente al que medir otras aversiones o preferencias.

El sufrimiento (al menos la frustración) ocurre cuando los animales se ven forzados a permanecer en situaciones por las que sienten aversión (por escapar de las cuales estarían dispuestos a pagar un alto precio) o en situaciones en las que están privados de oportunidades o estímulos por los que sienten gran apetencia o demanda (por los que estarían dispuestos a pagar un alto precio). El deseo incondicional de algo se muestra gráficamente por la inclinación plana de su curva de demanda [8], que simboliza la demanda inelástica. Por todo ello, y según M. S. Dawkins, al considerar el bienestar de los animales en zoos, granjas y laboratorios, la prioridad debería concederse a suministrarles aquellos recursos y oportunidades por los que muestran una demanda más inelástica.

Aunque este enfoque nos permite penetrar en el punto de vista subjetivo del animal no carece de problemas y limitaciones. Se plantea, por ejemplo, el problema del paternalismo, pues lo que el

---

[8] Al decir aquí que la curva de demanda inelástica es plana (de derivada = 0) estamos suponiendo una representación gráfica en la que el eje horizontal, de las x, o de las abscisas representa la variable independiente, el precio o coste, mientras que el eje vertical, de las y, o de las ordenadas representa la cantidad demandada, tal y como es usual en matemáticas. En los textos de economía lo usual es la representación inversa, en la que las abscisas simbolizan cantidades y las ordenadas precios.

animal elige comprar puede no ser lo más beneficioso para él a largo plazo. Por eso el método de las curvas de demanda ha de ser combinado con otros criterios y medidas del bienestar objetivo (salud, repertorio conductal y estrés hormonal), y con estudios de la distribución libre del tiempo durante largos períodos. Como R. Griffiths y otros han comprobado, los papiones entrenados a accionar una palanca para obtener infusiones intravenosas de cocaína muestran una demanda inelástica, y están dispuestos a aceptar cualquier precio, es decir, a accionar la palanca cualquier número de veces (aunque sean 3.600 por infusión) para obtener cocaína.

Descartes sobre los animales

El famoso filósofo René Descartes (1596-1650) fue también un gran matemático, un imaginativo físico y un deplorable biólogo.

Descartes siempre conservó la fe religiosa que asimiló en el colegio de jesuitas donde se educó. Además, siempre tuvo mucho cuidado de no tropezar con la Iglesia. Cuando en 1633 se enteró de que Galileo había sido condenado por la Inquisición inmediatamente abandonó un libro sobre el universo que estaba escribiendo y en el que aceptaba las tesis de Copérnico. Desarrolló una filosofía mecanicista y la aplicó a todos los temas en los que no corriese peligro de toparse con la Iglesia. Por ello aplicó su concepción mecanicista a los animales y al cuerpo humano, pero no al humán (al alma humana) ni a Dios, que eran los dos temas religiosamente delicados.

Descartes trataba de alcanzar un compromiso entre sus ideas científicas mecanicistas y su cristianismo voluntarista en cuanto a Dios y al hombre. Los fenómenos biológicos serían incluidos en el dominio de la física, pero no la mente humana. Ya no habría diferencia entre lo animado y lo inanimado, sino entre lo material y lo espiritual. Según Descartes, el alma sólo puede ser simple e inmortal. Atribuir un alma inmortal a todos los animales, o concebir a los

101

hombres como meros autómatas sin alma eran alternativas prohibidas por la Iglesia, y Descartes las rechazó.

Influido por los estudios de William Harvey (1578-1657) sobre la circulación de la sangre, Descartes trató de presentar el cuerpo humano como una máquina y su funcionamiento como puramente mecánico. Trató de desarrollar una fisiología hidráulica. Todos los movimientos del cuerpo estarían determinados por el movimiento de un líquido que él llamaba el espíritu animal, y que produciría todos los fenómenos fisiológicos, desde la digestión hasta los movimientos reflejos. El alma, a su vez, podía controlar los movimientos corporales actuando sobre el líquido «espíritu animal» en la glándula pineal. La mente o alma —según Descartes— era una entidad no extensa. ¿Cómo podía mover, por ejemplo, una pierna? El alma movía la glándula pineal, que era una especie de músculo, que a su vez ponía en movimiento los líquidos llamados espíritus animales, que a su vez, mediante una serie de empujes hidrodinámicos sucesivos, acababan moviendo la pierna. En *Les passions de l'âme* expone cómo la sangre, al dilatarse en el corazón, produce unos fluidos muy tenues, llamados «espíritus animales» y sometidos a las leyes de la hidrodinámica. Estos fluidos se quedan atrapados en los poros del cerebro, desde donde, a través de los nervios, llegan a los músculos, cuyas contracciones producen. Antes de salir del cerebro, pasan por la glándula pineal, donde el alma interacciona con ellos.

La *glándula pineal* o *epífisis* es una glándula endocrina periforme, del tamaño de un guisante, situada en medio del encéfalo, detrás del tálamo y encima de los tubérculos cuadrigéminos superiores, y que forma parte del diencéfalo o cerebro intermedio [9]. La glándula pineal es, en los mamíferos, un órgano secretor evolucionado a partir de un órgano fotorreceptor más antiguo, un tercer ojo dorsal o epifisial, presente en anfibios y reptiles, que no forma imágenes, sino que se limita a captar la intensidad de luz. Este ojo

---

[9] No hay que confundir la glándula pineal o epífisis con la glándula pituitaria o hipófisis, que es la glándula maestra del cerebro.

medial sintetiza melatonina a partir de la serotonina en ausencia de luz. Las aves y mamíferos producen en su glándula pineal melatonina, que desempeña un papel en la regulación de sus ciclos circadianos (o relojes biológicos, procesos que se repiten cada 24 horas). La glándula pineal regula el ciclo del sueño y la vigilia, secretando melatonina cuando cunde la oscuridad, lo que induce el sueño. Ahora la melatonina se sintetiza también en los laboratorios, y se vende en píldoras, como somnífero especialmente apreciado por los viajeros aéreos para combatir el *jet-lag*.

Según Descartes, la mente o alma está fuera del cuerpo y es independiente de él, pero interacciona con él a través de la glándula pineal. ¿Por qué eligió Descartes la glándula pineal? Galeno había pensado que era como una válvula que servía para regular el flujo del pensamiento desde el cerebro. Sobre todo, Descartes pensaba que la glándula pineal era un órgano que sólo se encontraba en los humanos, y no en los otros animales. Por ello, los otros animales, desprovistos de glándula pineal, carecían de mente y de alma, eran meras máquinas. Sin embargo, unas décadas más tarde Nicolaus Steno (1638-1686) descubrió la glándula pineal en los otros animales. Este descubrimiento (que arruinaba uno de los pilares fundamentales de la filosofía cartesiana) resultaba embarazoso para Steno, que se consideraba cartesiano. Ahora sabemos que casi todos los vertebrados tienen glándula pineal, e incluso que en algunos reptiles está bastante más desarrollada que en nosotros.

En carta a Henri Morus del 5 de febrero de 1649 Descartes defiende que, a pesar de las apariencias contrarias, los animales son meras máquinas o autómatas sin alma ni pensamiento. Entre los escasos argumentos de Descartes a favor de esta tesis se encuentran su renuencia a admitir que todos los animales puedan tener un alma inmortal y la ausencia de lenguaje en los animales, a los que se añade su deseo de proporcionar a los humanos una coartada que les permita maltratar a los animales sin mala conciencia. Dice que su opinión se debe menos a crueldad para con los animales que a piedad para con los humanos, a fin de «librarlos de la sospecha de crimen cada vez que comen o matan animales». Según dice en su

Traité de l'homme, los animales son meras máquinas inanimadas, incapaces de sufrir o experimentar sentimiento alguno, a pesar de que parezca lo contrario. Se mueven como si tuvieran sentimientos, pero esos movimientos no se deben a sentimiento alguno, pues carecen incluso de alma vegetativa o sensitiva, sino a la mera disposición espacial de sus órganos. El único principio de su movimiento es «su sangre y sus [líquidos] espíritus, agitados por el calor del fuego que arde continuamente en su corazón, y que no es de otra naturaleza que los fuegos que hay en los cuerpos inanimados».

La implausible doctrina cartesiana sobre la ausencia de sentimientos y dolor de los animales tuvo ya desde el inicio el efecto de suprimir entre sus seguidores cualquier asomo de escrúpulo moral en el trato con los animales. Eso resultaba ya demasiado incluso para Ortega y Gasset (por lo demás, poco sensible hacia los animales), como muestra su descripción de la famosa anécdota sobre el filósofo cartesiano Malebranche: «En esa desazón [sobre la caza] trasparece el carácter general problemático, equívoco, que tiene nuestra relación con los animales… Los únicos que se han creído en claro, respecto al animal, han sido los cartesianos. Verdad es que se creían en claro sobre todo. Mas para lograr esa rigurosa discriminación entre el hombre y la bestia tuvo previamente Descartes que convencerse de que el animal era un mineral, es decir, una pura máquina. Cuenta Fontanelle que visitando en su juventud a Malebranche entró en la habitación una perra preñada que había en la casa. Para que no molestase a los presentes, Malebranche —un dulcísimo sacerdote, valetudinario, con la espina dorsal rizada en tirabuzón— hizo que la expulsaran a palos. El pobre animal se alejó dando aullidos conmovedores, que Malebranche, cartesiano, escuchó impasible. «No importa —decía—. ¡Es una máquina, es una máquina!» [10] A finales del siglo XVII la influencia cartesiana se había extendido hasta el célebre seminario jansenista de Port Royal, donde realizaban frecuentes e inútiles «experimentos» terri-

---

[10] José Ortega y Gasset, «Sobre la caza». Prólogo a *Veinte años de caza mayor*, por el conde de Yebes. En el apartado 7), 1943, Caza y ética.

blemente dolorosos con animales, en los que se comprobaba una y otra vez la circulación de la sangre, descubierta por William Harvey mucho tiempo antes. Un testigo presencial, Nicholas Fontaine, lo describía así: «Administraban palizas a los perros con tal indiferencia, y se mofaban de los que se apiadaban de las criaturas que sentían dolor. Decían que los animales eran relojes; que los chillidos que emitían cuando se les golpeaba sólo eran ruidos de un muelle que habían tocado, pero que el cuerpo entero carecía de sensibilidad. Clavaban a los anumales en maderos por las cuatro patas para practicar vivisección y ver la circulación de la sangre, que era un gran tema de conversación» [11].

El dualismo cartesiano y su absurda negación de la continuidad entre animales humanos y no humanos era insostenible. En algún sentido muy vago de la palabra *máquina* se podía sostener que todos los animales, incluidos los humanes, somos máquinas. Es lo que hizo La Mettrie, quien concluyó (como ya habían temido algunos anticartesianos desde el principio) aplicando el mecanicismo cartesiano también a los humanes, como se expresa en el título mismo de su famosa obra *L'homme machine* (1748), en la que por otra parte reconoce que los animales son más que meras máquinas. En un sentido más estricto de la palabra *máquina* se podía sostener que ningún animal es una máquina. Así, en 1739 el jesuita Bougeant reconoció que todos los animales tenían alma, pero concluyó que se trataba de las almas de demonios que habitaban los cuerpos animales como castigo. Lo que no se podía sostener, en ningún sentido de la palabra *máquina*, es que los animales no humanos fuesen máquinas y los humanos no lo fuesen. La concepción cartesiana de una separación tajante entre una mente no extensa y un cuerpo extenso ha sido devastadoramente criticada en el siglo XX como un mito insostenible por numerosos filósofos, empezando por Gilbert Ryle en *The Concept of Mind* (1949).

Muchos animales y en especial todos los craniados, estamos

---

[11] Nicholas Fontaine, *Mémories pour servir à l'historie de Port-Royal,* Colonia, 1738, 2:52-53

dotados de un sistema de alarma que se experiencia subjetivamente como dolor. En esto no hay diferencia alguna entre animales humanos y no humanos. Y en eso nos diferenciamos los animales, que sufrimos, del resto de las cosas, que no sufren. Por eso podemos compadecernos de los animales y sólo de ellos. Y por eso tenemos que incluir a todos los animales capaces de sufrir en cualquier reflexión moral en torno al sufrimiento.

Capítulo VII

Sobre la muerte

Todos los seres concretos, históricos, espaciotemporales (sean estrellas o peces, nubes o montañas) están limitados en el espacio y en el tiempo. La eternidad sólo se da en el mundo ficticio de la matemática. En el mundo real todo empieza y todo acaba. Todo tiene límites espaciales y temporales. Pero, aunque en el mundo real todo acaba sólo lo que vive muere.

La muerte es el final de la vida. Por tanto, sólo donde hay vida puede haber muerte. Sólo los seres vivos pueden morir en un sentido literal, aunque metafóricamente digamos de todo lo que acaba que muere. Así hablamos de la muerte de las estrellas, una vez consumido el combustible que alimenta sus reacciones de fusión nuclear, o de la muerte de una ideología, cuando la gente deja de creer en ella. Pero ni las estrellas ni las ideologías mueren en el sentido literal en el que mueren los árboles, los perros y nosotros.

Los vivos y los muertos son los mismos. La diferencia no está en ellos, sino en la ubicación temporal de los que hablan de ellos. Dependiendo de la posición espacial del observador, los mismos edificios están a la derecha o están a la izquierda. Así también, dependiendo de la posición temporal del hablante, los mismos organismos se consideran vivos o muertos. Nada que no viva puede morir, y nada que no muera puede vivir. Las entidades orgánicas son las vivas-muertas, y como tales se contraponen a las piedras y a las nubes, que no están ni vivas ni muertas, se miren desde donde se quiera.

Inmortalidad potencial

Todos los organismos son células o se componen de células. Durante gran parte de la historia de la vida sobre la Tierra las únicas células que existían eran las células procariotas (sin núcleo), es decir, las bacterias y arqueas.

Las bacterias se reproducen por simple división celular. Una célula procariota crece hasta alcanzar un cierto tamaño crítico, y entonces se divide en dos células idénticas, pero de tamaño inferior, que a su vez crecen y se dividen. La célula, junto con sus descendientes, forma un clon. Una célula procariota no necesita de otra para reproducirse, se basta a sí misma. Las células en que se divide son copias perfectas de sí misma. Y ella misma no se deshace al dividirse, no se muere (en el sentido habitual de la palabra). En cierto sentido, la bacteria indefinidamente autorreproductora es «inmortal» o, mejor dicho, potencialmente inmortal, pues realmente inmortal no es nada. Todos los clones de bacterias acabarán y todas las bacterias que los componen (y todos los organismos que todavía queden sobre este planeta) morirán traumáticamente a más tardar dentro de unos 5.000 millones de años, cuando el sol —agotado su hidrógeno— se convierta en una estrella gigante roja que calcine y engulla la Tierra entera.

Los protistos son células eucarióticas independientes. Muchos se reproducen asexualmente por mitosis. La mitosis, como la división bacteriana, es un proceso conservador de replicación. Por eso también de muchos protistos (por ejemplo, de los paramecios) puede decirse que son potencialmente inmortales. Como comentaba José Ferrater Mora [1]: «Para afirmar que un paramecio muere habría que ligar el fenómeno de la muerte a la presencia de un cadáver. Pero, ¿supone la muerte siempre y necesariamente un cadáver? ¿No podría conjeturarse que una determinada célula muere desde el instante en que se divide en dos?» Las bacterias, las amebas y los paramecios, cuando se dividen, ¿continúan o mueren?

[1] José Ferrater Mora, *El ser y la muerte*, Madrid, Alianza Editorial, 1988, p. 77.

Se trata de una cuestión semántica. Las bacterias también pueden morir en un sentido indudable: por ejemplo, cuando un antibiótico destruye su membrana, o cuando dejan de encontrar nutrientes, o cuando la temperatura del entorno crece por encima de ciertos valores.

Sexualidad y muerte

Algunos protistos y casi todos los eucarios multicelulares (los animales, plantas y hongos) aportan como novedades, entre otras, la reproducción sexual y la muerte. La reproducción sexual es muchísimo más complicada, azarosa y peligrosa que la simple división asexual, pero —a diferencia de esta última— no se limita a producir más copias de lo mismo. La gran ventaja evolutiva de la sexualidad estriba en su papel generador de novedad y variedad. La sexualidad baraja la información genética continuamente, y produce una enorme cantidad de experimentos, cuyos resultados son a su vez eliminados por la muerte, dejando sitio a los nuevos. La sexualidad y la muerte permiten el cambio.

El infante es siempre un mestizo, distinto de sus padres. También es distinto de sus hermanos (excepto en el caso de los gemelos monozigóticos). La reproducción asexual siempre produce lo mismo. La sexual siempre inventa algo nuevo, imprevisible. (Entre los organismos multicelulares, la reproducción asexual o partenogenética es casi siempre una disposición secundaria, resultante de una pérdida o regresión. Incluso las flores hermafroditas usan mecanismos especiales para evitar la polinización autógama, aunque conservan la capacidad de recurrir a ella como último recurso.)

Algunos protistos ya conocen la reproducción sexual. Aunque ellos son diploides (es decir, poseen dos juegos de cromosomas en su núcleo), producen unas células haploides (con un solo juego de cromosomas) —los gametos— mediante un proceso especial de división, la meiosis, que implica la separación de cada par de cromosomas y la producción de un cromosoma nuevo cada uno de cuyos segmentos es elegido al azar de entre los dos preexistentes. Esto da lugar a que la información genética se baraje y recombine continuamente. Cuando un gameto femenino se fusiona con otro masculino recrean una nueva célula diploide, un nuevo protisto, dotado de un genoma inédito. Así se produce una alternancia de fases diploides y haploides, de gran eficacia en la producción de variedad.

En los animales la sexualidad es asumida por un linaje especializado de células sexuales, que forman las gónadas y producen por meiosis los gametos. La células de las gónadas son las únicas que participan en la reproducción. August Weismann distinguía en los animales dos partes: el plasma germinal (es decir, las células de las gónadas), inmortal a través de la reproducción; y el soma, que agrupa a todo el resto del organismo, y que es un mero vehículo para la transmisión del plasma germinal. Su discípulo, Samuel Butler, resumió el sentido de su doctrina en la frase: «La gallina es el instrumento de que se vale un huevo para producir otro huevo.» De hecho, el plasma germinal no es inmortal, pues después de cada fecundación pasa necesariamente por una fase de células no diferenciadas que resultan del zigoto, hasta que más adelante se forman las nuevas gónadas. El éxito reproductivo del germen es función del soma que lo vehicula, sometido a la selección natural. En nuestro tiempo, Richard Dawkins ha actualizado y popularizado este punto de vista con su famosa teoría del gen egoísta. Los organismos serían meros vehículos que los genes construyen para navegar a través del tiempo.

Los organismos somos limitados y heterogéneos, tanto en el tiempo como en el espacio. Nuestras piernas no son infinitamente largas, se acaban en los pies. Y nuestra vida no es eterna, se acaba con la muerte. Nuestros pies son distintos de nuestra cabeza. Y cuando nacemos somos distintos a cuando morimos. Temporalmente el animal se despliega en un ciclo vital que empieza con la fecundación zigótica inicial, continúa a través de varias etapas de crecimiento y envejecimiento genéticamente programadas y acaba con la muerte.

A partir de un cierto nivel de organización, todos los organismos se mueren. Así, las novedades que constantemente produce la sexualidad encuentran el camino despejado para poder crecer, reproducirse, difundirse y ponerse a prueba. La muerte de unos organismos es la condición de la vida de otros. Animales situados a niveles superiores de las cadenas tróficas (predadores o necrófagos) necesitan comer a otros organismos para alimentarse. También es necesario que unos organismos mueran para hacer sitio a otros. Los arrecifes coralinos se construyen por acumulación de innumerables esqueletos de los pólipos previamente muertos. Un mundo sin muerte sería un mundo sin vida ni cambio, un mundo frío y estático. Los ecosistemas más ricos son aquellos en los que más vida y más muerte hay. En un bosque natural —a diferencia de un cultivo forestal— se ven muchos árboles muertos, enteros y pelados.

August Weismann y otros pensaron que el proceso de senescencia y muerte ha sido seleccionado porque es beneficioso para la especie, dejando lugar y recursos libres para que las nuevas generaciones sean viables. Pero la selección natural no actúa en beneficio de la especie, sino que actúa favoreciendo a los que más descendencia dejan. Como dice Barash, «el «propósito» evolutivo del cuerpo humano consiste en reproducir los genes que transporta. Una vez que se ha alcanzado cierta edad, nuestros cuerpos simplemente empiezan a cerrarse… La evolución no trata de hacernos felices… Nuestros genes no se preocupan de nosotros, sino de ellos mismos»[2].

Envejecimiento, senescencia y muerte

Los genes mutan al azar. Muchas de esas mutaciones son maléficas y, si tienen efectos en las etapas iniciales o reproductivas, esos genes mutados son eliminados del acervo génico por la selección

---

[2] David Barash, *Aging: An Exploration*, Seattle, University of Washington Press, 1983, pp. 67-68.

natural. Sin embargo, los genes mutados cuyos efectos deletéreos sólo se manifiestan más tarde no se eliminan y se van acumulando. Peter Medawar y George Williams piensan que la senescencia es el resultado de la acumulación de dichos genes maléficos en el genoma.

Las manifestaciones debilitadoras y maladaptativas del envejecimiento habrían sido eliminadas por la selección natural en la medida en que se hubieran manifestado en la edad reproductiva o antes. Pero lo que ocurra en la etapa posreproductiva de la vida de los organismos no está sometido directamente a la selección natural. Al llegar a la etapa posreproductiva, los organismos ya han tenido toda la descendencia que iban a tener. Los defectos que aparezcan en ellos ya no influirán en el reparto de los genes de la siguiente generación, por lo que no habrá presión selectiva para eliminarlos del acervo génico de la especie.

La única excepción plausible sería la de los organismos cuyas crías necesitan muy largos cuidados para sobrevivir. En esos casos podría haber alguna presión selectiva para una etapa posreproductiva, que permita el cuidado de la prole y la eventual transmisión de la información cultural. Las matriarcas elefantes que superan los cincuenta años ya no pueden reproducirse, han pasado la menopausia, pero, sin embargo, acumulan mucha experiencia e información sobre su entorno, sus peligros y posibilidades, por lo que su supervivencia es sumamente útil a su familia, que las sigue como a su guía. Aunque la matriarca ya no pueda reproducirse, su mera y sabia presencia incrementa la probabilidad de que su descendencia sobreviva. Está contribuyendo a la supervivencia de sus propios genes en sus parientes más jóvenes.

La mayoría de los animales perecen poco después de haber transmitido sus genes, pero en las especies de gran inteligencia y sociabilidad los individuos tienen una vida posreproductiva de cierta duración. Estos animales dependen unos de otros para la defensa frente a los predadores, la búsqueda de la comida, el reconocimiento de buenas rutas migratorias, etc. Chimpancés, gorilas, papiones, elefantes, ballenas y humanos se cuentan entre ellos. En las especies menos sociales y en las que la experiencia no es tan útil, los animales suelen morir cuando ya no se pueden reproducir.

En la naturaleza es muy raro que un animal llegue a viejo. La gran mayoría sucumbe antes a alguno de los múltiples peligros que los acechan (hambre, infecciones, predadores, etc.). Solamente el ambiente artificialmente seguro que proporciona la domesticación permite a gran parte de los humanos y de los animales domésticos alcanzar una vejez lo suficientemente avanzada como para que todas las características deletéreas de la senescencia lleguen a manifestarse.

Incluso los animales que no sufren accidentes mortales suelen morir por el fallo de alguno de sus órganos o sistemas vitales antes de llegar al límite de su longevidad posible. Así, los elefantes longevos que se han librado de los accidentes y peligros externos mueren de hambre e inanición cuando se les acaban de desgastar sus poderosos molares, con lo que ya no pueden masticar las cortezas y ramas de las que se alimentan. A lo largo de su vida, los molares se van desgastando y van siendo sustituidos por detrás por otros nuevos, hasta que ya no hay más sustituciones. Un elefante salvaje no suele vivir más de sesenta y cinco años (aunque en cautividad puede superar los ochenta). A los sesenta y cinco sus molares ya estarían completamente desgastados y se moriría de hambre.

La «ley de Murphy» dice que todo lo que puede fallar, fallará. El segundo principio de la termodinámica implica que todos los sistemas físicos se desordenan y degradan con el tiempo. La teoría del envejecimiento como basado en la acumulación de errores fue postulada por Leo Szilard. El envejecimiento se debería a los efectos de los rayos cósmicos y otras fuentes de radiación que impactan sobre los núcleos de las células.

Los organismos no se componen sólo de células. Una parte importante de nuestro cuerpo está constituida por material extracelular, como la matriz ósea del esqueleto o las fibras de colágeno del tejido conjuntivo, así como otras proteínas extracelulares. Johan Bjorksten propuso la teoría según la cual el envejecimiento consistiría en una progresiva pérdida de flexibilidad del colágeno, debida al entrelazamiento de sus moléculas. Esta rigidización del colágeno tendría múltiples efectos deletéreos sobre el funcionamiento interno de nuestro cuerpo, conduciendo al endurecimiento de las arterias, alta presión arterial, reducción del riego sanguíneo del cerebro, pérdida de fuerza y flexibilidad de los músculos, debilitamiento de la función de los riñones, etc.

El inmunólogo Macfarlane Burnet ha estudiado la autorreparación del DNA estropeado. La capacidad de un organismo para reparar su DNA estropeado es directamente proporcional a su esperanza de vida. Nuestro organismo, como cualquier sistema físico, va acumulando errores con el tiempo y al final deja de funcionar. Según Burnet, el creciente fallo del sistema inmunitario sería el responsable del envejecimiento. La eficacia protectora del sistema inmunitario contra los agresores externos declina con la edad, al tiempo que disminuye también su capacidad de diferenciar lo propio de lo ajeno, por lo que aumentan los fenómenos de autoinmunidad. Con la edad, las mutaciones se acumularían en los linfocitos, productores de los anticuerpos, con los indeseables efectos señalados.

Todas estas y otras explicaciones no son en modo alguno exclusivas. ¿Podría ser que la muerte estuviera ya preprogramada en las células de los animales?

Programación celular para la muerte

Alexis Carrel comenzó a cultivar una cultura de fibroblastos (células de tejido conjuntivo) procedentes de embriones de pollos. La técnica consistía en descomponer el tejido en células vivas sueltas con ayuda de la enzima tripsina, y luego cultivar las células como si fueran bacterias, alimentándolas con los nutrientes adecuados, sobre todo suero. Carrel anunció que las células así cultivadas se dividían y volvían a dividir ilimitadamente, por lo que eran potencialmente inmortales. Sin embargo, cuando, muerto ya Carrel, Leonard Hayflick trató de reproducir sus experimentos bajo condiciones más estrictas de control (sobre todo en lo referente a los nutrientes) se encontró con que las células de embrión de pollo así cultivadas se dividían 25 veces, tras lo cual dejaban de dividirse y morían. Lo que había ocurrido era que el suero de pollo con que Carrel alimentaba sus cultivos no estaba bien filtrado y contenía nuevas células de embrión, que constantemente rejuvenecían el cultivo. Eliminada esta aportación externa de nuevas células, todas las del cultivo alcanzaban pronto su límite máximo de 25 divisiones y morían.

Algunas células de mamífero (como las nerviosas y las musculares estriadas) no se dividen. Las células que sí se dividen, y mucho (como las de la piel, la médula ósea, el tejido conjuntivo y el recubrimiento del intestino), sólo se dividen (*in vivo* o *in vitro*) un cierto número máximo de veces. Si cultivamos una célula en condiciones ideales se divide un determinado número de veces (dependiendo del tejido al que pertenezca), después de lo cual se muere, sean cuales fueren las condiciones nutritivas del cultivo.

Los fibroblastos son células relativamente poco diferenciadas que se encuentran en el tejido conjuntivo de todas las partes del cuerpo. Son los encargados de cicatrizar las heridas de la piel y producen el colágeno. Hayflick estudió con detalle la multiplicación en cultivo de células normales humanas (fibroplastos procedentes del tejido pulmonar embrionario). Encontró que se dividían unas 50 veces, tras lo cual la población entraba en crisis y todas las células se morían. Si se congelaban después de haberse dividido 30 veces y se descongelaban años después, volvían a dividirse 20 veces, es decir, «recordaban» el número de veces que les quedaban. Además, el número de divisiones dependía de la edad de la célula de origen. Si procedía de un embrión, se dividía unas 50 veces. Si procedía de un niño, unas 30 veces. Si procedía de un adulto, unas 20 veces. El resultado de que los fibroblastos procedentes de embriones humanos se dividen hasta 50 veces (y no más) se llama el límite de Hayflick, en honor de su descubrimiento de 1961. En general, las células extraídas del feto de un mamífero se dividen más veces que las del animal juvenil, y éstas más que las del adulto. Cuanto más viejo es el animal, menos divisiones les quedan a sus células. Los fibroblastos de embriones de

ratas, ratones, hámsters y conejillos de Indias sólo se dividen unas
15 veces.

A veces ocurre que las células de un ratón de laboratorio con-
servadas en cultivo experimentan una transformación espontánea
que las hace potencialmente inmortales, en el sentido de que les
permite seguir dividiéndose y multiplicándose indefinidamente. A
diferencia de las células normales, que comparten el cariotipo de la
especie y sólo se dividen un número limitado de veces (ya vimos
que unas 50 veces los fibroblastos humanos), las células transformadas tienen un número y configuración anormal de cromosomas,
y se comportan como células cancerosas. Inoculadas en un animal
de laboratorio, se multiplican y dan lugar a tumores. Varios cultivos de células procedentes de tumores de ratón de 1907 todavía
siguen dividiéndose. Y otros cultivos de células humanas transformadas procedentes de un tumor vaginal de una tal Helen Lane en
1951 siguen multiplicándose en diversos laboratorios. Conocidas
como células HeLa, tienen entre 50 y 350 cromosomas, y su inyección en cualesquiera animales de laboratorio causa indefectible-
mente tumores. Si tratamos células humanas normales con un virus
que produce cáncer, las células se transforman y se hacen potencialmente inmortales. Todas las células de mamíferos capaces de
multiplicación indefinida o bien se han tomado directamente de un
tumor o bien son células transformadas en cultivo a partir de otras
normales. Todas las células normales son mortales. Por eso, aunque
todas las enfermedades fueran curables, nos seguiríamos muriendo
cuando nuestras células normales fueran dejando de dividirse. Sólo
nuestras eventuales células transformadas o tumorosas son potencialmente inmortales.

Apoptosis y necrosis de las células

Las células pueden morir de un modo organizado y previsto (por
apoptosis) o de un modo traumático e imprevisto (por necrosis). La
diferencia fundamental es que la apoptosis parte del núcleo y está

dirigida por la expresión de genes específicos, mientras que la necrosis es una muerte accidental que empieza por afectar a la membrana y acaba haciendo reventar a la célula de un modo desordenado y no dirigido por genes. La apoptosis es comparable a la muerte por vejez o al suicidio, mientras que la necrosis es comparable a la muerte por accidente o por asesinato. La muerte preprogramada de los fibroblastos en cultivo es un caso especial de apoptosis.

La apoptosis es la manera organizada como el organismo se deshace de las células que tienen que morir. En la apoptosis los orgánulos del citoplasma y el DNA nuclear se empaquetan en unos pequeños cuerpos apoptóticos, que luego se eliminan (se fagocitan) sin provocar inflamación, pues no hay ruptura celular. Cualquier agente que dañe una célula hasta un punto irreparable puede disparar la apoptosis. Las radiaciones, ciertos medicamentos, los productos venenosos, los choques de frío o calor o la ausencia de nutrientes pueden inducir la muerte programada en que la célula se autodestruye en pequeños cuerpos que el sistema inmunitario se encarga de eliminar ordenadamente. Sin embargo, un impacto fuerte de cualquiera de estos agentes provoca la muerte violenta de la célula por necrosis o agresión catastrófica.

En el proceso de necrosis hay una desintegración —nuclear y citoplasmática— de la célula, que se rompe y libera todo su material, generando la inflamación como reacción típica del organismo. En la necrosis, los fragmentos de la célula destrozada crean inflamación, mientras que en la apoptosis los restos de la célula difunta, debidamente encapsulados, son engullidos por los macrófagos del sistema inmunitario sin producir alteraciones en los tejidos de su entorno. Si se introduce una célula en agua hirviendo muere instantáneamente por necrosis (algo así como un asesinato celular); pero si es sometida durante media hora a 42 grados centígrados, la célula sobrevive lo suficiente para activar el programa interno de muerte (algo así como un suicidio). En una lesión cerebral traumática, como la producida en un accidente, en el primer momento mueren por necrosis las células aplastadas, pero en los días siguientes la zona de muerte se amplía. Las células próximas a la lesión reciben señales, que provocan su suicidio ordenado en un segundo tiempo. La apoptosis muestra una programación estricta. En la célula, por ejemplo, hay unas proteínas encargadas de revisar constantemente el material genético y, si encuentran demasiadas alteraciones en el mismo, si la tasa de mutaciones acumulada en el DNA es peligrosa, dan la alerta para que se active el mecanismo de muerte ordenada. Así, el mecanismo de apoptosis constituye la primera línea de defensa del organismo contra las mutaciones. Una célula pacíficamente eliminada es siempre más ventajosa que una célula mutada que amenaza con multiplicarse o interferir con las demás. Robert Horvitz descubrió en el nematodo *Caenorhabditis elegans* los 16 genes implicados en la muerte celular programada, que parecen ser los mismos en todos los animales.

El número de células en un tejido sano está en equilibrio: las nuevas nacen por mitosis y las viejas mueren ordenadamente por apoptosis. En algunos tipos de cáncer hay demasiada división celular, y en otros, demasiada poca muerte celular. La salud del tejido depende del equilibrio entre células que nacen y células que mueren. Ese equilibrio se mantiene mediante los procesos que la célula tiene programados para vivir un cierto tiempo y activar luego los mecanismos que conducen a su autoeliminación cuando ha cumplido su ciclo, o cuando las circunstancias lo aconsejan. Una célula no se muere sin más, sino que su desaparición responde a planes precisos codificados en sus genes. En condiciones normales, el proceso de suicidio celular debe activarse rutinariamente al cabo de un número preprogramado de divisiones, o antes como reacción a una señal externa a la célula (como una infección) o ante una acumulación peligrosa de mutaciones en su DNA.

Un tumor es un conjunto de células defectuosas que se multiplican indefinidamente y van invadiendo los tejidos sanos. Todavía no entendemos bien el proceso, pero quizá la excesiva proliferación de las células tumorales se deba a que éstas no se suicidan cuando debieran, según su riguroso programa genético de vida y muerte. Las células cancerosas se han olvidado de cómo suicidarse, y siguen viviendo y multiplicándose descontroladamente.

También en el desarrollo embrionario parece jugar un papel la apoptosis. Tejidos, órganos y extremidades se desarrollan en el embrión por un proceso de exterminio de las células que sobran. La membrana interdigital que se produce en el desarrollo de todos los mamíferos es un ejemplo. La naturaleza esculpe estas estructuras obligando a las células superfluas a morir por apoptosis.

En las enfermedades infecciosas, además de la muerte de las células infectadas por el virus, se produce el suicidio o apoptosis de otras células a su alrededor, lo que tiene como función tratar de evitar la propagación del virus, como un cortafuegos que trata de evitar la propagación del incendio.

Longevidad del animal

La esperanza máxima de vida es un rasgo específico de cada especie. En los vertebrados homeotermos (mamíferos y aves) se produce un alargamiento de la adolescencia y la madurez. El envejecimiento y una esperanza de vida limitada son características de todos los animales que dejan de crecer tras alcanzar un estadio adulto.

Los humanos tenemos una esperanza de vida superior a la de todos los demás mamíferos (con la posible excepción de los elefantes). La edad promedia a la que mueren los humanos ha ido creciendo durante el último siglo y medio, porque más gente se ha acercado al máximo de edad de nuestra especie, pero este máximo (unos 100 años) no ha crecido. Animales mucho mayores que nosotros, como las ballenas, los hipopótamos y los rinocerontes, apenas viven cincuenta años. Los caballos, vacas y leones sólo alcanzan los cuarenta. Entre las aves, las águilas, los loros y algunos buitres pueden llegar a vivir cien años en condiciones de cautividad. En la naturaleza se vive menos. Las tortugas gigantes de las islas Galápagos parecen poder vivir ciento cincuenta años, aunque la verdad es que nuestro conocimiento sobre la longevidad de las diversas especies animales es escaso y poco fiable. Los grandes peces que siguen creciendo mientras viven pueden quizá también llegar a ser más longevos que nosotros. La gran mayoría de los pequeños mamíferos y aves tienen vidas muy cortas. De todos modos, en la naturaleza los animales, sometidos a todo tipo de peligros, viven menos que en cautividad. También nosotros viviríamos menos en la naturaleza salvaje de lo que vivimos en nuestra civilizada domesticidad.

Uno de los factores del envejecimiento es el número limitado de divisiones de nuestras células. Ya vimos que los fibroblastos humanos se multiplican 50 veces antes de morir. La tortugas gigantes de las Galápagos son más longevas que los humanes; sus células conjuntivas se multiplican 80 veces. Sin embargo, la correlación entre número permitido de divisiones celulares (límite de Hayflick) y longevidad no se mantiene siempre. Aunque los gatos viven mucho menos que los humanes (no más de veinticinco años), sus células se dividen 90 veces.

Los organismos más longevos son ciertos árboles. Un taxodio (*Taxodium mucronatum*) cercano a Oaxaca (México) supera los cinco mil años. Ciertos pinos (*Pinus aristata*) y secuoyas (*Sequoiadendron giganteum*) de California tienen una edad comparable. De todos modos, estos árboles enormes se componen fundamentalmente de células muertas; las vivas tienen menos de treinta años. A pesar de todo, algunas hierbas y árboles son en cierto modo potencialmente inmortales, pues conservan siempre (a diferencia de los animales) tejido embrionario en los extremos de sus tallos, lo que les permite regenerarse de un modo indefinido (lo cual es la base de técnicas como el esqueje). De hecho, no se conoce ninguna secuoya gigante que haya muerto de vieja; todas mueren de accidente (alcanzadas por el rayo, o arrancadas del suelo por el viento, o quemadas) o de infección.

La muerte del animal

Todos los animales morimos antes de que la mayoría de nuestras células hayan alcanzado su límite de Hayflick. Cuando morimos, la gran mayoría de nuestras células siguen vivas y en buen estado.

Incluso horas después de la muerte legal, muchas células siguen viviendo y multiplicándose. La muerte sobrevive al animal porque alguno de sus sistemas vitales (el corazón y el sistema circulatorio, o el cerebro y el sistema de control central, o los riñones y el sistema de eliminación de toxinas, etc.) falla, con lo que el frágil y complejo macroequilibrio del organismo se viene abajo, aunque las células podrían haber seguido funcionando todavía sin problemas. El fallo puede deberse, por ejemplo, a un accidente de circulación interno, que produce la necrosis de todas las células de una parte importante de un tejido o de un órgano. Así, durante un ataque al corazón un coágulo de sangre puede obturar un vaso sanguíneo y privar de sangre (y, por tanto, de oxígeno) a una parte del corazón, que muere o se necrotiza. Si la parte afectada es demasiado grande, el animal muere, pues el corazón deja de bombear suficiente sangre al cerebro y otros órganos vitales, que mueren por falta de oxígeno.

La muerte somática es el final de todos los procesos vitales en un organismo. Cuando el corazón y los pulmones dejan de funcionar, el mamífero puede considerarse muerto, aunque la mayoría de las células de su cuerpo sigan viviendo y otros sistemas sigan funcionando. El muerto neumocardiaco puede ser reavivado si se logra poner en marcha de nuevo su corazón y sus pulmones, o si mediante máquinas externas se hace circular de nuevo sangre oxigenada por su sistema circulatorio, de tal manera que las células reciban el oxígeno que necesitan. Si las neuronas del cerebro se quedan más de tres minutos sin recibir sangre empiezan a morirse. Cuando un número suficiente de neuronas cerebrales ha muerto se dice que el animal ha sufrido la muerte cerebral. El electroencefalograma ya no registra actividad eléctrica alguna. Este encefalograma plano indica que la muerte es ya irreversible, aunque a veces sea posible seguir manteniendo artificialmente la circulación sanguínea y la respiración asistidas.

Una vez que la circulación sanguínea cesa, todo el sistema se desorganiza rápidamente y todas las células del cuerpo van muriendo. Las primeras en morir son las neuronas, las últimas —horas más tarde— las células de los huesos, de la piel y del tejido conjuntivo de los músculos. Una vez muerto el mamífero, su temperatura interior se va enfriando hasta coincidir con la exterior, restableciéndose así el equilibrio térmico previamente roto por los procesos vitales. Los músculos se ponen rígidos (*rigor mortis*). La sangre, que ya no circula, se concentra en bolsas por abajo. Con el tiempo, las bacterias y otros microorganismos empiezan a multiplicarse en el cadáver y acaban por descomponerlo y reciclarlo.

El cadáver ya no es un animal. Ya no tiene ánima o vida. Según Aristóteles, el ánima o vida (*psykhé*) es lo que diferencia al animal del cadáver. El cadáver es temporalmente contiguo con el animal, como la silla es espacialmente contigua conmigo, cuando estoy sentado sobre ella. Pero la silla no forma parte de mí, ni el cadáver que me sucederá tampoco. Una frontera espacial me separa de la silla en que me siento, y una frontera temporal me separa del cadáver que me sucederá.

Los animales (y, en general, los organismos) son sistemas extremadamente intricados, complejos y bien integrados, crucialmente dependientes de la interacción precisa entre sus partes. Si la coordinación falla, si los genes dejan de dar instrucciones para formar las enzimas y proteínas pertinentes, todo el organismo —un sistema siempre frágil y delicado— colapsa como un castillo de naipes.

La muerte corresponde a la detención de los procesos vitales. Como ha señalado Ruffié, a nuestra muerte, el genoma (cuya actividad requiere energía) se vuelve mudo. Cesa de dar órdenes. Este silencio trae aparejada la dispersión de los elementos hasta entonces reunidos en un todo funcional que formaba el individuo. A su muerte, el animal se descompone: sus elementos constitutivos regresan a las cadenas orgánicas naturales de las que se habían separado por un tiempo, retornan al fondo común de la biosfera, que es el sustrato permanente de la vida.

Conciencia de la muerte

Que nosotros sepamos, los humanos somos los únicos animales conscientes de que la muerte nos aguarda, los únicos que sabemos que vamos a morir. De todos modos, es posible que otros ani-

122

males también tengan conciencia de la muerte como, por ejemplo, los elefantes.

Los elefantes reconocen la muerte de sus congéneres. Como señala Cynthia Moss, que ha pasado treinta años observando a una familia de elefantes salvajes en Amboseli (Kenia), «los elefantes... parecen tener algún concepto de la muerte. Es probablemente su característica más extraña. A diferencia de otros animales, los elefantes reconocen sus cadáveres o esqueletos. Aunque no prestan atención a los restos de otras especies, siempre reaccionan ante el cuerpo de un elefante muerto» [3]. Ante el cadáver de un elefante, toda la familia de elefantes se detiene y se pone tensa. Primero acercan sus trompas para olerlo, luego palpan y mueven con cuidado los huesos, sobre todo los del cráneo, como si trataran de identificar al difunto. Otras veces, reconocen al muerto y arrojan tierra y hojas sobre sus restos.

Cuando un elefante se muere, toda la manada se preocupa. Si se trata de una cría, su madre permanece junto al cadáver varios días e incluso trata de transportarla consigo con ayuda de su trompa y sus colmillos. El resto de la manada permanece a su lado o reduce el paso. Cuando se muere un adulto, los otros elefantes tratan de levantarlo y no se separan de él hasta que sus restos entran en putrefacción. A veces velan el cadáver, ahuyentando a los carroñeros, e incluso medio lo entierran con hojarasca. La muerte de la matriarca de la familia causa una general consternación y puede conducir a la disgregación del grupo. Todas estas costumbres de los elefantes facilitan la carnicería de los cazadores y furtivos. Si matan a un individuo de la manada, pueden matar a todos, pues los demás, lejos de huir, tratarán de acompañar al difunto.

Todos los pueblos humanos parecen haber sido conscientes de la muerte, aunque esa consciencia se articulaba de modos muy distintos. Lo más frecuente era identificar la vida con el aliento. Lo característico del cadáver era que ya no respiraba. El principio de la vida se llamaba en griego *psykhé*, en latín *ánima*, y en sánscrito

---

[3] Cynthia Moss, *Elephant Memories*, Nueva York, Fawcett Columbine, 1988, p. 270.

atman, palabras todas ellas que significan originariamente aliento, soplo o respiración. Todavía en alemán actual *atmen* significa respirar. Por ello el criterio para decidir si alguien todavía vivía o ya había muerto (expirado) consistía en comprobar si aún alentaba, si aún tenía aliento, colocándose en caso de duda un espejo en su boca, a ver si se empañaba.

La muerte es un proceso que no puede fijarse en un instante único y determinado. Sin embargo, la regulación legal de ciertas acciones (como el trasplante de órganos) ha conducido a la fijación de un momento en el que convencionalmente se produce la muerte legal de los humanes. Actualmente se tiende a hacer coincidir la muerte legal con la cerebral.

Después de la muerte

La naturaleza recicla los materiales de los animales muertos, incorporándolos a los grandes flujos de la biosfera. Desde este punto de vista, lo mejor que se puede hacer con los cadáveres es dejar que sirvan de alimento a los carroñeros y otros organismos, tal y como hacen los parsis (discípulos lejanos de Zaratustra en India), que colocan sus muertos en plataformas situadas sobre altas torres, a fin de que sean consumidos por los buitres. El enterramiento y la momificación interfieren con ese proceso. Si todos los cadáveres se enterrasen o se embalsamasen, los buitres desaparecerían. Lo menos ecológico de todo sería la incineración. La cremación elimina la putrefacción del cadáver, calentándolo a 900 grados durante casi una hora, y reduciéndolo así a humo y cenizas. Los materiales orgánicos pasan al reino mineral. Como ha comentado Ruffié, cuando incineramos un cadáver «hacemos trampa con la naturaleza, que normalmente debe recuperar nuestros restos para reciclarlos. Un mundo donde todas las especies estuvieran destinadas a la cremación pronto se convertiría en un desierto inhabitable y totalmente deshabitado»[4].

---

[4] Jaques Ruffié, *Le sexe et la mort*, París, Odile Jacob, 1986, p. 252.

Las prácticas de enterramiento a veces están asociadas a creencias sobre la irrealidad de la muerte. La muerte sería sólo una apariencia. En realidad, el animal (en especial, el humán) no se moriría del todo, sino que seguiría viviendo de un modo invisible o reencarnado en otro cuerpo. Según el hinduismo, la muerte de los animales siempre es provisional y pasajera, y conduce a un renacimiento en otra criatura. Diversas doctrinas sobre la transmigración, la inmortalidad, la reencarnación y la resurrección abonan tales creencias. La tradición judeo-cristiano-islámica restringe tales pretensiones a los humanes, conforme a su habitual antropocentrismo. En cualquier caso, la pretensión de inmortalidad es una locura. El tiempo es una dimensión del espacio-tiempo. Pretender ser inmortal en el tiempo es como pretender ser espacialmente ilimitado, tener (por ejemplo) un brazo infinito, interminable.

El cadáver no es un animal. No es portador de intereses, no merece respeto. El animal vivo más insignificante merece más consideración moral que el más eximio de los cadáveres. Sin embargo, en casi todas las culturas los cadáveres humanos han sido enterrados o han recibido algún tipo de tratamiento específico. Ya algunos neandertales enterraban a sus muertos. De hecho, casi todo lo que sabemos acerca de muchas culturas del pasado procede del estudio de sus tumbas. En cualquier caso, los cadáveres humanos casi siempre han sido objeto de respeto, y los cadáveres de otros animales a veces también. En muchas ciudades hay, además de cementerios humanos, cementerios de otros animales, sobre todo de animales de compañía. Son famosos los de California. También en España hay algunos, como el cementerio «Los seres queridos», en Torrelles de Llobregat (Barcelona), y «El último parque», en Arganda (Madrid).

Ningún pueblo ha tomado tan en serio la cuestión de la preservación y el enterramiento de sus cadáveres como los antiguos egipcios. Todas las ciudades de Egipto estaban a orillas del Nilo y eran dobles: constaban de una ciudad de los vivos, situada en la orilla oriental del río, y su correspondiente ciudad de los muertos, situada en la orilla occidental. La muerte era un viaje (en sentido literal) entre las dos orillas. Las ciudades y tumbas de los muertos (las pirámides, mastabas e hipogeos) eran mucho más suntuosas y bien construidas que las casas y palacios de los vivos. Dentro de la tumba, el cadáver embalsamado y momificado constituía el punto de anclaje de la fuerza vital (*ka*) del difunto, que supuestamente sobrevivía a la muerte. No sólo los cadáveres humanos, sino también los de muchos animales domésticos y sagrados eran momificados y enterrados en Egipto. Aún se conservan inmensas cantidades de momias y sarcófagos de gatos, perros, chacales, papiones, gacelas, toros, carneros, musarañas, halcones, ibis, anguilas, cocodrilos y serpientes. En el siglo XIX cientos de toneladas de gatos momificados fueron transportados desde las necrópolis animales de Beni Hasan (en el Egipto Medio) hasta Liverpool, donde se transformaban en abonos. Las momias humanas también eran importadas a Inglaterra, donde se utilizaban para la fabricación de pintura bituminosa.

En Saqqara (junto a Menfis, cerca de El Cairo actual) había una enorme necrópolis animal o cementerio subterráneo de animales sagrados, que incluía catacumbas de papiones, halcones, ibis y otros animales. Allí descansan, por ejemplo, los restos de un millón de ibis embalsamados, generalmente metidos en vasos o jarras cerámicas de forma cónica. Otras notables necrópolis animales se encuentran en Hermópolis, en Abidos, en Bubastis (con su famoso cementerio de gatos, representantes de la diosa Bastet), en Fayum y en Dendera. Los enterramientos más suntuosos correspondían a los toros Apis (que se suponía eran encarnaciones del dios Ptah, principal divinidad de Menfis). Cada vez que un toro Apis moría (una vez cada catorce años, aproximadamente) era embalsamado y enterrado con toda pompa, como un faraón. El ritual funerario duraba 70 días. El cadáver se llevaba a una caseta especial, donde los sacerdotes realizaban los ritos mortuorios. Desde allí se trasladaba al lugar donde su cadáver era tratado con natrón y embalsamado sobre unas enormes mesas de alabastro, inclinadas para que los líquidos del toro fueran cayendo. El cadáver ya momificado, envuelto en vendajes y ataúdes, era transportado sobre un trineo a la meseta desértica de Saqqara, para descansar en su sarcófago de granito en la tumba que le estaba preparada en el Serapeum, un impresionante hipogeo excavado en la roca. A los lados del corredor principal (de 200 metros de longitud) se abren capillas laterales subterráneas, donde están situados los enormes sarcófagos de granito de 60 toneladas de peso que contienen las momias de los toros Apis.

Capítulo VIII

La cultura de los animales

Información para vivir

Los animales superiores acumulamos información transmitida por dos canales: el genético y el del aprendizaje. La información transmitida genéticamente se almacena en el genoma; la aprendida, en el cerebro. El genoma y el cerebro son dos procesadores de información, capaces ambos de recibir, almacenar, modificar y transmitir información. Se diferencian sobre todo por su *tempo* tan distinto. El genoma procesa la información de un modo extraordinariamente lento, pero es muy fiable como mecanismo de transmisión y almacenamiento. El cerebro procesa la información de un modo mucho más rápido, aunque es menos fiable y eficiente en su transmisión y almacenamiento. Allí donde los cambios del entorno son lentos y a muy largo plazo, el genoma es el procesador más eficiente. Pero cuando los cambios son rápidos y a corto plazo, el genoma no da abasto para habérselas con ellos directamente. Algunas líneas génicas han resuelto el problema «inventando» el cerebro, capaz de registrar y procesar al instante la información sobre los cambios del entorno. Tal información se transmite de cerebro a cerebro, creándose así la red informacional en que consiste la cultura. La cultura es la información que se transmite entre cerebros, es decir, la información transmitida por aprendizaje social.

Natura y cultura

La definición de la cultura subraya su carácter social y adquiri-do, oponiéndose con ello a lo congénito, a lo innato, a aquello con lo que se nace. Precisamente de la forma *natus* del verbo *nasci* (nacer) proviene la palabra latina *natura*. La natura (o naturaleza) es aquello que se tiene ya al nacer o que está determinado ya al nacer, lo congénito, es decir, lo genéticamente preprogramado o lo adquirido durante el desarrollo embrionario y fetal. Tanto la natura como la cultura son información recibida de los demás, pero la cul-tura se opone a la natura como lo adquirido o aprendido de los otros se opone a lo genéticamente heredado.

Por naturaleza tenemos pelo, y nuestro pelo es de tal color. Por cultura nos lo cortamos, peinamos o teñimos. Quien se queda calvo pierde el pelo naturalmente. El monje budista o el *punk* o el *skinhead* que se tonsuran la cabeza pierden su pelo culturalmente. Por natu-raleza somos capaces de hablar (en general) y por cultura somos capaces de hablar (precisamente) en francés. Por naturaleza, con-génitamente, sabemos hacer las cosas más difíciles e imprescindi-bles para nuestra supervivencia: sabemos respirar y bombear la sangre al ritmo adecuado para nuestro organismo, sabemos mante-ner en nuestra sangre un nivel relativamente constante de tempera-tura, de presión, de concentración de azúcar y de iones de hidróge-no, y sabemos hacerlo incluso mientras dormimos. También sabemos hacer algo tan complicado como reproducirnos. Por cultu-ra, aprendidamente, sabemos andar en bicicleta, sumar números enteros, leer, cultivar tomates, freír huevos y agarrar el tenedor como es debido.

El individuo, interactuando con el entorno, puede adquirir algu-na información por sí mismo, por aprendizaje individual. Pero la mayor parte de la información de que dispone la hereda de los demás. La información heredada de que dispone un animal le pue-de haber llegado por dos canales, por el canal genético o por el canal del aprendizaje social. Todo lo que el animal sabe hacer (en un sentido amplísimo, es decir, es capaz de hacer) porque está genéticamente preprogramado para hacerlo forma parte de su natura. Todo lo que el animal sabe hacer, porque ha aprendido socialmente a hacerlo, constituye su cultura. Hablando de animales, natura es información transmitida genéticamente; cultura es información transmitida no genéticamente, sino por aprendizaje social. Nuestra cultura es la información de que disponemos en nuestro cerebro porque la hemos recibido por aprendizaje social.

Herencia biológica y aprendizaje

Los animales superiores obtienen información por herencia biológica o por aprendizaje. La herencia biológica puede ser genética nuclear o citoplasmática. La herencia genética nuclear de un animal está constituida por la información que le ha sido transmitida a través de los cromosomas de los gametos que dieron lugar al zigoto originario de ese animal. Está codificada en su genoma, repetido en (los cromosomas del núcleo de) cada una de sus células. Esta codificación toma la forma sintáctica de un texto sobre un alfabeto de cuatro letras, los cuatro nucleótidos cuya secuencia forma el DNA de los cromosomas. La información genética nuclear procede tanto del padre como de la madre. La herencia biológica citoplasmática de un animal está constituida por la información que le ha sido transmitida a través del citoplasma (y en especial por la información genética del DNA de las mitocondrias) del óvulo materno cuya fecundación dio lugar al zigoto originario de ese animal. Esta información procede sólo de la madre.

El *aprendizaje* es el proceso mediante el cual información (no hereditaria) es adquirida por el organismo y almacenada en su memoria a largo plazo, de tal modo que pueda ser recuperada. El aprendizaje es un proceso de adaptación *individual* de la conducta del organismo al medio. Qué contenidos concretos aprenda el individuo depende de su propia experiencia individual. Pero qué tipos de cosas pueda aprender y con qué mecanismos de aprendizaje cuente es algo que depende de la experiencia colectiva del linaje biológico al que pertenece ese individuo, plasmada en la información genéticamente heredada de sus ancestros y contenida en su genoma. Cada especie animal posee un conjunto hereditario específico de disposiciones de aprendizaje, que constituye la precondición de los tipos de aprendizaje de que son capaces los organismos de esa especie.

Los tipos de aprendizaje se dividen en dos grandes bloques: aprendizaje individual y aprendizaje social. El aprendizaje social consiste en la recepción y asimilación de información transmitida por otros animales de la misma especie por medios no genéticos, tales como la imitación, la comunicación (que entre humanos incluye la lectura) y la enseñanza. Pero no toda información adquirida es información transmitida por otros. Uno puede también adquirir la información por sí mismo, mediante el aprendizaje individual, por ejemplo, por ensayo y error, o por impronta o troquelado (*imprinting*, aprendizaje de ciertas pautas durante una etapa limitada del proceso de maduración), o por condicionamiento clásico (o de Pavlov). En el aprendizaje por ensayo y error, ante una situación nueva, el organismo explora y ensaya las diversas alternativas de conducta que se le presentan, y en el futuro repite aquellas conductas que en los ensayos previos resultaron recompensadas (produjeron consecuencias placenteras), y evita las que resultaron castigadas (produjeron consecuencias dolorosas). Este tipo de aprendizaje suele ser adaptativo (incrementa la eficacia biológica o *fitness* del individuo), pues en general el animal está preprogramado para sentir placer por las cosas que le convienen (que incrementan su *fitness*), y dolor por las que le perjudican.

Aunque el aprendizaje por ensayo y error es un buen método para habérselas con nuevas situaciones no cabe duda de que también encierra obvios peligros (varias de las alternativas por explorar pueden ser letales). En cualquier caso, requiere un gasto notable de tiempo y energía. Por ello no es de extrañar que el genoma acabase inventando un método más económico de solventar el problema: consiste en imitar a otro animal (de la misma especie, a fin de que tenga parecidas necesidades) que ya haya aprendido previamente por ensayo y error. Así, el animal imitador se ahorra los riesgos y el consumo de tiempo y energía asociados con el aprendizaje por ensayo y error. Este es el inicio del aprendizaje social, base de la cultura. Además, no todos los individuos son igualmente inventivos. El aprendizaje social permite que el resto del grupo se beneficie del especial ingenio de los inventores.

El principal tipo de aprendizaje social consiste en la imitación o aprendizaje por observación de la conducta de otro animal de la misma especie. Esta es la manera como normalmente se transmite la cultura entre los animales no humanos que la poseen. La imitación es también el modo como se nos transmiten o contagian las pautas de conducta de los miembros de nuestro grupo social. También por imitación se han transmitido las técnicas artesanales, las habilidades domésticas y los oficios durante la mayor parte de la historia y todavía en gran parte ahora, al menos hasta la reciente y parcial implantación de escuelas de formación profesional para ciertos oficios.

Otro tipo importante de aprendizaje social es el inducido por enseñanza, que es un aprendizaje por observación donde la conducta apropiada es reforzada positivamente mediante la incentivación o recompensa, y la inapropiada es reforzada negativamente mediante la desincentivación o castigo. En la mera imitación el modelo imitado es pasivo, y la fidelidad de la conducta imitadora no es controlada ni corregida. En la enseñanza el modelo imitado es activo, y premia o castiga al imitador, según que su imitación sea correcta o incorrecta. Aunque procesos de enseñanza activa han sido observados en los chimpancés [1], es entre nosotros, los humanes, donde han alcanzado su mayor desarrollo.

En resumen, para que algo sea cultura es preciso que reúna la triple condición de ser (1) información (2) transmitida (3) por aprendizaje social. Las unidades de transmisión cultural se llaman rasgos culturales o memes [2].

---

[1] Véase Christophe Boesch, 1991.

[2] Los *memes* son las unidades o trozos elementales de información cultural, los rasgos culturales, las unidades convencionales que usamos para analizar las

Herramientas

Hace unas décadas se consideraba que el uso de herramientas era algo específicamente humano, y en función suya llegó a caracterizarse el humán como *Homo faber*. También se pensaba que el uso de herramientas era el rasgo cultural por antonomasia. Las diversas culturas del Paleolítico, por ejemplo, se clasificaban por el tipo de herramientas fabricadas. Desde entonces se ha descubierto que el uso de herramientas no es específicamente humano, y que no siempre constituye un meme o rasgo cultural.

Incluso entre los invertebrados se da el uso de herramientas. Los cangrejos hermitaños (*Paguridae*) emplean conchas o caracolas de otros animales como protección externa, pues carecen de caparazón propio. Las avispas *Ammophila* y *Sphex* encierran sus huevos junto con varias larvas cazadas (que han de servirles de alimento) en un agujero que luego tapan con tierra y piedritas, utilizando palitos y guijarros para golpear la tierra y sellar así la entrada. Los pulpos utilizan púas de fisalia.

El pez arquero (*Taxotes iaculatrix*) lanza un chorro de agua a una altura de hasta tres metros, alcanzando con precisión a los insectos posados en las ramas, a los que hace caer para comérselos a continuación.

Diversas especies de aves y mamíferos usan herramientas, al menos si por uso de herramientas se entiende, con Alcock y Wilson, «la manipulación de un objeto inanimado, no manufacturado internamente por el organismo, que es usado de tal modo que se incremente la eficiencia del organismo en alterar la posición o forma de algún otro objeto»[3]. Esta definición excluye, por ejemplo, instrumentos de caza tan eficaces como las telas de araña, pero

realidades culturales (en un contexto dado). La palabra, que recuerda a *memoria*, fue acuñada por Richard Dawkins por analogía con *genes*, las unidades de información genética.

[3] John Alcock, 1972. «The evolution of the use of tools by feeding animals». *Evolution*, 26, 1972, pp. 464-473. Edward O. Wilson, *Sociobiology. The New Synthesis*, Cambridge (Mass.), Harvard University Press, 1975, pp. 172.

incluye no sólo las herramientas humanas, sino también las usadas por otros animales.

El alcaudón (*Lanius excubitor*) ensarta a sus víctimas en matas espinosas que utiliza como despensa. El pinzón pico de las Galápagos (*Cactospiza pallida*), una pequeña ave paseriforme de la familia de los fringílidos, usa regularmente espinas de cactus para sacar insectos y larvas de la corteza de los árboles. La cacatúa negra de las islas Aru (en Indonesia) (*Probosciger aterrimus*) agarra la nuez que quiere partir con su pico con ayuda de una hoja, para que no se resbale (como el camarero agarra la botella con un paño).

En el norte de Suecia los cuervos jalan por la noche los hilos con anzuelos que los pescadores árticos han colocado en los agujeros de la capa de hielo. Agarrando el hilo con el pico, corren hacia atrás hasta que logran sacar el cebo o la presa. En Australia los milanos negros recogen trocitos de leña a medio quemar y los llevan volando hasta pastos resecos cercanos, donde los dejan caer, provocando así la estampida de los conejos, a los que entonces dan caza. Las garzas verdes y de los manglares en América y África arrojan insectos y gusanos al agua, y luego pescan los peces, que salen a la superficie a comer ese cebo. Las garzas más expertas llegan a pescar hasta veinte peces en media hora. Las garzas jóvenes, por el contrario, necesitan hasta 60 horas para pescar un solo pez, lo cual muestra bien a las claras que este comportamiento es aprendido por imitación y requiere un largo período de perfeccionamiento[4].

Dos aves falconiformes de la familia de los accipítridos, el alimoche (*Neophron percnopterus*), y el ratonero pechinegro (*Hamirostra melanosternon*), habitantes de África y Australia, respectivamente, han desarrollado de un modo independiente el uso de piedras para romper la dura cáscara de los grandes huevos de avestruces y emús. Tanto el alimoche como el ratonero pechinegro recogen piedras del suelo y las arrojan sobre los huevos, o bien emprenden el vuelo con ellas y las dejan caer sobre los huevos al

---

[4] Peter-René, Becker, *Werkzeuggebrauch im Tierreich*, Stuttgart, Wissenschaftliche Verlagsgesellschaft, 1997.

sobrevolarlos, rompiendo mediante ese bombardeo su cascarón y comiendo su contenido.

En las costas de California es fácil ver cómo las nutrias de mar (*Enhydra lutris*), mamíferos carnívoros de la familia de los mustélidos, recogen del fondo del agua alguna piedra plana, que colocan sobre su vientre a modo de yunque, contra el que golpean y rompen las conchas de los mejillones y los erizos de mar (a veces con ayuda de otra piedra usada como martillo), mientras flotan panza arriba. También utilizan las algas como flotadores.

Pero no todo uso de herramientas es cultural. Félix Rodríguez de la Fuente incubó cerca de Madrid un huevo de alimoche y crió al pollo alimentándolo con el biberón. El alimoche en cuestión creció sin haber visto nunca a otro alimoche, pero, confrontado con un huevo de avestruz, reaccionó buscando piedras y bombardeándolo. Esta pauta de comportamiento era evidentemente congénita, no cultural, era cosa de genes, no de memes.

Un orangután macho de cinco años y medio, llamado Abang, aprendió en el zoo primero a usar lascas afiladas para cortar las cuerdas que cerraban cajas de comida y luego a producir él mismo las lascas cortantes a partir de núcleos de pedernal, golpeándolos con un percutor de piedra, enseñado por R. V. S. Wright, que repitió durante varias horas las acciones correspondientes ante él. Abang aprendió la técnica por imitación, mejorándola luego por ensayo y error [5]. El caso es tanto más sorprendente cuanto que no se ha observado que los orangutanes en libertad usen herramientas. De todos modos, el alarde técnico de Abang no es parte de la cultura de los orangutanes; sólo lo sería si ese orangután transmitiese su habilidad a otros orangutanes, lo que no se ha observado. Por la misma razón tampoco es cultura equina la repetida doma de los caballos por los humanos. La cultura requiere transmisión de la información entre miembros de la misma especie.

---

[5] R. V. S. Wright, «Imitative learning of a flaked-tool technology: The case of an orangutan», en *Mankind*, 8, 1972, pp. 296-306. Adrian Desmond, *The Ape's reflexion*, Londres, Blond & Briggs, 1979.

Comunicación

La información cultural no está grabada en los genes. Se genera en el cerebro mediante un invento o descubrimiento más o menos casual y se transmite por imitación y aprendizaje. El que cierto rasgo del comportamiento de un organismo sea natural o cultural no depende del tipo de rasgo del que se trate, sino de la manera como se transmita. Hemos visto que el uso de herramientas, por sí mismo, no implica (ni excluye) cultura. Otro tanto ocurre con la presencia de sistemas de comunicación o incluso de dialectos distintos de un mismo sistema de comunicación.

De hecho, muchas veces se obtiene el mismo resultado (por ejemplo, el dominio del canto propio) en unas especies mediante el aprendizaje y la imitación, y en otras mediante la herencia genética, de donde se sigue que el canto de las aves será más o menos cultural o natural, según la especie de que se trate.

Un caso extremo es el cuco (*Cuculus canorus*). Puesto que se cría en el nido de un ave de otra especie nunca podría aprender el reclamo característico de su propia especie escuchando a sus padres adoptivos. Si imitase el canto de éstos y lo adoptase como propio no podría aparearse. De hecho el canto del cuco es completamente innato, está totalmente preprogramado en sus genes. Cucos criados en estricto aislamiento, ensordecidos o expuestos al canto de todo tipo de aves excepto el propio, sin embargo cantan espontáneamente el canto de su especie, llegado el momento. Extremo en el otro sentido es el caso del camachuelo (*Pyrrhula pyrrhula*), cuyo canto es completamente aprendido. Cuando los investigadores criaron un camachuelo en una jaula junto con un canario se encontraron con que, al llegar la primavera y la época de la reproducción, el camachuelo cantaba el canto del canario. A pesar de todo logró aparearse y, cuando sus propias crías alcanzaron la madurez, cantaron el canto del canario que habían aprendido de su padre (aunque habían estado expuestas al canto propio de su especie). Incluso se observó que una de esas crías, llegado el momento, transmitió a su vez el meme del canto de canario a alguno de sus propios polluelos, con lo cual esa tradición cultural había sobrevivido al menos tres generaciones [6].

La cuestión de si los animales poseen o no lenguaje depende de lo que entendamos por lenguaje. Si por lenguaje entendemos un sistema de comunicación que se sirve de símbolos para transmitir información acerca del entorno, entonces las abejas europeas poseen un lenguaje, estudiado por Karl von Frisch. Cuando las abejas obreras en su exploración del entorno encuentran una fuente de alimento situada a más de 100 metros de la colmena retornan a ésta y comunican a sus compañeras la dirección, la distancia y la riqueza de la fuente de alimento encontrado. Esta comunicación se realiza mediante una danza simbólica en forma de «8» girado (como el signo ∞ de infinito), efectuada en la oscuridad de la colmena entre los panales verticales. Durante la parte central de la trayectoria de la danza, la abeja comunicante sigue exactamente la vertical o línea de gravedad, si la fuente de alimento está exactamente en la dirección del sol, y se aparta de la vertical formando un cierto ángulo con ella, si la dirección de la fuente forma ese ángulo con la dirección del sol. Por otro lado, la velocidad con que la abeja recorre ese tramo central de la danza es inversamente proporcional a la distancia de la fuente. Cuanto más lento es el recorrido, tanto más lejana está la fuente. Por ejemplo, si en un intervalo fijo de 15 segundos recorre 10 circuitos de danza, la fuente de alimento está a 100 metros; si recorre 6 circuitos, está a 500 metros; si sólo recorre 4 circuitos, está a unos 1.500 metros. Así pueden comunicar distancias de hasta 11 km. La excitación de la danzarina, finalmente, da idea de la riqueza de la fuente. Sus compañeras se unen en su danza y así captan perfectamente la información transmitida, se proveen de la cantidad de combustible (miel) apropiada a la distancia indicada y parten sin vacilación alguna en la dirección correcta de la fuente de alimento anunciada.

---

[6] J. Nicolai, «Familientradition in der Gesangentwicklung des Gimpels (*Pyrrhula pyrrhula* L.)», en *Journal of Ornithology*, 100, 1959, pp. 950-956.

Las abejas italianas, aunque pertenecientes a la misma especie que las austriacas, se comunican entre sí mediante un dialecto distinto del lenguaje de danza indicado. Experimentos han mostrado que no sólo el sistema de comunicación, sino incluso el dialecto particular, está genéticamente programado. Las abejas italianas no aprenden el dialecto de las austriacas, ni viceversa. Sin embargo, las abejas criadas en aislamiento completo e introducidas luego en su propia colmena no tienen dificultad en comunicarse con las demás. Y los experimentos de cruzamientos entre unas y otras han mostrado que los híbridos que se parecían mucho externamente al progenitor italiano usaban el dialecto italiano, mientras que los parecidos al austriaco usaban su dialecto. Los genes dictaban las pautas de su danza comunicativa del mismo modo que determinaban su apariencia física.

La diferenciación de un sistema de comunicación en dialectos diversos y la pertenencia a uno de ellos no siempre está genéticamente determinada. Así, los pájaros filesturnos (*Philesturnus carunculatus*) de Nueva Zelanda no sólo han desarrollado en áreas distintas dialectos distintos, que cada uno de ellos aprende de sus progenitores, sino que, si se les cambia de localidad en su infancia, aprenden el dialecto de sus padres adoptivos. Incluso cuando emigran como adultos, al cabo de un tiempo aprenden y emplean el dialecto del lugar en que se han instalado [7]. En este caso está claro que se trata de una diferenciación cultural en dialectos y de una transmisión mimética y no genética de los mismos.

Otro caso bien estudiado de diferenciación y transmisión cultural de dialectos es el de los gorriones de corona blanca (*Zonotrichia leucophrys*), que adquieren un dialecto particular durante los primeros cien días después de su eclosión del huevo. Los machos que crecen en aislamiento desarrollan un canto esquemático. Los criados junto a otros machos añaden a ese esquema neutral las fra-

---

[7] P. F. Jenkins, «Cultural transmission of song patterns and dialect development in a free living bird population», en *Animal Behaviour,* 25, 1978, pp. 50-78.

ses y modulaciones características de esos machos, perpetuando así su dialecto [8].

Los cetáceos son animales muy inteligentes, de enormes cerebros, y se comunican entre ellos mediante códigos que sólo poco a poco vamos empezando a conocer. Así hemos empezado a descifrar algo de los sistemas de comunicación de orcas, cachalotes y ballenas yubartas. Dos investigadores americanos (Linda Weilgart y Hal Whitehead) han descrito 20 códigos distintos que se basan en ritmos y pautas diferentes y que emplean diversos grupos de cachalotes (*Physeter macrocephalus*). Cada lenguaje tiene cierto parecido con el código Morse, ya que los silbidos y las pausas revelan distintas señales. Los dialectos varían en cada lugar, pero, más que responder a variaciones geográficas, distinguen clanes de cachalotes. Los expertos creen que clasificar los códigos servirá para determinar la procedencia de los cachalotes. También las orcas tienen dialectos diferentes.

Uno de los casos más espectaculares de comunicación cultural, recientemente descubierto, es el de los machos de las ballenas yubartas o *humpbacks* (*Megaptera novaeangliae*), que durante la época nupcial entonan unos cantos largos y complejos, con diferentes temas que riman entre sí. Parece que estos cantos atraen a las hembras y las predisponen a la copulación. Lo interesante es que estos complejos cantos pueden variar dramáticamente de año en año. Sin embargo, la mayoría de los machos de una población oceánica de yubartas adoptan cada año la nueva moda, aprendiendo las nuevas variaciones y cantando el canto de moda. Si un macho introduce nuevas florituras en el canto, los otros las aprenden e imitan. No entendemos cómo se realiza ese aprendizaje tan rápidamente y a través de tan grandes distancias, pero así es, según los estudios de Guinee y Payne [9].

---

[8] Luis Baptista, «Song dialects and demes in sedentary populations of the white-crowned sparrow *(Zonotrichia leucophrys nuttali)*», en *University of California Publications in Zoology*, 105, 1975, pp. 1-52.

[9] Véase Geoffrey Cowley, 1989, así como también Michael Bright, 1984, pp. 23 y ss.

Los cercopitecos (*Cercopithecus aethiops*) profieren unos 36 tipos distintos de sonidos, con los que transmiten unos 22 mensajes diferentes, aunque no sabemos hasta qué punto se trata de un sistema natural o cultural. De todos modos, los primates se comunican preferentemente mediante muecas, gestos y otros signos visuales. Incluso los mayores éxitos en el intento de enseñar los rudimentos de un lenguaje humano a los chimpancés se han obtenido cuando se han dejado de lado los lenguajes sonoros y se han tomado como base lenguajes visuales, tales como el *Ameslan* o lenguaje de signos manuales de los sordomudos americanos, en parte aprendido por Washoe y otros chimpancés. Es obvio que en este caso se trata de un lenguaje aprendido y no heredado, aunque es muy dudoso que unos chimpancés lo vayan a transmitir a otros, iniciando así una tradición cultural.

También en el humán se da una capacidad lingüística genérica, inscrita en los genes y realizada en el aparato fonador y en el cerebro (y que según Chomsky incluiría todo tipo de detalles estructurales, comunes a todas las lenguas, lo que él llama la gramática universal), y una especificación cultural de la lengua o dialecto concreto que aprendemos en nuestra infancia. El caso del lenguaje muestra bien a las claras que muchos de nuestros comportamientos más importantes no son puramente naturales ni puramente culturales, y no se transmiten de un modo exclusivamente genético o sólo por aprendizaje, sino mediante una intrincada combinación de ambos, que todavía no estamos en medida de desenredar con precisión.

Cultura animal

Como hemos visto a propósito de las herramientas y la comunicación no es el tipo de función ni el grado de complejidad de una pauta de conducta lo que determina que ésta sea natural o cultural, sino el modo como se haya obtenido la correspondiente información, por herencia genética o por aprendizaje. Incluso fuera de esos dominios hay numerosos casos evidentes de cultura animal.

El tipo de deriva cultural que se aprecia en la formación de diversos dialectos de un mismo sistema de comunicación se observa también en otras actividades. Así, los ostreros (*Haematopus ostralegus*), aves charadriiformes que se alimentan de mejillones, usan dos técnicas distintas para abrirlos: unos martillean los mejillones en la juntura, otros penetran con el pico por la apertura sifónica, forzando la separación de las valvas y cortando el músculo aductor que las une. No se ha visto que un mismo ostrero emplee ambas técnicas, emplea o la una o la otra. Cambiando de nido los huevos de ostreros, se comprobó [10] fehacientemente que la técnica empleada era producto del aprendizaje y no de la herencia, que era un rasgo cultural, un meme.

Algunos casos de invención y transmisión cultural han podido observarse desde sus inicios. Es famoso el caso de los pájaros herrerillos (*Parus caeruleus*). En Gran Bretaña es usual que los distribuidores de leche dejen cada mañana ante la puerta de cada casa una o varias botellas de leche, tapadas hasta hace poco con una fina lámina de aluminio. A un herrerillo se le ocurrió picotear la tapa de aluminio de una de esas botellas y se encontró con una deliciosa crema que se acumulaba tras ella y que comió con obvia satisfacción. A partir de entonces el herrerillo repitió diariamente su desayuno de crema, práctica que pronto fue imitada por un número creciente de herrerillos, hasta convertirse en una plaga. Más recientemente, las tapas de aluminio fueron sustituidas por las de plástico, con lo que ese rasgo cultural de los herrerillos desapareció.

Muchas preferencias alimenticias se transmiten por aprendizaje social. Diferentes poblaciones de ratas tienen dietas muy distintas, incluso cuando disponen de los mismos alimentos. Las ratas infantiles imitan a los adultos y adquieren sus preferencias. En costas con mejillones se encuentran tanto colonias de ratas que comen mejillones como otras que los evitan. Y entre las diversas colonias

---

[10] M. N. Norton-Griffiths, «Some ecological aspects of the feeding behavior of the oystercatcher *Haematopus ostralegus* on the edible mussel *Mytilis edulis*». en *Ibis,* 109, 1967, pp. 412-424.

que los comen puede haber diferencias respecto a la manera de abrir sus conchas [11].

La cultura permite a los animales superiores reaccionar de un modo relativamente rápido a cambios del ambiente, por ejemplo, ante nuevos peligros. Los elefantes africanos son mansos y confiados en los lugares en que no han sido cazados, mientras que allí donde han sufrido la caza de los hombres se muestran huraños y agresivos. En 1919 un famoso cazador fue matando uno a uno a los componentes de una numerosa manada de elefantes en Addo (Suráfrica). En 1930 se creó una pequeña reserva para los supervivientes, pero, a pesar de que ya no son perseguidos desde hace varias décadas, han adoptado y mantenido hábitos nocturnos de vida y se muestran muy agresivos frente a la presencia humana [12]. Los supervivientes de la matanza han logrado transmitir a sus descendientes el horror de los humanes, que constituye ahora un rasgo de su cultura.

La cultura de los cercopitécidos

Los animales mejor dotados para la cultura somos los primates, especialmente los catarrinos. Incluso la familia de primates catarrinos más alejada filogenéticamente de nosotros, la de los cercopitécidos, presenta numerosos y bien estudiados casos de conducta cultural. A continuación nos referiremos a algunos ejemplos de cultura de cercopitécidos tales como los langures, los papiones, los talapoins y los macacos.

Los langures (*Presbytis johnii*) de India han tenido que adaptarse a la progresiva desaparición de sus hábitats forestales, cam-

---

[11] B.G. Galef, Jr., «Social transmission of acquired behavior: A discussion of traditional social learning in vertebrates», en *Advances in the Study of Behavior*, 6, 1976, pp. 77-100. R. Pulliam & C. Dunford, *Programmed to Learn. An Essay on the Evolution of Culture*, Columbia University Press, 1980, p. 52.

[12] I. y O. Douglas-Hamilton, *Among the Elephants*, Nueva York, Viking Press, 1975.

biando su dieta y pasando a comer las hojas de los eucaliptos recientemente introducidos, o, en otro lugar, aprendiendo a cavar con las manos en los terrenos cultivados y a sacar las patatas y coliflores y comérselas. La evolución genética habría sido demasiado lenta como para permitirles adaptarse a las nuevas circunstancias en tan poco tiempo, pero gracias a la cultura lograron hacerlo.

En 1970 se instaló en San Roque (Cádiz) un autosafari, para el que se importaron papiones oliva (*Papio anubis*) de África ecuatorial. Al cerrarse dicho autosafari en 1972, algunos papiones se escaparon y lograron sobrevivir en la finca de la Alcaidesa, un típico bosque mediterráneo entre cantiles calcáreos. En 1983 los propietarios realizaron una batida y mataron a más de 40 papiones. Algunos han logrado sobrevivir y continúan allí hasta nuestros días, habiéndose adaptado perfectamente al terreno. Han tenido que variar sus hábitos alimenticios. Ahora comen frutos del bosque local, como bellotas, acebuchinas, palmitos, piñones y bayas, así como pequeños animales invertebrados. Se mueven poco, no más de tres kilómetros del cortado donde duermen (frente a diez o doce en África). Este grupo ha hecho sus propias experiencias y descubrimientos, ha creado sus propios hábitos y costumbres (como el de ir a recolectar piñas bajo ciertos pinos) en un hábitat extraño e inicialmente hostil, y los ha transmitido [13]. En resumen, ha creado su propia cultura.

Los talapoins de Guinea (*Miopithecus talapoin*) son los monos catarrinos más pequeños (miden 30 o 40 cm de largo y pesan apenas 1 kilo). Forzados por la presión antropógena sobre el bosque del Gabón, algunos grupos de talapoins abandonaron su modo de vida ancestral y se establecieron cerca de los poblados de indígenas, a orillas de los ríos, aprendiendo a nadar y transmitiendo esa habilidad. También aprendieron a colocarse para dormir sobre bambúes o ramas de árboles que cuelgan sobre la corriente de agua, a fin de estar protegidos de predadores durante el sueño. Esos mismos grupos de talapoins cambiaron de dieta. Dejaron de comer los alimentos del bosque. Los indígenas recogen la yuca —que

---

[13] FEPG, «¿Qué hace un mono como tú en un sitio como éste?», en *Quercus*, 70 (dic.), 1991, p. 41.

contiene ácido cianhídrico, venenoso— y la dejan a remojo durante unos días en el fondo del agua. Los talapoins han aprendido a bucear y a localizar la yuca fermentada en el momento oportuno (cuando ya no es tóxica) y a «robarla» [14].

Algunos de los ejemplos más espectaculares y mejor documentados de invención y transmisión de pautas culturales se presentan en otros primates cercopitécidos, los macacos (*Macaca fuscata*) de varias pequeñas islas del sureste de Japón, que han sido cuidadosamente observados por los etólogos japoneses durante varias generaciones.

Por ejemplo, los macacos de Jigokudani descubrieron unas fuentes termales. Algunos probaron a meterse dentro de los estanques de agua caliente, y adquirieron y transmitieron el gusto por los baños termales, estableciéndose a partir de entonces la costumbre social del baño colectivo. El gusto por bañarse en el agua caliente de esos manantiales es un valor cultural.

En la isla de Koshima vivía una población de macacos, entre los que se encontraba la hembra Imo, que a la sazón contaba dos años de edad. Los investigadores arrojaban batatas a la playa, donde se llenaban de arena, que las hacía difícilmente comestibles. A la espabilada Imo se le ocurrió llevar unas batatas a un arroyuelo de agua dulce y lavarlas, comiéndoselas luego. Poco a poco, otros macacos la iban imitando, aprendiendo a lavar las batatas y comérselas. La sibarita Imo probó un día a lavar las batatas en el agua salada del mar, encontrándolas así más sabrosas. También en esto la siguieron poco a poco sus congéneres. Dos años más tarde los etólogos empezaron a arrojar trigo a la arena de la playa. Algunos macacos trataban de recoger los granos uno a uno, pero el procedimiento era excesivamente lento y trabajoso. Otra vez Imo (que ahora tenía ya cuatro años) tuvo una genial ocurrencia: recoger puñados de arena mezclada con granos de trigo, llevarlos al agua del mar y

---

[14] Datos recogidos por J. P. Gautier y Annie Gautier-Hion, que han estudiado los talapoins durante muchos años, siguiendo una pista sobre el comensalismo de los talapoins inicialmente suministrada por Jordi Sabater Pi.

soltarlos, dejando así que la arena se hundiese y los granos flotasen, recogiéndolos entonces tranquilamente con la mano y comiéndolos. También aquí la innovación de Imo sería pronto imitada por los demás.

A partir de 1972, los etólogos redujeron considerablemente la alimentación artificial. Las pocas batatas y trigo disponibles eran monopolizados por los miembros del clan dominante de macacos, al que había pertenecido Imo. Sólo los juveniles de este clan recibieron la cultura técnica de Imo de sus madres. Al reanudar los etólogos sus entregas más generosas sólo los del clan de Imo sabían cómo aprovecharse de ellas [15].

Todos estos son casos puros de cultura, de invención y transmisión por medios no-genéticos, sino miméticos (por imitación), de información no disponible por naturaleza, de rasgos culturales o memes. El esquema de difusión siempre era el mismo: un individuo juvenil (la hembra Imo, en los casos citados), juguetón y dado a la exploración, hacía un descubrimiento o invento de evidente utilidad, dadas las circunstancias. Primero algunos macacos juveniles la imitaban, y poco a poco la práctica se extendía a todos los miembros de su generación. De los jóvenes la práctica pasaba a sus madres, que estaban en contacto frecuente con ellos, y de las madres a las crías pequeñas. Finalmente, toda la población adoptaba el nuevo descubrimiento, excepto los machos adultos, reacios al cambio y poco dados al contacto con los juveniles.

También en semicautividad se han observado conductas culturales entre los macacos. Así, por ejemplo, en el centro de primates de Oregón, uno de los macacos (*Macaca fuscata*) aprendió a fabricar bolas de nieve. Pronto la conducta se extendió y todos los macacos aprendieron a hacerlas.

La cultura no es un fenómeno exclusivamente humano, sino que está bien documentada en muchas especies de animales superiores no humanos. Y el criterio para decidir hasta qué punto cierta

---

[15] Toshisada Nishida, «Local Traditions and Cultural Transmission», en B. Smuts *et alii* (ed.): *Primate Societies*, The University of Chicago Press, 1986,

pauta de comportamiento es natural o cultural no tiene nada que ver con el nivel de complejidad o de importancia de dicha conducta, sino sólo con el modo como se transmite la información pertinente a su ejecución.

La cultura de los chimpancés

Las manifestaciones culturales de los chimpancés son numerosas y han sido estudiadas con gran interés. Aquí nos limitaremos a relatar algunos de los datos reunidos por los etólogos.

Los animales que más herramientas usamos somos sin duda los primates, en primer lugar nosotros, los humanes, pero también en gran medida los chimpancés. Los chimpancés son juguetones y les gusta la exploración. Son capaces de aprender e inventar y de transmitir por imitación sus inventos, formando así tradiciones culturales. Si se les presentan cajas de bananas usan palos como palancas para abrirlas. El uso de herramientas por parte de los chimpancés es claramente cultural. Por ejemplo, el uso de palos como palancas para abrir las cajas de bananas fue un invento difícil al principio, pero, una vez realizado, se extendió rápidamente por imitación entre los otros componentes del grupo estudiado.

La cultura de los chimpancés ha sido dividida por los primatólogos [16] en tres áreas culturales: (1) el área cultural de las piedras, en África occidental (habitada por *Pan troglodytes verus*). (2) El área cultural de los bastones, en Camerún y Guinea Ecuatorial (habitada por *Pan troglodytes troglodytes*). Y (3) el área cultural de las hojas y lianas, en África oriental (habitada por *Pan troglodytes schweinfurthi*), que incluye Gombe y Mahale.

---

[16] La división de la cultura de los chimpancés en tres áreas culturales fue expuesta por primera vez en J. Sabater Pi, 1974, y posteriormente adoptada por W. McGrew, C. Tutin y P. Baldwin, así como por E. Wilson, 1978, y Y. Sugiyama 1990, entre otros.

Chimpancé usando piedras como instrumentos (yunques y martillos) para partir nueces. (Fotografía de Jim Moore.)

El área de las piedras, en África occidental, ha sido estudiada por los esposos suizos Christophe y Hedwige Boesch en el parque nacional de Tai (en Costa de Marfil) desde 1979. Los chimpancés de esa zona tienen y transmiten costumbres únicas, desconocidas por los chimpancés de otras áreas, incluyendo la caza social perfectamente coordinada, que incluye el tendido de emboscadas a sus presas favoritas, los colobos. (Los chimpancés del África oriental también cazan, pero no socialmente.) Lo más característico de la cultura de los chimpancés del África occidental, y lo que le da su nombre, es el uso de piedras como instrumentos. Utilizan piedras de entre 1 y 9 kilos como martillos para romper nueces y frutos, colocados sobre otras piedras mayores (de hasta 20 kilos) a modo de yunque. Las hembras son las que más utilizan los instrumentos líticos. Los machos son más cazadores y más torpes en el manejo de las piedras. Las madres enseñan a sus crías a manejar las piedras, en un proceso de enseñanza y aprendizaje lento y largo, que incluye demostraciones y ejercicios [17]. (En otras zonas de África, como Guinea Ecuatorial, existe también el mismo tipo de frutos y de piedras, pero los chimpancés no las utilizan para partirlos, pues no les ha sido transmitida la cultura correspondiente.)

El área de los bastones ha sido investigada por Jordi Sabater Pi y Yukimaru Sugiyama. Los chimpancés de esta zona fabrican bastones estandarizados muy similares, rígidos y rectos, de una longitud media de medio metro, que utilizan para excavar y sacar las termitas. Sabater Pi descubrió esta industria en Okorobikó (Río Muni). Diez kilómetros más lejos, los chimpancés la desconocían. Pero Sugiyama ha descubierto esa misma industria en otro lugar del área. Además, los chimpancés han introducido una innovación en su tradición cultural, que implica el uso de un instrumento para fabricar otro instrumento: utilizan piedras para convertir el extremo del bastón en una escoba, con la que barren las termitas del fondo del termitero.

El área de las hojas y lianas, en África oriental, ha sido investigada por Jane Goodall (en Gombe), Toshisada Nishida (en Mahale) y V. Reynolds. Gracias a las observaciones de campo de Jane Goodall [18] en la reserva de Gombe (en Tanzania), sabemos que los chimpancés usan ramas y palos como porras o armas arrojadizas, para atacar, defenderse o jugar. Usan lianas o ramitas, convenientemente preparadas, deshojadas y alisadas, para introducirlas en los agujeros de los termiteros y así «pescar» termitas y comerlas. Incluso usan las mismas ramitas como detectores olfativos, para averiguar si el ter-

---

[17] Christophe Boesch, 1991.
[18] Jane Goodall, *In the Shadow of Man*, Londres, Collins, 1971. *The Chimpanzees of Gombe. Patterns of Behavior*, Harvard University Press, 1986. *Through a Window. 30 years with the chimpanzees of Gombe*, Londres, Weidenfeld & Nicolson, 1990.

Chimpancé usando ramitas alisadas para «pescar» termitas. (Fotografía de T. Matsuzawa.)

mitero está vacío o habitado. Asimismo, fabrican y usan espátulas para la obtención de termitas que se encuentran detrás de las cortezas. Los chimpancés de Gombe también fabrican una especie de esponjas artificiales con hojas previamente mascadas, para absorber el agua y la humedad del interior de los árboles en época de sequía.

Otros aspectos de la cultura de los chimpancés de África oriental han sido estudiados por Nishida [19], como los relativos al acicalamiento, en los que es fácil distinguir dos tradiciones culturales distintas. Los chimpancés de Gombe se acicalan, espulgan o desparasitan mutuamente (*grooming*), sujetándose cada uno a una rama de árbol con una mano, y acicalando al otro con la otra mano. Los chimpancés de la cercana Mahale se sujetan mutuamente dándose una mano mientras se espulgan con la otra. Los chimpancés de Mahale han desarrollado otra tradición cultural gestual, el *leaf-*

---

[19] Toshisada Nishida, «Local Traditions and Cultural Transmission», en B. Smuts y otros (ed): *Primate Societies*, The University of Chicago Press, 1986.

clipping display. El chimpancé agarra una hoja rígida por el peciolo y va arrancando sucesivamente sus lados, produciendo así una especie de silbido característico y (digamos) musical. En cuanto acaba, agarra otra hoja y repite la operación. Esta conducta es practicada en contextos sexuales (durante la parada nupcial) y para disminuir la frustración.

La dieta de los diversos grupos de chimpancés se transmite culturalmente. Los chimpancés de Gombe comen frutos, médula y flores de la palmera aceitera (*Elaeis guineensis*), mientras que los de Mahale no comen nada de esa planta. Los chimpancés de Mahale comen las hojas espinosas del *Blepharis buchneri*, mientras que los de Gombe las ignoran. Los chimpancés de Gombe comen las hormigas *Dorylus* y rechazan las *Camponatus*, mientras que los de Mahale hacen exactamente lo contrario.

El uso de piedras para partir nueces, o de palos como palancas para abrir cajas, o de ramitas alisadas para «pescar» termitas, son memes, rasgos culturales. En función de la distribución de tales memes puede estudiarse la deriva cultural y la distribución geográfica de las diversas tradiciones.

Los chimpancés son animales muy culturales. Aprenden a distinguir cientos de plantas y sustancias, y a conocer sus funciones alimentarias y astringentes. Así logran alimentarse y contrarrestar los efectos de los parásitos. Tienen muy poco comportamiento instintivo o congénito. No existe una «cultura de los chimpancés» común a la especie. Cada grupo tiene sus propias tradiciones sociales, venatorias, alimentarias, sexuales, instrumentales, etc. Por ejemplo, sólo los chimpancés del parque nacional de Tai (en Costa de Marfil), observados por Christophe y Hedwige Boesch, cazan colobos (monos cercopitécidos) colectivamente y con una refinada estrategia, que incluye la previa colocación de cazadores escondidos, hacia los que otros espantan las presas. Probablemente, es un modo de caza parecido al practicado por nuestros antepasados. Los chimpancés de África oriental cazan también a veces, pero en solitario, y no monos.

La cultura es tan importante para los chimpancés, que todos

los intentos de reintroducir en la selva a los chimpancés criados en cautividad fracasan lamentablemente. Los chimpancés no sobreviven. Les falta la cultura. No saben qué comer, cómo actuar, cómo interaccionar con los chimpancés silvestres, que los atacan y matan. Ni siquiera saben cómo hacer cada noche su alto nido-cama para dormir sin peligro en la copa de un árbol. Durante los cinco años que el pequeño chimpancé duerme con su madre tiene unas 2.000 oportunidades de observar cómo se hace el nido-cama [20]. Los chimpancés hembras separados de su grupo y criados con biberón en el zoo ni siquiera saben cómo cuidar a sus propias crías, aunque lo aprenden si ven películas o vídeos de otros chimpancés criando.

Jane Goodall ha establecido algunos orfanatos o refugios para chimpancés huérfanos (cuyas madres han sido cazadas para comer su carne o para venderlas) en el Congo y también en Uganda y Kenia. «Lo triste es que no podemos devolver esos jóvenes chimpancés a su medio, a la selva. Tenemos que cuidarlos durante el resto de sus vidas ...Además, no queda ya mucho hábitat natural apropiado para los chimpancés, donde éstos puedan vivir... Los lazos de unión entre madres e hijos pueden durar toda una vida. Son capaces de cooperar, compartir alimentos o ser altruistas. Cada uno tiene su propia personalidad y también sufren celos. La comunidad misma tiene una historia que es tan fascinante como la de una comunidad humana. Incluso sus tradiciones y hábitos pasan de una generación a otra» [21].

---

[20] Jordi Sabater Pi, *Etología de la vivienda humana. De los nidos de gorilas y chimpancés a la vivienda humana*, Barcelona, Labor, 1985.

[21] Jane Goodall, en entrevista en *El País*, 22 de abril de 1996.

Capítulo IX

La primacía de los primates

Carl von Linné (o Linnaeus) llamó *primates* a los humanes y a los mamíferos que se les parecían; a los demás mamíferos los llamó *secundates*; y a los animales que ni siquiera eran mamíferos, *tertiates*. Otros órdenes de mamíferos son nombrados por alguna de sus características anatómicas («marsupiales», «proboscídeos», «maldentados») o alimentarias («roedores», «insectívoros», «carnívoros»). El nombre de los primates sólo alude a su importancia, a su prestancia, a su primacía, e implica más un juicio de valor que una descripción. El carácter antropocéntrico de la nomenclatura linneana es patente, aunque difícilmente nosotros, primates vanidosos como él, se lo vamos a echar en cara.

Los primates son el paradigma de la subjetividad, de la inteligencia, de la cultura, de todas estas cualidades que tanto apreciamos. De todos modos, es obvio que nuestro entusiasmo por ellos es en parte narcisista, porque nosotros somos primates, y nepotista, pues ellos constituyen nuestra más próxima familia.

Para saber cómo es un primate típico basta con mirarnos al espejo. Los primates tenemos extremidades largas, adaptadas a la vida arbórea. Tenemos manos prensiles con pulgares oponibles. Tenemos visión binocular estereoscópica. Además, nuestros ojos están dirigidos hacia adelante, por lo que tenemos cara. En relación al peso de nuestro cuerpo, los primates tenemos los mayores cerebros de todos los animales, sólo comparables con los de los cetáceos. De todos modos, entre los primates también hay diferencias. Los simios (primates avanzados) tienen mayores cerebros que los prosimios (primates primitivos), y los humanos tenemos los mayores cerebros de todos. La mayoría de los prosimios (excepto los más grandes) son nocturnos, mientras que los simios somos todos diurnos, con la única excepción del mono de noche (*Aotus trivirgatus*), que pesa 1 kilo, duerme durante el día en el interior de troncos huecos y tiene ojos grandes (sin conos en la retina). Los monos de noche y los titíes son los únicos primates en que los machos (no las hembras) se encargan de cuidar a la prole. En ambos casos, los machos viven más que las hembras, al contrario de lo que suele ocurrir. En tamaño corporal, los primates oscilamos entre los menos de 100 gramos del lémur ratón (*Microcebus*) y los más de 200 kg del gorila macho.

Los primates descendemos de mamíferos pequeños, nocturnos, insectívoros y relativamente indiferenciados. Los primeros mamíferos con rasgos primatoides (los plesiadapiformes) aparecieron hace unos 65 millones de años. La evolución de los primates abarca todo el Cenozoico, hasta nuestros días. Esta evolución es bien conocida en sus rasgos más generales, pero resulta poco clara en sus detalles, dada la relativa escasez de fósiles conservados. Los primates eran arborícolas y el suelo ácido de los bosques en que vivían preserva mal los huesos.

Genealogía y clasificación de los primates [1]

La sistemática biológica anterior a Darwin se conformaba con clasificar los seres vivos según su mayor o menor parecido morfológico aparente. La sistemática actual es mucho más ambiciosa, trata nada menos que de reconstruir las relaciones de filogenia (descendencia y parentesco) entre los diversos grupos de organismos. En los últimos años la taxonomía filogenética ha experimentado un notable avance con los métodos desarrollados por la escuela cladista para reconstruir la genealogía de los grupos de organismos. Ahora se exige que los taxones (los grupos clasificatorios formalmente reconoci-

---

[1] El lector no interesado por la taxonomía puede saltar simplemente este apartado sin pérdida alguna de continuidad.

dos en la sistemática) incluyan todos y sólo los descendientes de un grupo común de antepasados, es decir, que sean monofiléticos y holofiléticos. Los taxones son monofiléticos si todo el grupo desciende de una única especie ancestral común. Son holofiléticos si incluyen a todos los descendientes de la especie ancestral común. Son parafiléticos si son monofiléticos, pero no holofiléticos. Los taxones parafiléticos no son considerados aceptables por la taxonomía cladista. Esto conduce al rechazo de ciertos taxones tradicionales parafiléticos, como la clase de los reptiles (*Reptilia*), en la que no se incluían las aves, sus descendientes, o como el suborden de primates conocido como los prosimios (*Prosimia*), que incluye a los társidos, pero no al resto de los haplorrinos (*Haplorhini*), que descienden de ellos, o como la antigua familia de los póngidos, que abarcaría a orangutanes, gorilas y chimpancés, pero no a los humanos, descendientes de los mismos ancestros comunes que ellos. Además, hasta recientemente los taxónomos se limitaban al análisis de la anatomía, y en especial al de los huesos de los animales que pretendían clasificar. En los últimos tiempos, sin embargo, la inmunología, la biología molecular y la genética molecular han irrumpido con fuerza en este campo, removiendo las aguas tranquilas de la sistemática tradicional, y obligando a los taxónomos a efectuar numerosas y a veces drásticas revisiones de la clasificación previamente establecida. La primatología no ha sido una excepción.

El orden de los primates se divide en dos subórdenes: los estrepsirrinos (*Strepsirhini*), o primates con espéculo nasal, y los haplorrinos (*Haplorhini*), o primates sin espéculo nasal.

Los estrepsirrinos abarcan a todos los prosimios (primates primitivos) excepto los társidos. Cuando Madagascar se separó de África quedaron allí atrapados una serie de primates primitivos, que se fueron adaptando a todos los hábitats de la isla, en la que carecían de predadores. Dieron lugar a los lemuriformes, divididos en cinco familias, todas ellas actualmente en peligro de extinción por la tala salvaje a que han sido sometidos los bosques en Madagascar. Los otros primates primitivos, distribuidos por África y Asia, dieron lugar a los lorisiformes.

Los haplorrinos abarcan al resto de los primates, es decir, a los társidos y a los simios o antropoides. Los társidos son todavía primates primitivos, prosimios, pero de ellos descienden los simios o primates avanzados. Los simios o antropoides son los primates superiores, más inteligentes y evolucionados, y es en ellos en los que pensamos sobre todo cuando hablamos de primates, monos o simios. Se dividen en platirrinos (*Platyrrhini*) y catarrinos (*Catarrhini*).

Los platirrinos o simios de América tienen la nariz más ancha (por ello se llaman platirrinos). Habitan las selvas tropicales de América Central y del Sur, sobre todo la Amazonia. Llegaron a América hace más de 30 millones de años y allí quedaron aislados al convertirse Suramérica en una isla. Se clasifican en las tres familias de los calitrícidos (*Callitrichidae*), cébidos (*Cebidae*) y atélidos *(Atelidae)*. Los calitrícidos, pequeños y peludos, incluyen al tití (*Callithrix*) y al tamarino (*Saguinus*). La familia de los cébidos incluye al mono capuchino (*Cebus*), al aote o mono de noche (*Aotus*) y al saimirí o mono ardilla (*Saimiri*). Los atélidos, los más grandes de los platirrinos, incluyen al mono araña (*Ateles*), al uákari (*Cacajao*) y al mono aullador (*Alouatta*).

Los catarrinos o simios del Viejo Mundo tienen la nariz más estrecha (por ello se llaman catarrinos). Hace unos 30 millones de años los catarrinos se dividieron en dos ramas, los cercopitecoides y los hominoides. Los cercopitecoides se agrupan todos en una sola familia, la de los cercopitécidos, que incluye, por ejemplo, a los cercopitecos (*Cercopithecus*), los macacos (*Macaca*), los papiones o babuinos (*Papio*) y los langures (*Presbytis*). Los hominoides podrían también agruparse en una sola familia, pero, dado nuestro especial interes por nuestra rama, ésta suele dividirse en tres familias distintas: los hylobátidos, los póngidos y los homínidos. Los hylobátidos incluyen los gibones (*Hylobates*), que se separaron del resto hace unos 20 millones de años. Los póngidos incluyen los orangutanes (*Pongo*) y el género fósil de los sivapitecos (*Sivapithecus*). Los homínidos incluyen los gorilas (*Gorilla*), los chimpancés y bonobos (*Pan*) y los humanes (*Homo*), además del género fósil de los australopitecos (*Australopithecus*).

Orangutanes

Orang-utang en malayo significa «hombre de la selva». Los navegantes portugueses y holandeses oyeron hablar a los nativos de Sumatra, Java y Borneo de ese hombre de la selva salvaje, tímido y pelirrojo, y su nombre malayo acabó siendo aplicado también a los chimpancés y gorilas de África, cuando los europeos entraron en contacto con ellos. El concepto de orangután era vago y casi mítico. Carl von Linné lo clasificó formalmente como *Homo sylvestris*. Los primeros orangutanes vivos fueron traídos a Holanda a finales del siglo XVIII desde las Indias Orientales holandesas (la actual Indonesia). El primer estudio de campo del orangután (1869) se debió a Alfred Russell Wallace, coinventor (junto a Darwin) de la teoría de la evolución por selección natural. Desde 1971 y hasta hoy Biruté Galdikas (por consejo de Louis Leakey) se ha dedicado a estudiar a los orangutanes ininterrumpidamente. Otros zoólogos, como John Mackinnon, Peter Rodman, Barbara Harrison y Herman Rijksen, se han dedicado también a la difícil investigación de campo del orangután.

Los orangutanes están perfectamente adaptados a la vida arbórea. Sus brazos muy largos facilitan la locomoción de rama en rama (braquiación). Sus piernas, más cortas, con su gran holgura de movimientos y sus pies prensiles, actúan como brazos, que les permiten también agarrarse fuertemente a cualquier rama. El dimorfismo sexual de los orangutanes es acusado: los machos tienen un tamaño doble que el de las hembras. Son los menos gregarios de los hominoides. Viven dispersos y relativamente aislados. El macho adulto mantiene el contacto acústico con los pocos individuos de su grupo mediante gritos largos y poderosos. El macho y la hembra se aparean y permanecen juntos durante unas semanas. Sus caras son enormemente expresivas.

Los orangutanes han sufrido un destino aciago de manos de los humanes. Los naturalistas que empezaron a estudiarlos en el siglo XIX se dedicaban sobre todo a cazar una gran cantidad de orangutanes, para enviar sus huesos o sus cadáveres disecados a museos y coleccionistas de Europa. Cuando los holandeses prohibieron a los nativos cortar las cabezas de sus vecinos enemigos como muestra de valor adoptaron como sustituto la costumbre de acorralar y decapitar a los orangutanes. Durante todo nuestro siglo, la caza furtiva, sobre todo para capturar bebés y venderlos a turistas y zoos, ha causado estragos. Una madre orangután nunca abandonaría a su cría, y la única manera de capturar al bebé es matar a la madre, con lo que los hermanos perecen también. En teoría, hace medio siglo que los orangutanes están legalmente protegidos en Indonesia y Malasia, pero la prohibición estricta de cazarlos apenas se cumple. De todos modos, el mayor peligro que pesa sobre sus poblaciones no es la caza, sino la roturación, tala y quema en gran escala de sus bosques. Los orangutanes están tan bien adaptados a la vida arbórea, que no pueden sobrevivir fuera de los bosques tropicales que constituyen su hábitat. Los orangutanes viven en el dosel del bosque, en las copas de los árboles, donde hacen sus camas y comen frutos maduros, hojas tiernas, termitas, hormigas y hongos.

La mayoría de los orangutanes vive en Borneo. En las zonas del norte de Borneo que pertenecen a la Federación de Malasia (Sarawak y Sabah) el bosque tropical ha desaparecido casi por completo, sustituido por plantaciones de caucho y de palmas de aceite, aunque todavía queda algo de selva primigenia, cada vez menos debido a las talas masivas y brutales. Allí siguen viviendo algunos orangutanes. Ya antes de los incendios de 1997, la población de orangutanes de Indonesia había descendido de varios centenares de miles de individuos a sólo 30.000. La destrucción de su hábitat por tala abusiva de la selva y por incendios voluntarios para dar paso a plantaciones de palmas de aceite y otros cultivos ha sido la principal causa de esa disminución. En 1995 el gobierno de Suharto promovió la destrucción de un millón de hectáreas de bosque tropical de turbera pantanosa (zona muy poblada por orangutanes) para propiciar plantaciones de arroz. En realidad era una excusa para talar los bosques y exportar su madera por parte de los amigos y asesores de Suharto.

Los incendios que asolaron Borneo y Sumatra en el otoño de 1997, cuyas inmensas masas de humo negro llegaron a oscurecer las ciudades e interrumpir el tráfico aéreo, han causado estragos entre la población de orangutanes y han acabado de destruir gran parte de sus hábitats. Dos millones de hectáreas de selva ardieron. Una de la áreas más afectadas fue la del bosque tropical de turbera pantanosa del centro de Kalimantán (Borneo), donde vive la mayor población de orangutanes del mundo y más de la mitad de los 20.000 de Borneo. A los 5.000 orangutanes de Sumatra no les afectó el fuego, pues ya previamente habían quedado acorralados en una pequeña, alta y aislada zona del norte de esa isla, a donde no llegó el fuego. Además, los orangutanes que huían del fuego con sus crías a la espalda con frecuencia fueron salvajemente apaleados y acuchillados por los campesinos locales, al ver que se acercaban a sus poblados. Las crías fueron capturadas para venderlas como juguetes o recuerdos por unos dólares. Biruté Galdikas (de la Orangutan Foundation International), Willie Smits y otros recogieron multitud de crías huérfanas de orangután, pero no saben dónde soltarlos. El parque nacional Tanjung Puting ya alberga a 1.500 orangutanes, y no caben más.

Los homínidos

Como vimos, el linaje de los simios catarrinos hominoides se separó del de los cercopitecoides hace unos 30 millones de años. Los hominoides se dividían tradicionalmente en tres familias: los hylobátidos, los póngidos y los homínidos. Los hylobátidos incluyen los gibones (*Hylobates*), que se separaron del resto de los hominoides hace unos 20 millones de años. El resto incluye los orangutanes (*Pongo*), los gorilas (*Gorilla*), los chimpancés y bonobos (*Pan*) y los humanes (*Homo*), además de otros géneros fósiles, como los sivapitecos o los australopitecos. Hasta hace pocos años estos hominoides no hylobátidos se dividían en dos familias: los póngidos, que incluirían a orangutanes, gorilas y chimpancés, y los homínidos, que incluirían a los humanes y sus ancestros fósiles recientes, como los australopitecos. Pero esta clasificación ha tenido que ser abandonada, al descubrirse que esa presunta familia de póngidos —así definida— sería parafilética. Cualquier taxón holofilético que incluya a orangutanes y chimpancés necesariamente ha de englobar también a los humanes. En efecto, gorilas, chimpancés y humanes estamos mucho más estrechamente emparentados entre nosotros que cualquiera de nosotros con los orangutanes, como ha puesto de relieve la investigación molecular y genética de estas especies.

George Nuttal fue el precursor de este enfoque, aplicando ya a principios de siglo técnicas inmunológicas a la exploración de la filogenia. Realizó miles de experimentos con 900 muestras de sangre de diversas especies, y llegó a conclusiones compatibles con los datos conocidos de la evolución. Sesenta años más tarde, en 1963, Morris Goodman [2] publicó los resultados de sus comparaciones inmunológicas de ciertas proteínas de diversos primates y los usó para reconstruir el árbol filogenético de los primates, que en su nueva versión contradecía la hipótesis entonces preponderante de que los gorilas y chimpancés están más estrechamente emparentados con los orangutanes que con los humanes.

En 1967 los biólogos moleculares Vincent Sarich y Allan Wilson [3] (de la Universidad de California en Berkeley) midieron la distancia entre los nudos del árbol filogenético de Goodman, analizando las proteínas de la sangre de diversos primates, y llegaron a la conclusión de que los humanes se habían separado de chimpancés y gorilas hace sólo cinco millones de años. En realidad, midieron que la distancia genética entre humanes y chimpancés es un sexto de la distancia genética entre ellos y los cercopitecoides. Puesto que sabemos que esta última bifurcación (entre hominoides

---

[2] Morris Goodman, «Man's place in the phylogeny of the primates as reflected in serum proteins», en S. Washburn (ed): *Classification and Human Evolution*, Chicago, Aldine, 1963, pp. 204-234.

[3] Vincent Sarich, y Allan Wilson, «An immunological timescale for hominid evolution», en *Science*, 188, 1967, pp. 107-116.

y cercopitecoides) tuvo lugar hace unos 30 millones de años, se llega a una fecha de 30 millones dividido por 6 = 5 millones de años. Esto creó un gran escándalo entre los paleoantropólogos tradicionales, que creían que dicha separación se habría producido hace más de 20 millones de años, basándose para dicha estimación en la presunción de que *Sivapithecus* (un primate del Mioceno del que se habían encontrado en Pakistán mandíbulas y dientes fósiles de hace 14 millones de años) estaba ya en la línea filogenética humana y no en la de los chimpancés o gorilas. Sin embargo, el descubrimiento de nuevos fósiles a principios de los ochenta ha mostrado que *Sivapithecus* no era un homínido, sino un pariente próximo del orangután, lo que ha conducido a la reivindicación y aceptación cada vez más general de los resultados de Sarich y Wilson.

Comparaciones moleculares posteriores han confirmado que la rama filogenética humana se separó de la de los gorilas y chimpancés hace sólo entre 5 y 6 millones de años. En 1975 Allan Wilson y Marie-Claire King [4] realizaron un muestreo del DNA de humanes y chimpancés, que arrojaba una diferencia genética de sólo un 1 por 100 entre ambas especies. En 1984 Charles Sibley y Jon Ahlquist [5] publicaron los resultados de sus experimentos de hibridización con DNA de diferentes especies, que indicaban que el chimpancé está más estrechamente emparentado con el humán que con el gorila. A su vez, Morris Goodman y otros publicaron en 1987 su análisis de una secuencia de 7.100 bases de DNA cromosómico correspondiente al gen de la beta-hemoglobina de varios primates, llegando también a la conclusión del mayor parentesco del chimpancé con el humán que con el gorila. Pero esta hipótesis, basada en el estudio de moléculas actuales, aguardaba aún el refrendo de los fósiles, que vino a aportar el descubrimiento en 1994 por Tim White de los dientes, y partes del cráneo, la mandíbula y algunos huesos del ya

---

[4] Marie Claire King y Allan Wilson, «Evolution at two levels in humans and chimpanzees», en *Science*, 188, pp. 107-116.

[5] Charles Sibley y Jon Ahlquist, «The phylogeny of the hominoid primates, as indicated by DNA-DNA hybridization», en *Journal of Molecular Evolution*, 20, 1984, pp. 2-15.

bautizado *Australopithecus ramidus* en estratos de hace 4,5 millones de años, lo cual nos acerca a la fecha de la predicción molecular de separación de ambos linajes. Y, en efecto, aunque *A. ramidus* comparte con Lucy (*A. afarensis*) algunos caracteres homínidos, otros son ya más próximos a los chimpancés. En cualquier caso, se trata de una especie muy próxima en el tiempo al punto de divergencia entre nuestro linaje y el de los chimpancés. Así pues, la paleoantropología de los huesos ha acabado por confirmar las predicciones (o, mejor dicho, las retrodicciones) de la biología molecular.

Todos estos resultados han conducido a la reclasificación de los hominoides. De entre las diversas propuestas presentadas, adoptamos la posición más conservadora compatible con los nuevos datos científicos, introduciendo en la clasificación tradicional los mínimos cambios exigidos por el nuevo análisis cladístico-molecular de la filogenia de los primates. Esos mínimos cambios consisten en mantener la familia de los hilobátidos, dejar a los orangutanes (y a los sivapitecos fósiles) en la familia de los póngidos, y en reunir a gorilas, chimpancés y humanes (y australopitecos fósiles) en la familia de los homínidos. Las tres familias así definidas son monofiléticas y holofiléticas, y, por tanto, admisibles.

El carácter casi humano de los hominoides no ha escapado a los indígenas que han vivido en su cercanía. Muchos pueblos africanos que han vivido en contacto con chimpancés, bonobos o gorilas los consideran de ese modo. Los mongo del Zaire central cazan a otros primates (como los cercopitecos), pero no a los bonobos, ya que piensan que uno no puede comérselos, pues son parientes. Otras tribus que cazan y comen a chimpancés o bonobos tratan de ocultarlo o lo niegan; sienten mala conciencia. Los fang no decían que iban a cazar chimpancés o gorilas, sino que salían «en guerra» contra ellos[6].

---

[6] Comunicación personal de Jordi Sabater Pi.

Gorilas

Los europeos se enteraron de la existencia de los gorilas sólo en el siglo XIX, a través de relatos fantasiosos de cazadores y misioneros, que en general no los habían visto siquiera, y propalaron el mito de una bestia agresiva, como el mítico King Kong. En realidad los gorilas son vegetarianos y más bien pacíficos. Viven en harenes o grupos sociales formados por varias hembras en edad de procrear y diversas crías y jóvenes, en total entre 10 y 30 individuos, dominados todos ellos por un patriarca, un gorila macho adulto de espalda plateada. Los machos jóvenes, cuando crecen, abandonan el grupo y deambulan como solitarios. A veces consiguen captar a algunas hembras de otros grupos y forman su propia familia. Los gorilas son los mayores primates vivientes. Los machos son mayores que las hembras y tienen mayores colmillos. Los gorilas (*Gorilla gorilla*) se dividen en tres subespecies [7]: los gorilas de costa (en Camerún, Gabón, Congo Brazzaville y Guinea Ecuatorial), los gorilas de África central (del Congo) y los gorilas de montaña (entre Uganda y Ruanda). Los primeros fueron estudiados por Jordi Sabater Pi en 1958-1959. Los gorilas de montaña fueron estudiados en su hábitat natural por George Schaller en 1959 y, a partir de 1966, por Dian Fossey. Los gorilas de montaña son los gorilas más grandes y los más amenazados de extinción: apenas quedan 300. Dian Fossey se esforzó denodadamente por salvarlos y luchó contra los cazadores furtivos locales. Acabó siendo asesinada, y luego enterrada entre los gorilas que ella tanto amaba. Los furtivos matan a las madres y a los grandes machos, para vender sus cráneos como pisapapeles y sus manos y pies como ceniceros a turistas sin escrúpulos. Además, capturan a las crías para enviarlas a zoos o coleccionistas privados. De cada cinco gorilas que abandonan África en esas condiciones, cuatro llegan muertos. Si a ello sumamos

---

[7] Estudios del ADN mitocondrial de los gorilas por Maryellen Ruvolo (en 1993) sugieren considerar a los gorilas de costa como una especie distinta de la de los gorilas de montaña y de África central.

que hay que matar a la madre (con lo que mueren sus crías) para capturar un solo bebé, resulta que para que un gorila vivo llegue a Europa o América mueren unos veinte de promedio. Y eso en una especie en peligro agudo de extinción. La posterior guerra civil en Ruanda acabó de estragar a estos magníficos supervivientes.

El comportamiento de los gorilas podría ofrecer aspectos culturales interesantes. Por ejemplo, los gorilas adultos de algunos grupos envían a los jóvenes a subirse a las ramas altas de los árboles (a las que ellos mismos, por su peso, no pueden acceder) a recoger y tirar abajo los frutos [8]. Los gorilas dedican doce horas diarias a dormir. Para ello construyen cada noche un nido con ramas, generalmente en el suelo, aunque a veces también fabrican un nido en forma de cesto en la horquilla de algún árbol. Las crías duermen en el nido de sus madres durante los primeros cuatro o cinco años, y durante ese tiempo aprenden a hacer sus propios nidos o camas. La construcción del nido es un rasgo cultural, que requiere del aprendizaje social. Los gorilas huérfanos recogidos en África y criados en cautividad no pueden ser devueltos a la libertad de la selva, pues enseguida se mueren, ya que carecen de la cultura necesaria para sobrevivir. Ni siquiera saben hacerse la cama.

Chimpancés

Los primates no humanos vivientes más cercanos filogenéticamente a nosotros son los del género *Pan*, es decir, los chimpancés (*Pan troglodytes*) y los bonobos (*Pan paniscus*). Somos parientes tan próximos que sólo nos diferenciamos de ellos en un 1 por 100 de nuestros genes estructurales. Suele decirse que compartimos el 98 por 100 de los genes con los chimpancés. Esa cifra se basa en medir las diferencias moleculares en muestras de DNA de humanes y de chimpancés. Pero la inmensa mayoría de esa diferencia se encuentra en los segmentos no-codificantes (intrones) del DNA. Si

[8] Comunicación personal de Jordi Sabater Pi.

nos limitamos a los segmentos de DNA relevantes, a los que codifican y se expresan (exones), entonces la semejanza es aún mucho mayor, quizá del 99,7 por 100, es decir, hay una casi identidad genética. Obviamente, no hay una identidad completa. Probablemente, entre los genes diferentes están los que regulan el desarrollo de las etapas vitales, que en el humán están retardadas, como si fuera un chimpancé que se queda anclado en el estadio infantil, por lo que su cerebro puede seguir creciendo durante más tiempo. Es lo que se llama la neotenia.

Los europeos que primero se aventuraron en África oyeron hablar a los indígenas (en alguna de sus lenguas) de los *chimpenzas*, de donde proviene la palabra *chimpancé*. El primer europeo que observó chimpancés en libertad fue R. Garner en la última década del siglo XIX. Construyó una jaula en medio de la jungla, y se encerró en ella, para poder ver con toda seguridad a los chimpancés que pasaran por allí. Tras un paréntesis de cuarenta años, Henry Nissen fue a la Guinea a observar chimpancés, con poco éxito, pues su numerosa expedición los espantaba. El estudio de campo en serio de los chimpancés se inició en 1960, con A. Kortlandt en Beni (Zaire), Jane Goodall en Gombe (Tanzania), T. Nishida en Mahale (Tanzania) y las investigaciones de otros japoneses, como K. Izawa y J. Itani, así como los estudios de V. y F. Reynolds en Uganda y de J. Sabater Pi en Guinea Ecuatorial. Desde entonces, el estudio de campo de los chimpancés ha proseguido ininterrumpidamente.

La inteligencia de los chimpancés es obvia y ha sido objeto de estudios psicológicos desde hace tiempo, empezando por las investigaciones de Wolfgang Köhler y Robert Yerkes en las primeras décadas del siglo XX. Uno de los aspectos más fascinantes de su personalidad es su clara capacidad de autoconciencia. A diferencia de la mayoría de los primates, los chimpancés se reconocen a sí mismos en el espejo. Tienen sentido de su propia identidad. Confrontados a su imagen en el espejo, los monos reaccionan como si fuera otro, atacándolo o amenazándole, etc. No se dan cuenta de que están viendo su propia imagen. Los chimpancés, sin embargo,

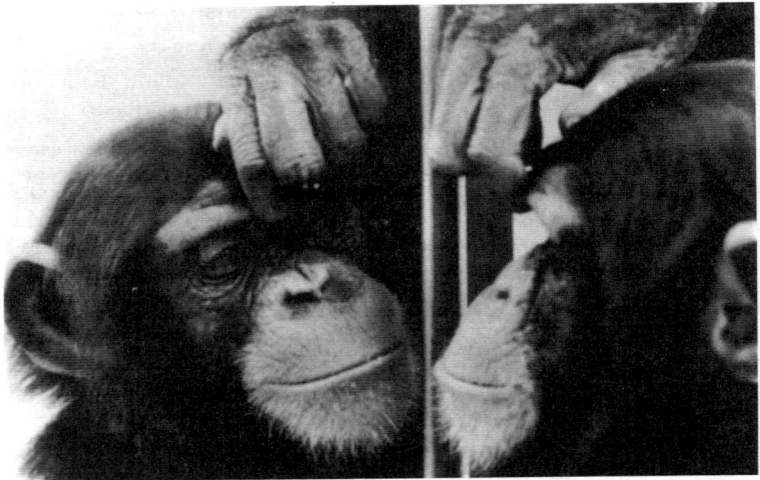

Este chimpancé de 4 años se reconoce en el espejo y explora con su ayuda partes de su cara que normalmente no ve. (Fotografía de D. Bierschwale.)

reaccionan la primera vez como los niños, y enseguida se reconocen a sí mismos. Si se les pone luego color en el pelo, por ejemplo, notan algo raro y se lo quitan ante el espejo, como nosotros.

Bonobos

La existencia misma del bonobo pasó desapercibida hasta 1928, cuando Ernst Schwarz, estudiando la colección de cráneos de chimpancés del Museo de Tervuren (en Bélgica), se dio cuenta de que uno de ellos presentaba caracteres lo suficientemente diferenciales como para definir una nueva subespecie de chimpancés. En 1933 Harold Coolidge, que había estudiado esta subespecie con más atención, concluyó que se trataba de una especie distinta del género *Pan*: el bonobo (*Pan paniscus*). Además, señaló que era la especie viviente más próxima a la humana. El estudio de campo de los bonobos se inició en Zaire en 1972 por T. Nishida, T. Kano y A. Horn. Desde entonces, e intermitentemente (debido a los avatares políticos), han continuado algunas investigaciones. Sabater Pi y su grupo trabajaron en 1988-1990 en el área de Lilungu.

Los bonobos machos pesan 45 kg de promedio, parecido a los chimpancés. Viven exclusivamente en los bosques tropicales. En el mundo quedan menos de 20.000 bonobos en libertad, todos en la selva tropical del Congo, entre los ríos Zaire y Kassai. Son más ágiles que los chimpancés y están más adaptados a la vida arbórea, como se manifiesta en la mayor longitud de sus extremidades. Se alimentan sobre todo de frutos, y también de hojas, semillas y tallos. Complementan su dieta vegetariana con orugas y pequeños invertebrados y con la caza ocasional de algún roedor, quiróptero, antílope joven o incluso serpiente.

Caben pocas dudas sobre la inteligencia de los bonobos, que se refleja en su mirada al frente fija, abierta e impresionante. También en cautividad han llamado la atención. Kanzi, un bonobo nacido en cautividad en Atlanta y criado por la etóloga Sue Savage-Rumbaugh, ha alcanzado una capacidad de comprensión lingüística (en inglés) similar a la de un infante humano de dos años y medio. Entiende oraciones que no ha oído nunca previamente, basadas en su reducido vocabulario de nombres y verbos, y ejecuta las órdenes correspondientes. No habla, pues carece del aparato fonador humano, pero sabe comunicarse a través de las teclas de un computador especial. También juega exitosamente a un juego de ordenador consistente en conducir a un mono fuera de un laberinto representado en la pantalla. De todos modos, más que en su capacidad de asimilar rasgos de nuestra cultura, la inteligencia de los bonobos se muestra en su capacidad de resolver sus propios problemas en su medio natural.

El aspecto de su conducta que más ha llamado la atención a los etólogos que los han observado en su hábitat es su vida social, especialmente armónica y pacífica. Viven en comunidades de 50 a 120 individuos, que ocupan territorios de 20 a 60 km^2 y se dividen en grupos menores de membrecía variable. Los bonobos parecen haber desterrado los conflictos de su sociedad. Nunca se ha observado que un bonobo mate a otro (a diferencia, por ejemplo, de los chimpancés o los humanos). Practican la promiscuidad, el amor libre y una sexualidad constante, que la mayor parte de las veces no está orientada a la reproducción. Los bonobos siempre están jugando con el sexo y rozando sus órganos genitales con los de otros bonobos, en todas las permutaciones posibles: machos con hembras, machos con machos, hembras con hembras, adultos con juveniles, besos en la boca, copulaciones y seudocopulaciones, sexo oral y contacto genital. Así, por ejemplo, cuando dos hembras se sienten inquietas, se abrazan y, fijando sus miradas, frotan mutuamente sus órganos genitales externos. La sexualidad es el aceite que lubrica la sociedad de los bonobos, y sirve tanto para calmarse en situaciones de tensión como para iniciar y mantener sus relaciones sociales y de amistad, para establecer alianzas, para hacer las paces o simplemente para pasar el rato, etc. Sus hembras (como las humanas) están casi siempre receptivas y dispuestas a hacer el amor con los machos, que, así, no se pelean por ellas. Además, las hembras forman fuertes alianzas que impiden que los machos se muestren agresivos o practiquen el infanticidio (común en otras especies de hominoides). De hecho, las hembras son el sexo dominante, o al menos son tan dominantes como los machos. En conjunto se trata de la sociedad de hominoides más cohesionada y pacífica que conocemos, donde la obsesión por la agresividad, la jerarquía y la dominancia ha sido sustituida por el más hedonista cultivo del placer y la amistad. O, al menos, esa es la impresión que sacan los científicos que los han observado en su estado natural.

Las primatólogas

El encuentro con familiares previamente ignorados es una experiencia turbadora. También lo ha sido el descubrimiento de nuestros más próximos parientes, los hominoides (literalmente: los que parecen humanos), acompañado como ha estado de mitos, recelos, rechazos y fascinación. Todavía a mitad del siglo pasado se ignoraba incluso la existencia de los gorilas. Y cuando finalmente llegaron a Europa las primeras noticias, éstas viajaban en el dudoso equipaje de cazadores cuentistas, junto con un par de cadáveres mal disecados y una ristra de leyendas sin fundamento. Los museos de historia natural se ocuparon de clasificar los huesos, pero hasta hace unas pocas décadas no se sabía nada del comportamiento en libertad de los chimpancés, gorilas y orangutanes, ni de su carácter, cultura y sociedad. ¿Qué sabemos de nuestros primos filogenéticos, de cómo viven, de cómo se comportan? Hasta hace poco, casi nada. El paleoantropólogo Louis Leakey pensaba que la clave para entender la conducta de los homínidos fósiles (algunos de los cuales, como el *Homo habilis*, él había descubierto) se encuentra en el estudio de los chimpancés, gorilas y orangutanes actuales en su ambiente natural, en libertad, y no como seres degradados y neurotizados, encerrados en jaulas de zoos y laboratorios. Para llevar a cabo esa investigación de campo no hacen falta diplomas ni escalafones, sino curiosidad, tenacidad, amor y entusiasmo sin límites. Leakey era consciente de la dificultad de la empresa, que requería unas dotes excepcionales de aguante, paciencia y capacidad de observación y empatía, dotes que él esperaba encontrar en algunas mujeres. Y las encontró: unas chicas sin previa formación, pero decididas y entusiastas, que han establecido el contacto directo de nuestra especie con nuestros parientes más próximos y han revolucionado la primatología.

«¿Quieres venirte a África, a estudiar los chimpancés durante años y años, en la soledad de la selva?» Una joven inglesa apasionada por los animales, Jane Goodall, sí quería. Al acabar la escuela, a los dieciocho años, se puso a trabajar de secretaria y camarera hasta ahorrar lo suficiente para pagar su viaje a Nairobi, donde conoció a Louis Leakey, que acabó enviándola a la reserva de Gombe, junto al lago Tanganica, a estudiar los chimpancés en 1960. Durante muchos e inacabables meses de frustración, no lograba acercarse a menos de 500 metros de ellos. Pero finalmente logró que los chimpancés se acostumbraran a ella y la aceptaran. En los muchos años que Jane ha pasado con los chimpancés ha logrado

169

ampliar espectacularmente nuestro conocimiento de estos primates. Describió en detalle su vida familiar y social, y descubrió que
los chimpancés fabrican y usan herramientas, tales como ramitas
deshojadas y alisadas para pescar termitas de los termiteros. No es
de extrañar que Jane haya recibido un doctorado por Cambridge y
una profesoría visitante en Standford, aunque esos honores no le
han ahorrado el dolor de ver asesinados por los cazadores furtivos
varios de sus amigos chimpancés. Además de una primatóloga de
primera línea, Jane Goodall es una incansable defensora de los
chimpancés e impulsora de sus derechos. Otra joven entusiasta que
se unió a su investigación, Ruth Davis, exhausta de seguir la ardua
senda de los antropoides, cayó por un precipicio y murió en 1968.
Fue enterrada allí mismo, entre los chimpancés.

Hacía falta otra persona para estudiar los gorilas. Esta fue Dian
Fossey, una modesta joven norteamericana sin formación universi-
taria previa. Pidió un crédito bancario y se lo gastó en realizar el
sueño de su vida, un viaje a África, durante el que visitó a Leakey y
la región de Virunga, donde viven los gorilas de montaña. Luego
volvió a su Kentucky natal, a trabajar para pagar el préstamo. Louis
Leakey le propuso que hiciera con los gorilas lo que Jane había
hecho con los chimpancés, advirtiéndola de que tendría que operar-
se de apendicitis antes de emprender su investigación. Tras some-
terse a la operación, al volver a casa Fossey se encontró con una
carta de Leakey diciéndole que todo era una broma. En 1966 Dian
fue a establecerse en las montañas de la selva fría y brumosa de
Virunga, entre Zaire y Ruanda. Desde entonces estuvo la mayor
parte del tiempo allí, arrostrando peligros y privaciones sin cuento,
pero obteniendo la satisfacción de llegar a ser aceptada por los
gorilas y poder observarlos de cerca durante años. Llegó a conocer
a cada uno de ellos individualmente, en su irrepetible y atractiva
personalidad, tal y como describe en su libro *Gorilas en la niebla*.
También ella logró así su doctorado por Cambridge y su profesoría
en Cornell.

Observar y convivir con los gorilas constituía la felicidad de
Dian. Su tragedia eran los disgustos traumáticos que le causaba la

muerte de esos mismos gorilas que ella conocía y amaba tanto a manos de los cazadores furtivos, sus trampas, sus lazos de alambres, sus lanzas y sus rifles. Oficialmente, los montes Virunga son un parque nacional y una reserva integral, pero la desidia y la corrupción de los funcionarios locales permiten la acción de los furtivos. Era Dian Fossey, personalmente, la que tenía que organizar la salvaguardia de los últimos 200 gorilas de montaña que quedaban vivos en el mundo, en un esfuerzo heroico y agotador. En diciembre de 1977 los furtivos mataron a Digit, el gorila favorito de Dian, mientras éste se enfrentaba a los cazadores para proteger a su familia. Ocho años más tarde, en diciembre de 1985, los furtivos asesinaron a machetazos a Dian Fossey. Su cadáver fue enterrado junto al del gorila Digit, en medio de la selva de Virunga.

A diferencia de los chimpancés y los gorilas, que viven en grupos sociales, los orangutanes son solitarios empedernidos de casi imposible observación en estado natural. Biruté Galdikas, una estudiante de antropología en Los Ángeles, se ofreció a Louis Leakey para ser la chica de los orangutanes. Desde 1971 ella ha estudiado con más intensidad que nadie la conducta de estos primates pelirrojos en los bosques pantanosos de la reserva de Tanjung Puting, en el sur de Borneo, en medio de dificultades y penalidades increíbles. En 1978 presentó en la Universidad de California su aclamada tesis doctoral sobre los orangutanes, el estudio más riguroso y completo sobre la conducta de los orangutanes jamás escrito. Sin embargo, se negó a quedarse en una plaza bien pagada de alguna universidad americana, pues ya no podía abandonar lo que consideraba su misión: estudiar y, sobre todo, ayudar a los orangutanes. Desde entonces ha seguido en la selva de Borneo, dedicando gran parte de su tiempo a criar orangutanes huérfanos cuyos padres habían sido abatidos por los cazadores furtivos, para tratar luego de reintroducirlos en la selva, a pesar de lo problemático del empeño. Aunque sigue investigando, su interés primordial ya no es la ciencia, sino la protección de los acosados orangutanes.

Otras investigadoras con credenciales académicas más convencionales también han hecho importantes contribuciones a la primatología. Alison Jolly es la autoridad mundial en lémures, que lleva muchos años estudiando en Madagascar, angustiada por su creciente desaparición. Shirley Strum ha estado observando el mismo grupo de papiones en Kenia desde 1972, combinando el trabajo de campo con su cátedra de Antropología en la Universidad de California. Incluso en el grupo español de Jordi Sabater Pi, las mujeres son mayoría. Por ejemplo, Montse Colell y Magda Bermejo han hecho estudios de campo de los bonobos en Zaire, aunque tuvieron que interrumpirlos debido a la caótica situación actual de aquel país. Sólo entre los numerosos primatólogos japoneses las mujeres brillan por su ausencia.

Los humanes

A pesar de nuestro estrecho parentesco con los chimpancés y los bonobos, nosotros, los humanes, no descendemos de ellos, sino de otras especies ya extinguidas de homínidos, pertenecientes a los géneros *Australopithecus* y *Homo*, junto a las que formamos la subfamilia de los homininos. Hace entre 5 y 6 millones de años se separaron la rama de los chimpancés y la nuestra. Nuestra rama dio lugar a varias especies de australopitecos («monos del sur»): *Australopithecus ramidus* (los más antiguos, con restos encontrados de hace cuatro millones y medio de años), *Australopithecus anamensis*, *Australopithecus afarensis*, *Australopithecus africanus*, etc. Alguna rama de australopitecos (no se sabe bien cuál) acabó dando lugar a nuestro género *Homo*. Los humanes actuales (*Homo sapiens*) somos la única especie viviente del género *Homo*, en el que se incluyen también las especies fósiles *Homo habilis* (el más antiguo), *Homo erectus* y *Homo neanderthalensis* [9].

---

[9] El carácter de especie o subespecie que corresponda a los neandertales es aún tema controvertido, aunque la balanza parece ahora inclinarse a excluirlos de nuestra especie.

Las culturas de esos homininos pretéritos nos son conocidas sólo por sus artefactos líticos u óseos, que en parte se han conservado, sobre todo los líticos, debido a la dureza y resistencia a la erosión de las piedras empleadas (sílex, obsidiana y cuarcita). La cultura de esos homininos no estaba constituida por las piedras, sino por la información sobre cómo fabricarlas y usarlas. Pero la conservación de esas piedras talladas nos permite inferir las técnicas empleadas en su producción. El trabajo de la piedra sólo constituía una parte limitada de su cultura, que abarcaría muchos otros aspectos sociales y conductales, e incluso el trabajo de otro tipo de materiales perecederos, como la madera y la piel.

Cuando comparamos nuestra actual cultura humana con la del resto de los animales, lo primero que llama la atención es su incomparable dinamismo, su asombrosa variedad y riqueza, su cambio permanente. Pero esos rasgos no son atribuibles a la cultura de los homininos anteriores, que, además de simple, era enormemente estable, pues apenas variaba durante cientos de miles de años.

En el Paleolítico Inferior los arqueólogos reconocen básicamente dos culturas: la olduvaiense y la achelense. La más antigua y tosca es la olduvaiense, que se asocia con el *Homo habilis* y a veces también con algunos australopitecos. La cultura olduvaiense recibe su nombre de la garganta de Olduvai (en Tanzania), en cuyos niveles inferiores (de entre 1,9 y 1,6 millones de años de antigüedad) Louis Leaky encontró numerosos artefactos líticos muy primitivos, obtenidos por unos pocos golpes o percusiones de una piedra contra otra. La industria lítica olduvaiense está caracterizada por los guijarros cortadores (*choppers*), toscamente tallados por una sola cara, y por las lascas (*flakes*) que resultan del proceso, y que a su vez podían ser utilizadas como raederas. Los artefactos olduvaienses se encuentran en África en estratos de hace entre 2,5 y 1 millones de años. La cultura olduvaiense fue predominante durante un millón de años, en los que apenas sufrió cambios o desarrollos, ni en las formas de los instrumentos ni en las técnicas empleadas.

Descubierto en 1891 por Eugene Dubois en Java, *Homo erectus* es la especie a la que suelen asignarse los homininos fósiles de

173

cráneo relativamente grande encontrados a partir de hace 1,6 millones de años en África y a partir de hace un millón de años en Europa y Asia. La especie tuvo una duración de más de un millón de años. El tamaño del encéfalo del *Homo erectus* suele ser de entre 900 y 1.100 cm^3, bastante mayor que en los homínidos anteriores. El dimorfismo sexual (antes muy marcado) se redujo considerablemente, aproximándose el tamaño de las hembras al de los machos. El cráneo es largo y bajo, y posee un característico y prominente torus supraorbital, una especie de visera ósea bajo las cejas. Su esqueleto combina rasgos de los australopitecos con otros más próximos a los humanes posteriores. Los *erectus* fueron los primeros homínidos en aventurarse fuera de África, extendiéndose (a partir de hace un millón de años) por las zonas libres de hielos de Europa y Asia. En algunos sitios llegaron a mantener y usar el fuego. Practicaban el canibalismo. La cultura achelense —asociada a los *Homo erectus*— recibe su nombre de Saint Acheul (junto a Amiens, en Francia). Se caracteriza por la presencia de numerosos artefactos líticos amigdaloides bifaces con dos aristas cortantes convergentes, las llamadas hachas de mano. Las lascas que resultan de la fabricación de las hachas a partir de núcleos de sílex, obsidiana y otros materiales duros han sido a su vez retocadas. La calidad de la industria achelense y el acabado de sus retoques es muy superior al de los guijarros toscamente tallados de la cultura olduvaiense. La cultura achelense se mantuvo durante 1,3 millones de años.

Los neandertales (*Homo neanderthalensis*) son llamados así porque el primer fósil reconocido de este tipo fue un esqueleto encontrado en 1856 en una cueva del valle del Neander (*Neanderthal*), en Alemania. Parece que nosotros no descendemos de los neandertales, que constituyen una rama evolutiva distinta, procedente de la evolución del *Homo erectus* en Europa y Asia nordoccidental. La cultura musteriense —asociada a los neandertales— recibe su nombre de Le Moustier, el yacimiento de la Dordoña (Francia) donde primero se estudiaron los restos de su industria lítica. Las lascas ya no son un subproducto de la fabricación de hachas bifaces (que siguen siendo producidas, y mejor talladas que antes), sino constituyen el fin principal del proceso. Las industrias musterienses comenzaron hace 150.000 años, aunque la mayoría de los restos son de la época de hace entre 80.000 y 35.000 años. A pesar de su alto nivel de elaboración y de su vida relativamente corta (¡sólo unos 100.000 años!), el carácter estático de la cultura musteriense se aprecia en la ausencia de cambios notables en la técnica o las formas de los artefactos musterienses en las diferentes zonas y durante los 45.000 años de su apogeo. La cultura musteriense representa una adaptación exitosa a las condiciones frías e incluso glaciales de Europa y parte de Asia. Vivían en cuevas o en una especie de grandes tiendas de campaña que construían con las pieles y huesos de los animales que cazaban. Mantenían el fuego. Y enterraban a sus muertos.

Conviene retener el ritmo lentísimo de la evolución cultural de los homininos, que, en sus dos primeros estadios, el olduvaiense y el achelense, parece estancarse cada vez durante más de un millón de años. Incluso la cultura musteriense de los neandertales sigue siendo fundamentalmente estática. Nuestros parientes vivos, los gorilas y chimpancés, habitan zonas húmedas, donde los huesos se descomponen rápidamente, por lo que no se conservan fósiles de sus ancestros. Por eso no sabemos casi nada de su genealogía, excepto que se separaron de nuestro linaje hace entre 5 y 6 millones de años. Todavía menos (es decir, nada) sabemos de la evolución de su cultura.

Parece que todos los humanos actuales (*Homo sapiens*) descendemos de una población africana de hace sólo 150.000 o 200.000 años, que se extendió por todo el mundo, desplazando y finalmente eliminando a los otros homininos, como los *erectus* de Asia y los neandertales europeos. Conocemos las etapas de su migración desde África al resto del mundo, pasando por el Próximo Oriente, donde ya estaban hace 90.000 años. Con la expansión de los *Homo sapiens* se aceleró la evolución cultural, sobre todo desde la revolución del Neolítico (la invención de la agricultura), los inicios de la cultura urbana y la invención de la escritura. Desde hace al menos diez mil años la cultura humana es incomparablemente más rica, dinámica y desarrollada que cualquier otra cultura animal. De todos modos, conviene no olvidar que la diferencia es cuantitativa. La cultura (humana o no humana) es siempre lo mismo: información transmitida por aprendizaje social entre animales de la misma especie. En lo que sí somos únicos es en la posesión del lenguaje, que a su vez facilita considerablemente nuestra acumulación y transmisión cultural. En definitiva, y como ya sabía Aristóteles, los humanos somos animales como los demás, pero cada especie animal tiene algo de peculiar, y nuestra peculiaridad es el habla.

En resumen, los humanos somos seres vivos y, en especial, animales. Dentro de la clasificación de los animales, los humanos constituimos una especie (*Homo sapiens*) de la familia de los homínidos del orden de los primates de la clase de los mamíferos del filo de los craniados. De arriba a abajo, somos seres vivos, eucarios, animales, eumetazoos, bilaterales, celomados, deuterostomos, cordados, craniados, euterios, primates, simios, catarrinos, hominoides, homínidos, *Homo* y *sapiens*. Ocupamos la yema terminal de una de las innumerables ramas del gran árbol de la vida. Precisamente nuestro timbre de gloria consiste en el nivel de autoconciencia de que somos capaces, en que podemos llegar a saber lo que somos de verdad, en que somos animales que saben que son animales, en que somos *sapiens*.

Capítulo X

Del lobo al perro

Nostalgia del paraíso

Hace cinco o seis millones de años que el linaje de los humanes se separó de los chimpancés y los gorilas. Estos últimos continuaron habitando los bosques tropicales, mientras que nuestros antepasados evolucionaron en las amplias sabanas arbustivas del África oriental. Estas sabanas son inmensas praderas de gramíneas salpicadas de acacias y habitadas por un gran número de animales salvajes (cebras, ñus, gacelas, elefantes, jirafas, papiones, leones, guepardos...), grandes y bien visibles. Nuestra evolución se produjo allí, sobre la hierba y bajo los árboles, rodeados siempre de animales. Ése es el medio al que estamos especialmente bien adaptados y en el que mejor nos sentimos. A lo que todavía no nos hemos adaptado del todo es a vivir entre coches y máquinas y ruidos. Es una situación en la que nos encontramos inmersos, pero para la que no estamos hechos. En las ciudades, en un entorno cementizado, aturdidos por los humos y los ruidos de las obras, las máquinas, los coches y las motos, y agobiados por el hacinamiento, las prisas, las colas y las intrigas, con frecuencia nos sentimos mal. Sin embargo, si estamos en un parque, en medio de un poco de naturaleza verde, rodeados de árboles, plantas y animales, nos sentimos mejor. Esto no es una experiencia exclusiva de la época contemporánea. Cuando los aristócratas ingleses creaban sus parques de césped y grandes árboles, entre los que correteaban los ciervos y las ardillas, inconscientemente estaban recreando aquel paraíso perdido de la sabana arbustiva africana.

El lugar ideal, el paraíso perdido, siempre nos lo hemos imagi-

177

nado bajo la forma de un parque o jardín con animales. En eso han coincidido también los mitos de las diversas religiones. En la mitología judeo-cristiana, por ejemplo, se sitúa a nuestros primeros padres en un paraíso natural con árboles y animales silvestres. El análisis etimológico nos muestra que la palabra *paraíso* proviene del latín *paradisus,* que a su vez procede del griego *parádeisos,* término extraído del persa antiguo o avéstico (la lengua de Zaratustra, el primer protector de los animales) *pairi-daeza,* que significaba parque vallado con árboles y animales en libertad y que se refería inicialmente al jardín o parque del rey. De hecho, a los ricos, a los reyes y a los poderosos siempre les ha gustado tener grandes parques. Los reyes ingleses llenaron de parques y jardines (Green Park, Hyde Park, Kensington Gardens) el centro de Londres. Los reyes se sentían bien dentro de los parques, y como tenían la autoridad y los medios, los mandaban hacer para su solaz personal. Incluso en las ciudades actuales, con frecuencia los barrios más deseables son los próximos a los grandes parques y jardines, como ocurre en Nueva York con los que rodean Central Park.

Aunque la ciudad es, en cierto modo, lo contrario de la naturaleza, los ciudadanos estamos adaptados biológicamente a vivir entre árboles y animales. Por eso sentimos nostalgia de la naturaleza que hemos dejado a las puertas de la ciudad. Y por eso nos alegra la vista y el corazón ver criaturas vivas en el medio urbano. Piénse en el gozo que nos invade cuando contemplamos a las ardillas grises jugueteando por las ramas de los árboles en las calles arboladas y los jardines de muchas ciudades norteamericanas.

Una gran cantidad de aves conviven con nosotros en nuestras ciudades. En España e Italia las palomas están en todas partes. Las gaviotas alegran los cielos de las ciudades portuarias. Un plato de cereales y otro de agua limpia atraen a nuestra terraza a una notable variedad de pájaros: gorriones, mirlos, petirrojos, fringílidos diversos e incluso a alguna que otra urraca. Desde luego, el amor a los pájaros se muestra mirándolos por los prismáticos y ofreciéndoles un poco de agua en verano y unos granos en invierno, nunca enjaulándolos. Otras aves marcan el ritmo de las estaciones. Los vencejos llegan a finales de abril, formando un espectáculo maravilloso e inaugurando la temporada de primavera-verano. A la hora de volar no hay como los vencejos. Lo hacen todo volando, incuso pueden dormir o hacer el amor volando sin pararse. El otoño culmina con el ballet aéreo de las inmensas bandadas de estorninos que se forman en noviembre y que a veces excrementan sobre los coches aparcados bajo los ároles en los que descansan, lo cual hemos de tomar con sentido de humor. La naturaleza también es un poco sucia, como la vida o como el amor. En las ciudades castellanas en que anidan las cigüeñas, el verlas volando o posadas en el nido y crotorando (claqueando con el pico mientras echan la cabeza hacia atrás) produce siempre una sensación de bienestar. No sólo hay aves en la ciudad, también hay otros tipos de animales. Entre los mamíferos, aparte de nosotros y de nuestros animales domésticos, destacan los murciélagos y las ratas. Es hermoso ver revolotear a los murciélagos al anochecer, y observar los ángulos rectos que puntúan su trayectoria. Los murciélagos, como las aves, necesitan posibilidades de anidamiento, edificios antiguos o con agujeros o ruinosos. Las ratas no son populares, pero hay muchísimas en todas las ciudades, sobre todo en el alcantarillado, donde cumplen una función esencial, la de triturar y descomponer la basura que nosotros generamos, evitando que el sistema se colapse y facilitando la posterior depuración de las aguas. Así como nosotros no podríamos digerir la comida sin los millones de bacterias de nuestro intestino, así tampoco la ciudad podría «digerir» los residuos de sus calles sin la eficaz ayuda de las ratas del alcantarillado.

Con frecuencia las necesidades afectivas de las personas no se ven colmadas con la convivencia genérica con los animales libres que ven desde lejos. A veces se añora o se requiere la presencia próxima de un animal de compañía, con el que se pueda establecer una relación afectiva personal, duradera y profunda. Esos animales conviven con nosotros en nuestra propia casa y son nuestros compañeros y asumen un papel personal en nuestras vidas. Son sobre todo los perros y gatos. Estos animales presentan una problemática distinta de los demás. Ya aludimos a nuestra nostalgia de la naturaleza, de una situación originaria de contacto físico y psíquico con los animales. Los niños, cuando no tienen animales de verdad, suelen tener al menos ositos de peluche. En ese sentido no deja de ser curioso que en Europa se vendan miles y miles de estos ositos de peluche y, sin embargo, cuando se trata de reintroducir el oso de verdad en sus hábitats naturales en los que ha sido exterminado, como los Pirineos, se forme un gran revuelo y encima el oso acabe muerto a tiros. Los osos buenos son los de verdad, no los de peluche. Los de peluche están bien, pero son meros muñecos. No estamos emparentados con los animales de peluche, ni con los mitológicos, ni con los del mundo del folclore o de la fantasía. A pesar de la simpatía y el interés que despiertan en nosotros, con ellos tenemos muy poco en común. Sólo estamos realmente emparentados con los animales de verdad, que son los únicos seres con los que nos podemos entender. En ciertos países superpoblados, como Japón, es muy difícil tener animales de compañía. Por eso los nipones han inventado los *tamagotchi,* una especie de maquinitas animaloides con las que uno juega y puede tener una relación afectiva, aunque falsa. En efecto, la relación que tenemos con las máquinas, con las cosas, con los objetos artísticos y cerámicos es mucho más superficial y carente del calor y la reciprocidad de la que tenemos con los otros animales, los que son, de verdad, como nosotros. Incluso las personas mayores o solitarias se benefician del contacto con un animal doméstico, con el que pueden comunicarse e intercambiar afectos y emociones; se mantienen más sanas y viven de promedio más años, como muestran las estadísticas.

La domesticación de los gatos se produjo en el antiguo Egipto hace unos cuatro mil años y todavía no ha concluido. Los gatos siguen siendo animales semisilvestres, independientes, individualistas, que no obedecen ni se integran en nuestras estructuras familiares y sociales. Ése es precisamente su encanto. Además, los gatos son extraordinariamente hermosos y se mantienen siempre limpios. Es muy difícil encontrar un gato feo o sucio. Su belleza nos fascina y nos cautiva, y hace que nos convirtamos en sus servidores. Por eso se ha dicho en broma que el gato es el único animal que explota al hombre. De todos modos, el animal que forma el vínculo afectivo más sólido y profundo con el humán es el perro, es decir, el lobo domesticado.

El lobo

Al menos desde el Cámbrico la predación ha sido uno de los motores fundamentales de la evolución de los animales. Algunos predadores han desarrollado armas cada vez más poderosas, o tácticas cada vez más refinadas. Entre los más exitosos se cuentan los predadores sociales, que cazan cooperativamente y consiguen capturar presas que nunca podrían obtener individualmente. Los predadores sociales más eficientes se dan entre los insectos (himenópteros, como las hormigas, e isópteros, como las termitas) y entre los mamíferos carnívoros (como hienas o leones). De todos modos, los campeones de la predación social entre los mamíferos han sido, además de los humanes, ciertos cánidos. Los cánidos aparecen en el registro fósil a principios del Oligoceno (hace unos 30 millones de años). Procedían, como los demás carnívoros modernos, de los miácidos (pequeños mamíferos carnívoros). Evolucionaron en Norteamérica, y sólo en el Pleistoceno (en los dos últimos millones de años) migraron a África y Suramérica. Actualmente hay unas 32 especies de cánidos. Las dos más sociales son los licaones (*Lycaon pictus*) y los lobos (*Canis lupus*). También los rechonchos zorros vinagre *(Speothus venaticus)* de Suramérica parecen ser buenos cazadores sociales, pero su conducta no ha sido aún investigada.

Los licaones viven en las sabanas africanas, donde forman manadas de entre 6 y 20 individuos, que en algunos casos pueden llegar hasta 60. Antes de iniciar la caza, se juntan y realizan una ceremonia de puesta a punto psicológica, en la que todos agitan sus rabos, se lamen y besan unos a otros, y se preparan para cazar al unísono. Cazan tanto presas de tamaño medio (gacelas e impalas) como presas de tamaño muy superior al suyo (cebras o ñus). La caza, perfectamente coordinada, incluye la selección del ejemplar más débil o enfermo entre las presas potenciales, su persecución hasta el agotamiento mediante carreras de relevos, y la muerte y desgarramiento finales de la presa abatida. Los licaones nunca se pelean por la comida. Todos comen tranquilamente y, además, tragan grandes trozos de carne para llevarlos luego al lugar donde esperan las hembras lactantes, las crías y los individuos incapacitados. Allí regurgitan la comida tragada, para que los demás se alimenten también.

Los lobos constituyen la especie de mamíferos predadores más adaptable, más inteligente y que más éxito ha tenido en su expansión. El área de distribución original de los lobos se extendía por la totalidad de Norteamérica, Europa y Asia, y abarcaba desde los hielos del Ártico hasta las arenas del desierto, desde las cumbres de las montañas hasta los pantanos, pasando por todo tipo de bosques, taigas y tundras. El lobo es un magnífico cazador social, que con frecuencia y facilidad caza presas mayores que él mismo, gracias al esfuerzo cooperativo y coordinado de la manada. Los lobos viven en manadas de tamaño variable, aunque las más frecuentes son grupos familiares de unos 5-10 individuos, formados por una pareja reproductora, sus hijos subadultos y algún adulto sumiso y no reproductvo. Todos, excepto las hembras lactantes y sus lobeznos, participan en la caza. Los cazadores alimentan a las crías y las madres lactantes, regurgitando para ellas trozos de carne apenas masticados, deglutidos tras la caza exitosa, de modo similar a los licaones. La solidaridad entre los miembros del grupo es absoluta: se reparten pacíficamente la comida, y no hay peleas por ella. Entre los lobos se establece una férrea jerarquía. El macho dominante y la hembra dominante son los únicos que se aparean. El macho dominante decide cuándo emprender la caza y cuándo interrumpirla. Los demás (que con frecuencia son sus hijos) muestran su sumisión con repetidos ritos de apaciguamiento, como la desparasitación de los superiores. Cada individuo ocupa un lugar preciso en la jerarquía, que de todos modos no es estática, sino que de vez en cuando se actualiza mediante desafíos y peleas.

Estratega, astuto y oportunista (como nosotros), el lobo come de todo y se adapta a todo. Come lo que hay: piezas grandes o pequeñas, alces, ciervos, renos, jabalíes, potros, conejos, ratones, bayas, frutos y desechos en los vertederos. Cuando el humán extermina a todas sus otras presas, come también ovejas (como nosotros), lo cual está en el origen de su mala fama.

Probablemente, los humanes del Paleolítico, cazadores sociales como ellos, miraban a los lobos con admiración y simpatía, como todavía ocurre entre los esquimales o los indios pieles rojas, que con frecuencia gustaban de llamarse a sí mismos «Lobo gris», «Lobo valiente», etc. Con la llegada del Neolítico, sobre todo en los lugares en que los humanes habían exterminado a los grandes fitófagos salvajes y los habían sustituido por rebaños de hervíboros domésticos, los lobos hambrientos de vez en cuando atacaban a alguna oveja o vaca doméstica (torpe y por ello fácil de cazar). Lo que antes había sido admiración por las proezas venatorias del lobo se convirtió en irritación ante el ladrón de la propiedad ganadera. De todos modos, todavía en la Antigüedad clásica el lobo estaba positivamente valorado, como se refleja en el mito fundacional de Roma, según el cual una loba amamantó a Rómulo y Remo, héroes fundadores de Roma. La mitología e histeria antilobo se propagó durante la Edad Media como una especie de ideología antilobuna, que inundó el mundo con historias falsas y estereotipadas de ataques exagerados e irreales de lobos sanguinarios a humanes, que recuerda a la extensión por la misma época del antisemitismo, que atribuía a los judíos todo tipo de crímenes inventados. El lobo real se perdió de vista, y su lugar en la imaginación popular fue ocupado por el lobo mítico, identificado con el mal y con el diablo. Cristo era representado a veces matando lobos. La misma histeria que hacía ver brujas y endemoniados por todas partes hacía ver hombres-lobos y lobos asesinos. Los niños desde pequeños oían cuentos como los de Caperucita Roja y el Lobo Feroz, donde el lobo era siempre el malo. Se inventaron leyendas como la del hombre-lobo, donde, en noches de luna llena, el lobo se transformaba en chupador de sangre. Incluso la famosa frase de Hobbes sobre un presunto estado de guerra de todos contra todos entre los humanes primitivos era caracterizada como una situación en que los humanos se comportan entre ellos como lobos (*Homo homini lupus*), comparación desafortunada, dada la generosidad, lealtad y solidaridad de que hacen gala los lobos en su propia sociedad. En efecto, los lobos adoptan a los cachorros huérfanos, alimentan comunitariamente a las hembras lactantes y sus crías, y reparten sin violencia las presas que capturan.

En Estados Unidos, los indios siempre se habían llevado bien con los lobos, pero los brutales cazadores blancos del siglo XIX, tras exterminar a las inmensas manadas de bisontes, persiguieron y exterminaron también a los lobos, que se habían quedado sin presas y empezaban a atacar algunos rebaños. En Norteamérica quedan actualmente unos 60.000 lobos, casi todos en Canadá (55.000) y Alaska (6.000). En Minnesota quedan unos 2.000 lobos, que se han convertido en atracción turística. Desde Canadá se han ido introduciendo algunos en Wisconsin y el norte de Michigan. En el parque nacional de Yellowstone se mataron más de 100.000 lobos a principio de siglo, con la excusa de que se comían a los fitófagos salvajes. Luego se ha comprobado que estos fitófagos degeneran y enferman sin la presión de los lobos, por lo que éstos han sido reintroducidos en Yellowstone (Wyoming) en 1995, así como también en Idaho, por el gobierno americano. Contra estas acciones han protestado los ganaderos, que han llevado el asunto a los tribunales y disparan contra los lobos que ven, y eso que la organización privada Defenders of Wildlife les indemniza sin rechistar por cualquier perjuicio que puedan sufrir en su ganado por parte de los lobos. Pero el problema no es de dinero, sino de prejuicios arraigados y odios ancestrales. En cualquier caso, los ecólogos han constatado que la reintroducción de los lobos, ya en sus primeros dos años, ha tenido un efecto muy favorable en la biodiversidad del parque y en la vitalidad de sus diversas poblaciones.

Fuera de Norteamérica, el mayor número de lobos se encuentra en Rusia. En Europa la antaño enorme y floreciente población de lobos ha sido exterminada en la mayor parte de los países. Ahora ya sólo quedan poblaciones residuales de lobos en España, Portugal, Italia, Grecia, Rumania y Polonia. En Italia, los lobos fueron perseguidos hasta casi la extinción. En 1972 el WWF dio la voz de alarma, y el experto Erik Zimen [1] se puso al frente de un programa de recuperación. Se constató que en 1975 ya sólo quedaban unos 100 lobos en Italia, concentrados en los Abruzos, la parte central de los Apeninos. Desde entonces, la protección legal del lobo en todo el país, la prohibición de los venenos, la indemnización de los escasos daños causados en la ganadería pastoril y un esfuerzo concertado de información al público y de desmontaje de prejuicios han permitido evitar la extinción de estos magníficos cánidos en Italia. Los lobos se han ido recuperando y extendiéndose por todos los Apeninos. Ahora ya hay unos 400. Menos suerte tuvo Zimen en su propio país, en Alemania. Cuando en 1976 logró reintroducir nueve lobos en el parque nacional del Bosque Bávaro, sin que se produjera daño alguno por su causa, una campaña histérica de historias inventadas por la prensa sensacionalista y la presión de los grupos más fanáticos de cazadores (entre los que se cuentan varios políticos) condujo a un enorme y carísimo esfuerzo de exterminio de los lobos soltados, con intervención de helicópteros y del propio ejército, que no terminó hasta que fue abatido el último de ellos. Obviamente, con el dineral gastado en la operación se podrían haber compensado eventuales daños de los lobos durante siglos, pero el odio ancestral contra el lobo movilizaba pasiones y miedos irracionales que ninguna consideración científica o económica podría calmar.

En España, los lobos siempre han sido sañudamente perseguidos. Esa persecución alcanzó su paroxismo en los años cincuenta, con la constitución de la Junta de Extinción de Alimañas. La histeria colectiva, las constantes batidas con cientos de escopetas, los venenos como la estricnina esparcidos por todo el territorio nacional con desastrosas consecuencias ecológicas, los cepos más

---

[1] El libro de Erik Zimen *der Wolf: Mythos und Verhalten*, Meyster, 1978, es una de las mejores monografías existentes sobre la conducta del lobo. Cuenta además sus experiencias en Canadá, Italia y Alemania con los lobos.

crueles, la actividad implacable de los alimañeros, todo ello llevó al lobo ibérico *(Canis lupus signatus)* al borde del exterminio. Al final el lobo logró sobrevivir, en gran parte gracias al impacto de Félix Rodríguez de la Fuente, que conocía el lobo mejor que nadie y que logró hacer cambiar a la opinión pública española con sus programas documentales de radio y televisión. Gracias a él, la nueva ley de caza clasificó al lobo como pieza de caza mayor (que teóricamente no podría ser cazada más que en época de caza legal y con arma de fuego) y no como «alimaña». En España quedan unos 1.500 lobos, sobre todo en el cuadrante noroccidental (Castilla y León, Asturias, Galicia). De cara al futuro, las claves para la conservación del lobo ibérico son cuatro: (1) Conceder al lobo una protección legal absoluta en todo el territorio español y hacer que se cumpla la prohibición de usar venenos. (2) Multiplicar las reservas naturales con abundantes fitófagos salvajes en las zonas loberas y comunicar unas reservas con otras mediante corredores naturales protegidos. (3) Indemnizar a los ganaderos cuyo ganado sea atacado (como se hace en Asturias, donde el programa cuesta sólo 250.000 euros al año). Sin embargo, eso no ocurre en Galicia. Tampoco en Castilla y León, donde en 1996 entró en vigor una ley que establece que son los propietarios de los cotos de caza los que han de indemnizar por los daños de los lobos al ganado, lo que es una invitación a la matanza de los lobos. Según calcula el experto Juan Carlos Blanco, bastarían 600.000 euros al año para compensar por todos los daños a la ganadería. (4) Amortiguar el gran peligro que representan para los lobos las nuevas autovías que conectan Castilla y León con Galicia, atravesando tierras loberas. No sólo han sido atropellados demasiados lobos ya en los primeros meses tras la inauguración de estas autovías, sino que, además, las poblaciones lobunas han quedado aisladas entre sí, con el consiguiente peligro de endogamia y empobrecimiento genético. Todo ello tiene fácil solución creando pasos subterráneos para la fauna.

El lobo y el perro pertenecen a la misma especie *(Canis lupus)*. La cabeza del lobo salvaje es más amplia y redondeada que la de la mayoría de los perros. El peso de su cerebro, en proporción a su cuerpo, es superior. El lobo es más inteligente y resistente que el perro. Anda 50 km diarios. Y es menos prolífico. Las lobas reproductoras tienen cada primavera una camada de unos cinco lobeznos. El lobo tiene manía al perro, ese lobo degenerado y «traidor», que se puso de lado del competidor humano. A veces lo ataca e incluso se lo come.

El perro

El perro es el animal no humano con el que más hemos llegado a intimar y a establecer una relación de amistad y compañerismo. De ahí el dicho de que el perro es el mejor amigo del hombre. A diferencia del gato, solitario y asocial, que se deja servir y acariciar, y que, aunque coge apego a la casa, carece de vínculos afectivos, el perro tiene con nosotros una relación personal de lealtad y cariño, se integra en nuestros grupos sociales y fácilmente se convierte en nuestro colaborador en todo tipo de trabajos: perros lazarillos para ciegos, perros policías que detectan drogas o explosivos, perros pastores, perros guardianes, etc.

Todos los perros son lobos domesticados, y descienden de lobos salvajes. Hay diversas razas de lobos, y muchos perros descienden de razas meridionales y asiáticas, de menor tamaño que los lobos norteños. La domesticación de los perros es mucho más antigua y completa que la de los gatos. En la noche de los tiempos del Paleolítico, cuando nuestros antepasados formaban pequeños grupos de cazadores-recolectores nómadas, nuestros competidores directos eran con frecuencia los lobos, cazadores sociales como nosotros. La competencia carnívora estimulaba el interés de los lobos por los olores procedentes de los campamentos humanos. En los campamentos de cazadores humanos paleolíticos algunos lobeznos perdidos serían capturados vivos y adoptados como mascotas y juguetes de los infantes. Ya vimos que las manadas de lobos son grupos sociales estrictamente jerarquizados, en los que la dominancia y la obediencia se combinan con la solidaridad y la responsabilidad. En esa temprana edad, los lobeznos identificarían al grupo humano con su manada, y dada su predisposición jerárquica, pronto se adaptarían a la obediencia y disciplina en el nuevo grupo. Los humanes se beneficiaban de las dotes y tendencias congénitas de los lobos y los pondrían a trabajar a su servicio. La territorialidad innata del lobo lo convertía en buen vigía o centinela nocturno del campamento. La atracción que sentía por las mismas presas que el humán permitía su incorporación como auxiliar en las cacerías. Su tamaño lo hacía manejable. Tendría un lugar al lado del fuego. Los individuos más conflictivos o agresivos serían eliminados. Los otros lobeznos, más mansos, adaptables y obedientes, se irían cruzando entre sí. De nuevo se eliminarían los conflictivos, evitando así que transmitieran sus genes a las siguientes generaciones. Poco a poco, un tipo de lobo relativamente manso, obediente, acostumbrado a integrarse en los grupos sociales humanos y a trabajar para ellos, y psíquicamente preparado para establecer relaciones de amistad y lealtad, fue siendo seleccionado, hasta dar lugar a ese lobo plenamente domesticado y humanizado que es el perro. Los perros siguen siendo lobos, siguen perteneciendo a la especie *Canis lupus,* pero son lobos integrados en manadas humanas. Nosotros somos los jefes de su manada: por eso nos son tan fieles.

En los años noventa se ha puesto en marcha el proyecto genoma canino, llevado a cabo en la Universidad de California en Berkeley bajo la dirección de Jasper Rine. Se trata de localizar los genes en los 39 pares de cromosomas caninos, y de estudiar cómo los grupos de genes actúan coordinadamente para producir ciertos rasgos de conducta. Aunque en cantidades mucho menores, los animales también tenemos DNA en las mitocondrias de nuestras células. El DNA mitocondrial es más corto y fácil de analizar que el DNA del núcleo. Cuando se compara el DNA mitocondrial de diversos organismos se observa que en parte es igual y en parte es distinto. Cuantos más cambios se producen en el DNA de unos animales respecto al de los otros más separadas están las líneas filogenéticas respectivas. El análisis del DNA mitocondrial de 120 lobos escogidos aleatoriamente, por un lado, y de varios coyotes y perros de distintas razas, por otro, ha permitido llegar en 1997 al descubrimiento de nuestra antiquísima relación con los perros. Ya se sabía que la domesticación del perro tenía que haber ocurrido hace más de diez mil años, pero ahora hemos aprendido que se remonta mucho más atrás todavía. El análisis del genoma de los perros muestra que están domesticados desde hace más de 100.000 años. Si se tiene en cuenta que la especie humana actual, el *Homo sapiens,* surgió hace unos 150.000 años, esto significa que prácticamente los inicios de la domesticación del perro siguieron muy de cerca a los albores de nuestra propia especie. Los perros nos han acompañado durante la mayor parte de nuestra historia.

Los perros, como lobos domesticados que son, en ausencia de interferencia humana, revierten tras varias generaciones a un modo de vida lobuno, como muestra el caso de los dingos. Los dingos (*Canis lupus familiaris dingo*) son perros domésticos introducidos por los aborígenes en Australia mucho antes de la llegada de los europeos, quizá hace más de 15.000 años. Posteriormente se asilvestraron y volvieron al estado salvaje. Suelen tener un hermoso pelaje rojo con algunas manchas blancas. En Australia los dingos cazaban sobre todo canguros, hasta que la introducción de los conejos los hizo cambiar de dieta, que ahora consiste sobre todo en estos animales. También comen pequeños marsupiales, algunos pájaros y reptiles y de vez en cuando ovejas, lo que los ha hecho odiosos a los ganaderos ovinos de Australia, que los persiguen sin piedad e incluso llegaron a construir una alambrada de casi 10.000 km para tratar de mantenerlos fuera. Los dingos parecen haber sido responsables de la extinción de sus competidores marsupiales, el lobo marsupial y el diablo de Tasmania. A pesar de la implacable persecución que sufren, los dingos —resistentes y astutos como auténticos lobos— siguen sobreviviendo en grandes números.

Cuando los campamentos humanos se hicieron sedentarios y se inició la ganadería, los descendientes de los lobos que habían sido adoptados por los humanos tuvieron que aprender a inhibir su instinto de ataque a los ungulados, sublimándolo en la persecución de la res separada del grupo y frenándolo en el momento del ataque, conforme al aprendizaje reciente recibido de su nueva autoridad jerárquica. Así se formaron los perros de pastoreo. Con el paso del tiempo, el perro y el lobo divergieron más y más en su conducta. Los lobos propiamente dichos, considerados peligrosos y competidores, fueron perseguidos con saña y exterminados en muchos lugares. Los lobos domesticados o perros se ganaron el aprecio de sus dueños humanos y se multiplicaron a su sombra.

Mientras los perros acompañaban a cazadores y pastores, aunque habían perdido su libertad, seguían habitando un mundo que en gran parte seguía siendo suyo. En estado natural, el lobo o perro dispone de grandes espacios, interactúa constantemente con otros congéneres y nunca está sólo. El perro urbano, en cambio, está separado de su contexto natural. Los perros de compañía suelen padecer diariamente de aislamiento y de la angustia del confinamiento, además de un régimen de ejercicio crónicamente deficitario.

En la ciudad ya casi no quedan perros de trabajo (aunque algunos quedan, y muy útiles), pero hay más perros de compañía que nunca. Los perros se reproducen más que los lobos (tienen dos camadas al año, en vez de una) y no están sometidos a los rigores de la vida salvaje, por lo que sobreviven más. Hay demasiados perros. De hecho, en la ciudad hay demasiado de todo: demasiada gente, demasiados coches, demasiados perros. En cualquier caso, debería haber menos perros. Los propietarios de perros deberían ocuparse de controlar su natalidad. Y en ningún caso y bajo ningún pretexto deberían abandonarlos.

Sería conveniente favorecer la adopción de perros abandonados antes que la compra y tenencia de perros. Los perros mezclados, «sin raza», cruzados y encontrados en la calle, suelen ser más sanos, inteligentes y equilibrados que los perros de raza. Las razas puras de perros son el resultado de una larga ingeniería genética (por selección artificial) consistente en sacar a la superficie rasgos recesivos y con frecuencia disfuncionales que la selección natural mantiene escondidos en la naturaleza. Contrariamente a lo que se piensa, los perros de raza pura son más frágiles y más tontos que los mestizos, debido a la endogamia y a la exageración de caracte-

190

rísticas que en la naturaleza serían contraproducentes. Los perros de ciertas razas (como los bóxers) sufren además la mutilación de sus rabos y de sus orejas por una tradición irracional que habría que desterrar. Precisamente el rabo es el instrumento de comunicación de los perros. Cortarles el rabo es como si a nosotros nos cortasen la lengua. En general los criaderos de perros de raza persiguen una estética degenerada, basada en convenciones absurdas. *Bonito* viene de *bueno,* de adaptado. La belleza resplandeciente de los lobos en libertad contrasta con la fealdad enfermiza de muchas razas artificiales de perros. Otro problema es el de la selección de razas artificialmente agresivas de perros, como los perros de ataque o *pit bulls,* prohibidos en Francia y otros países, y mucho más peligrosos de lo que nunca sería un lobo.

Deberíamos ser más responsables y pensárnoslo mucho antes de comprar o adoptar un perro. Es un acto de gran calado moral. comprar o adoptar un perro es como adoptar un hijo: requiere mucho compromiso personal, afectivo e incluso económico por parte de quien lo realiza. No es como comprar un libro o una flor. El perro es un lobo hecho para andar y sufre con el confinamiento en un apartamento. Nunca hay que atarlo y hay que sacarlo con frecuencia a pasear. Al perro hay que cuidarlo, hay que ocuparse de él si uno sale de viaje, y llevarlo al veterinario si está enfermo. Los perros también tienen su personalidad. Quieren jugar, son zalameros, engañan, tienen todas las características anímicas propias de su especie. Con el perro hay que tratar y jugar, pues es muy sociable y necesita el contacto social. También hay que dejarle que interactúe con otros perros. Con el perro, finalmente, hay que hablar y comunicarse. Nosotros hablamos con él por la boca y él nos contesta moviendo el rabo, y ambos nos entendemos perfectamente.

Resulta más fácil tener un perro en condiciones adecuadas en el campo que en la ciudad. La presencia de parques urbanos evidentemente ayuda. También la presencia de árboles. Aunque en muchos lugares existe el retrete para perros que se ha dado en llamar «pipi-can», y está bien que exista, también conviene permitir que los perros orinen en los árboles, porque esos árboles son para ellos como los periódicos. Nosotros nos enteramos de lo que pasa en el mundo leyendo cada día el periódico. Los perros van al árbol, husmean, huelen los orines de los perros que los han precedido y así se enteran de las novedades que ha habido en el barrio, qué ha pasado desde el último día, qué perros nuevos han llegado, qué hembras están en celo, etc. Novelones como los de la prensa del corazón también los hay entre los perros, y de ellos se enteran cuando van al árbol. Para los perros el orinar no consiste sólo en evacuar una necesidad fisiológica, sino que es algo que implica toda una dimensión social de comunicación con sus semejantes.

Aunque muchos humanos corresponden a los sentimientos de amor y lealtad de sus compañeros caninos, otros les pagan su devoción con una conducta canallesca. Los perros han sido con frecuencia abandonados, dejados morir de hambre, arrojados desde las ventanillas de coches en marcha, torturados, inmovilizados, mantenidos permanentemente atados con cadenas, dejados con una correa apretada hasta que la piel les crece por encima y se infecta, usados como blancos para ejercicios de tiro. En Medina del Campo, después de la temporada de caza, los galgos no deseados por los cazadores son ahorcados (si se han portado bien en la caza) o abandonados, atados a un árbol, para que fallezcan lentamente de hambre y sed. En muchos pueblos y ciudades se organizan peleas de perros clandestinas. En los patios de las casas de ciertos barrios (como el de La Mina, en Barcelona) es fácil ver perros robados, colgados por los dientes, para fortalecerlos y dedicarlos a las peleas de perros, donde acaban con las gargantas destrozadas.

En España hay un cuatro millones de perros. El 20 por 100 de los hogares españoles tienen un perro o más. Se abandonan cada año unos 100.000. En 1996, los centros públicos y privados recogieron 75.000 perros abandonados. A ellos hay que añadir los atropellados en las carreteras, los recogidos y adoptados en la calle por particulares, los asilvestrados, etc. Los perros abandonados que logran sobrevivir a las enfermedades, el hambre, la sed y el vandalismo son sacrificados en los centros municipales si no encuentran quien los adopte en un plazo de unas semanas. En Estados Unidos hay unos 55 millones de perros. Cada año más de dos millones han de ser sacrificados en los refugios. Las relaciones entre perros y humanes plantean todo tipo de problemas morales, mostrando (en ausencia de una coerción legal suficiente) el amplio espectro de bondad y de maldad de que somos capaces. Con estas consideraciones, obviamente, ya hemos entrado de lleno en el campo de la reflexión moral, del que ya saldremos en el resto del libro.

Capítulo XI

Niveles de la conciencia moral

La conciencia moral

Si nuestra conducta estuviera siempre completamente determinada por nuestros genes y nuestro ambiente, de tal manera que nunca tuviéramos que elegir ni tomar decisión alguna, entonces la reflexión sobre qué hacer sería superflua y la conciencia moral no existiría. Sin embargo, nuestra conducta no siempre está unívocamente determinada. Muchas veces podemos hacer cosas distintas y vacilamos entre hacer la una o la otra. En algunas de esas ocasiones reflexionamos sobre lo que hacer, sopesando los pros y los contras de hacer una cosa u otra, a la luz de nuestros valores, metas e intereses, y considerando las consecuencias de nuestros diversos cursos de acción. Estas reflexiones constituyen nuestra conciencia moral. No podemos abdicar de la conciencia moral, de lo que Aranguren llamaba la moral como estructura (por contraposición a los contenidos concretos de las doctrinas morales). Siempre tenemos que elegir, que tomar decisiones. Incluso si decidimos resolver nuestro dilema echando una moneda al aire y aceptando su veredicto, eso es también una decisión. La ética filosófica es el intento de iluminar ese proceso de reflexión moral.

Nuestras acciones tienen consecuencias a diversos niveles. En primer lugar, nos afectan a nosotros mismos, los agentes. A veces también afectan a otros humanos (a nuestra familia, a nuestros socios o amigos, a extranjeros), a otros animales, a ecosistemas particulares o incluso a la biosfera entera. La consideración de estos distintos efectos da lugar a niveles distintos de reflexión y de conciencia moral.

A los filósofos les gustan los principios simples, que dan cuenta de todo con el mismo criterio y desde el mismo punto de vista. Pero la realidad es compleja, y diferentes puntos de vista son a veces requeridos para dar cuenta de aspectos o niveles diversos de esa complejidad. Nuestra conciencia moral ha de tener en cuenta la diversidad de nuestros problemas morales, y ha de ser lo suficientemente flexible como para adoptar diferentes perspectivas, relevantes para tratar de esos diversos problemas. Algunas de las teorías éticas ofrecidas por los filósofos funcionan bien a ciertos niveles, pero son inútiles en otros. Por ejemplo, la ética kantiana enfatiza el efecto de nuestras acciones en los demás humanes, pero se olvida de sus efectos en nosotros mismos o en la biosfera. En general, los enfoques contractualistas de la ética sirven para analizar ciertas cuestiones morales, como el cumplimiento de las promesas o el pago de las deudas, pero fracasan cuando se aplican a nuestras relaciones con los infantes o con los otros animales. El utilitarismo es una teoría ética mejor para regular nuestras relaciones con los otros animales, pero no nos proporciona una plataforma fiable para asegurar las libertades individuales o para enfocar la problemática ecológica. Ninguna teoría ética simple es la panacea de todos los problemas morales. Muchos problemas morales tienen aspectos distintos y, al reflexionar sobre ellos desde perspectivas diferentes, nos encontramos con conflictos morales. El conflicto moral es a veces inevitable. A lo más que podemos aspirar es a alcanzar un compromiso práctico, que tenga en cuenta todos los aspectos relevantes de la cuestión.

La moral no es algo estático, sino cambiante a lo largo del tiempo, en función de los distintos problemas que nos confrontan y que nos obligan a tomar decisiones, y en función también de nuestros cambiantes valores, emociones, metas e intereses. Los problemas cambian. El día (quizá cercano) en que los padres puedan elegir qué tipo de hijos tener se les plantearán problemas morales nuevos. Y el día (más lejano —supongo—, si es que llega) en que entremos en contacto con habitantes inteligentes de otros sistemas planetarios distintos al nuestro nos veremos forzados a reflexionar sobre dilemas inéditos. Y los valores cambian. Hasta hace un par de siglos todo el mundo y todas las filosofías y religiones consideraron la esclavitud como algo normal, pero ahora nadie defiende la esclavitud y todos la condenan con indignación.

En la tradición occidental los efectos de nuestras acciones sobre los otros animales han sido ignorados hasta hace unos 100 años, y sus efectos sobre la biosfera hasta hace medio siglo. En los últimos 50 años los humanos más conscientes y mejor informados han ido preocupándose más y más por los problemas ecológicos de nuestro planeta. El impacto destructivo de la humanidad sobre los principales ecosistemas, nuestra falta de escrúpulos en nuestras relaciones con las otras especies y la insostenibilidad a largo plazo de nuestra propia civilización plantean inmensos dilemas morales y políticos, a los que las escuelas tradicionales de ética y filosofía política no ofrecen respuesta alguna. Esta situación puede ser parcialmente explicada por el tremendo antropomorfismo de la tradición filosófica occidental, que ha contaminado a casi toda nuestra filosofía práctica.

El prejuicio antropocéntrico

En el pensamiento judío, cristiano e islámico sólo los humanos son objetos de consideración moral (es decir, sólo sus intereses son tenidos en cuenta a la hora de reflexionar sobre qué hacer). En esta tradición no ha habido nada comparable al sentido de la naturaleza de los daoístas chinos, o a la obsesión de los budistas y jainistas por no causar daño a los animales (la *a-himsa*). En la antropocéntrica tradición occidental la naturaleza era concebida como un mero objeto de explotación por parte de los humanos. Se suponía que nosotros habíamos sido creados a imagen de Dios, y no teníamos nada que ver con el resto de la naturaleza. En cualquier caso, éramos los protagonistas del drama cósmico, y nuestro escenario, la Tierra, ocupaba el centro del universo. En torno a nosotros giraban el Sol y las estrellas, y por encima de ellas, Dios y los ángeles eran nuestro público, siempre atentos a lo que hacíamos o dejábamos de hacer.

Desde el Renacimiento hasta nuestros días, la historia del progresivo descubrimiento del universo ha sido también la historia del sucesivo derrocamiento de la ingenua cosmovisión antropocéntrica que hacía de nosotros, los humanes, el ombligo del mundo.

Pocas convicciones tan sólidas mantenían nuestros antepasados como la creencia de que su habitáculo, la Tierra, era el centro del universo, en torno al cual giraban el Sol, los planetas y las estrellas fijas. De ahí el tremendo impacto que tuvo en su tiempo la revolución copernicana, que convertía a la Tierra en otro planeta más, girando como los demás en torno a un centro no humano del mundo, el Sol. Pero al menos había un centro y nosotros no estábamos tan lejos de él. Pero luego resultó que tampoco el Sol era el centro del mundo, sino una estrella cualquiera de entre los cien mil millones de estrellas que componen nuestra galaxia, que a su vez no es sino una más entre los muchos miles de millones de galaxias que pueblan el universo, que en cualquier caso carece de centro. Quizá ni siquiera la materia de que estamos hechos nosotros y nuestro planeta sea la materia predominante, pues más del 90 por 100 de la masa cósmica parece estar constituida por la desconocida materia oscura.

Completamente derrotado en astronomía y cosmología, el antropocentrismo halló refugio en la biología, recreándose en subrayar el presunto abismo que separaría a la especie humana —producida a imagen y semejanza de Dios— del resto de los animales. De ahí la irritación que produjo la revolución darwiniana, que convertía a la humanidad en otra especie animal más, resultado de los mismos mecanismos de evolución biológica (mutación genética, deriva, recombinación sexual y selección natural) que han conducido a las demás especies. Bacterias, hongos, árboles, delfines y humanes, todos estamos emparentados, todos descendemos de antepasados comunes. En definitiva, nosotros, los humanes, no somos hijos de los dioses, sino nietos de los monos arborícolas y primos de los chimpancés.

Destronado del ámbito astronómico y del biológico, el antropocentrismo se mantuvo todavía un tiempo en la psicología. Pero los progresos combinados de la etología y la neurofisiología han mostrado más y más estructuras cerebrales y mecanismos psicológicos comunes a los craniados. Toda nuestra vida mental y emocional es entendida hoy como la actividad de nuestro cerebro, que es una versión especialmente desarrollada del cerebro mamífero. Incluso la sociobiología ha venido a descubrir ciertos rasgos compartidos por todo tipo de sociedades (animales o humanas), uniéndose así a lo que Manuel Sacristán llamaba al final de su vida el incremento de cosmicidad en las ciencias sociales. Algunos de estos desarrollos recientes son todavía inseguros y polémicos, pero aquí no me interesa entrar en detalles, sino sólo señalar la dirección general del proceso. Cuanto más hemos ido aprendiendo acerca del universo y de nosotros mismos, tanto más nos hemos visto forzados a abandonar el ingenuo y arrogante antropocentrismo del pasado y a adoptar una actitud a la vez más sabia, más reverente y más realista hacia el resto de la naturaleza.

Desde el punto de vista científico, el antropocentrismo está muerto y enterrado, pero todavía perdura con gran virulencia en gran parte de nuestra ética y filosofía. Las ideas desarrolladas por kantianos, liberales y marxistas, y por filósofos contemporáneos como John Rawls o Jürgen Habermas, son incapaces de analizar o iluminar problema moral alguno que vaya más allá del mero conflicto de intereses entre humanes, son incapaces de tomar en consideración los intereses de otras criaturas o de la naturaleza entera. Sus teorías éticas son totalmente estériles en la búsqueda de soluciones a muchos de los más graves problemas de nuestro tiempo, que tienen un elevado componente ecológico. Tras la bancarrota científica del antropocentrismo, ¿podría éste encontrar un último e inexpugnable reducto en el dominio de la moral? Darwin pensaba que no, y sin duda tenía razón, como veremos analizando la variedad de problemas con los que se ve confrontada nuestra conciencia moral.

Pasemos ahora somera revista a los principales niveles de la conciencia moral, que son también los niveles a los que se plantean los diferentes problemas morales.

Amor a uno mismo

Según Hume, las dos emociones morales básicas son el amor a uno mismo (*self-love*) y la compasión o simpatía por los otros. El amor a uno mismo nos guía en el primer nivel de la conciencia moral, en el que reflexionamos sobre cómo actuar desde el punto de vista de cómo nuestras acciones nos afectan a nosotros mismos. Es el nivel de la racionalidad individual, del egoísmo ilustrado.

La racionalidad es la estrategia para maximizar la obtención de nuestras propias metas y la satisfacción de nuestros propios intereses. Mi racionalidad individual es la reflexión sobre la mejor manera de alcanzar mis metas y satisfacer mis intereses. La teoría de la racionalidad individual tiene una formulación matemática muy precisa en la teoría de la decisión, con ramificaciones en la teoría de juegos y en la programación lineal. Constituye la base de la economía teórica.

Cuando reflexiono sobre qué hacer, puedo tener en cuenta diversos factores. Obviamente, lo primero que tengo que tener en cuenta es cómo mi acción me afectará a mí mismo, a mis valores, metas e intereses. La preocupación por mi propia salud, por mi propio bienestar, por mi propia seguridad personal, por mi propia trayectoria profesional y mi propio desarrollo intelectual caen en este nivel, que es el nivel más básico de toda la ética. El hacerlo así forma parte de la noción misma de cordura. Si me olvido completa y continuamente de mí mismo actuaré de un modo irracional, como un loco, un borracho o un héroe fanático, pero no como un agente reflexivo con una conciencia moral despierta y equilibrada. Y, desde luego, ninguna regla dorada del estilo de «ama a los demás como a ti mismo» es atractiva en boca de alguien que no empiece por amarse a sí mismo. En cualquier caso, el amor a uno mismo corresponde a un poderoso impulso biológico hacia la supervivencia. Los animales que mueren jóvenes no transmiten sus genes, sólo los supervivientes lo hacen. Nosotros descendemos de una larga dinastía de supervivientes.

Amor a los parientes

La preocupación por la propia familia es una extensión del amor a uno mismo. Tiene que ver con el amor a los propios genes, de los que también son portadores los parientes cercanos. Cuando reflexionamos sobre lo que hacer, además de nuestros propios intereses, frecuentemente tenemos en cuenta los intereses de nuestros parientes, y en especial los de nuestros hijos, portadores de nuestros genes. Este fenómeno también tiene una base biológica, que ha sido resumida por Richard Dawkins en el eslogan de los *genes egoístas*: nosotros, organismos individuales, somos meros vehículos para el largo viaje de nuestros genes a través del tiempo. Sociobiólogos como William Hamilton han sido capaces de explicar conductas a primera vista sorprendentes, como el comportamiento exageradamente altruista de los insectos sociales (como hormigas o abejas), mediante la hipótesis de que los animales tratan de maximizar la transmisión de sus propios genes a la generación siguiente. Los himenópteros, como las abejas, son heplodiploides: los machos proceden de huevos sin fecundar y son haploides (tienen un solo juego de cromosomas), mientras que las hembras proceden de huevos fecundados y son diploides (tienen dos juegos de cromosomas en sus células). Como consecuencia de ello, las abejas hembras del mismo enjambre están más estrechamente emparentadas con sus hermanas que con sus propios hijos o hijas: comparten el 75 por 100 de los genes con sus hermanas, pero sólo el 50 por 100 con sus hijas. Ello explica que estén siempre dispuestas a sacrificar su propia capacidad reproductiva a fin de dedicarse a cuidar a las crías de su madre, la reina.

Las cosas son más complicadas entre los humanos, desde luego, pero también entre ellos se da el nepotismo. Los padres con frecuencia asumen notables sacrificios de tiempo, energía y dinero para criar y educar a sus hijos, sin esperanza alguna de reciprocación. Con gran frecuencia no actúan sólo en su propio interés, sino también en interés de sus hijos. Aunque en mucha menor medida, a veces los intereses de hermanos, primos y otros parientes también se tienen en cuenta. Esta conducta tiene una obvia base biológica, pero se refleja también en nuestra conciencia moral. La preocupación por nuestros parientes a veces incluso entra en conflicto con nuestros propios intereses, por un lado, y con nuestro sentido de la justicia e imparcialidad en nuestras relaciones sociales, por otro. Muchos sistemas políticos han tenido que adoptar disposiciones legales específicas para tratar de limitar el nepotismo en la esfera pública. En efecto, nuestra vida moral es compleja y diferentes consideraciones tiran a veces de nuestra conciencia moral en direcciones opuestas. La tarea de la ética consiste en iluminar esos conflictos, no en ignorarlos.

Altruismo recíproco

Además de mis responsabilidades hacia mí mismo y hacia mis parientes más próximos también puedo asumir responsabilidades hacia otros humanos, basadas en contratos implícitos o explícitos. Este campo de las relaciones basadas en el altruismo recíproco ha sido extensa y profundamente estudiado por las teorías contractualistas de la ética. El tejido entero de la sociedad y la economía está basado en una inmensa red de relaciones de reciprocidad. Yo renuncio a matarte a ti a condición de que tú renuncies a matarme a mí. El cocinero en el restaurante prepara la comida para mí, suponiendo que luego yo le voy a pagar la factura. En general, las transacciones basadas en la división social del trabajo presuponen una tupida red de obligaciones recíprocas.

A este nivel la conciencia moral toma la forma de un sentido de la justicia, de la imparcialidad, del juego limpio, basado en el respeto mutuo y el mutuo beneficio, más que en emociones morales como el amor o en los genes, aunque el altruismo recíproco también se observa en otros mamíferos y podría tener alguna base biológica. No es éste el lugar para hablar de este importante nivel, que está ampliamente cubierto por las teorías contemporáneas de la racionalidad colectiva, las teorías del contrato social y las teorías de la justicia.

La principal limitación de las teorías convencionales de nuestros días (como la de Rawls) es que sólo se aplican a sociedades organizadas en estados nacionales soberanos e independientes. Muchos problemas importantes de la sociedad humana global —como los problemas de la migración, de la guerra y la paz, de la cooperación y competición sin trabas en un mercado mundial libre, de la administración de los recursos no renovables y escasos, de la contaminación de los ríos y mares, de la explosión demográfica, etc.— no pueden ser resueltos en el estrecho marco de los estados nacionales. El orden político mundial basado en estados independientes y soberanos es obsoleto, anacrónico e inadecuado para resolver los problemas o aprovechar las oportunidades de nuestro tiempo. El diseño e invención de un sistema político global más racional a nivel mundial, que asegure la paz y la libertad y la protección medioambiental en todo el planeta, es una tarea que todavía está completamente por hacer.

Otros niveles de la conciencia moral —de los que no vamos a hablar aquí— afectan, por ejemplo, a los humanes desconocidos y lejanos (no prójimos, ni socios, ni parientes) y a las generaciones futuras.

Ética de la compasión

Todos los niveles de la conciencia moral que hemos mencionado hasta ahora tienen en común el referirse exclusivamente a humanes. Pero nuestras acciones no sólo afectan a los humanes, a veces afectan también a otras criaturas. Podemos tomar en consideración reflexiva nuestros propios intereses, y los de nuestra familia, y los de toda nuestra raza, o género, o clase social o nación, o incluso los de toda la humanidad, y, sin embargo, ser totalmente desconsiderados y crueles respecto a las criaturas no humanas. Muchas veces desde el interior de un cierto grupo se defiende una actitud «grupista» inspirada por lo que podríamos llamar el «principio mafia». El principio mafia exige absoluta solidaridad y devoción e incluso disposición al sacrificio por el propio grupo, combinada con un total desprecio y falta de consideración hacia los otros grupos. El principio mafia, aplicado a la raza, conduce al racismo; aplicado a la nación, conduce al nacionalismo; aplicado a la especie, al especieísmo. El antropocentrismo moral es el especieísmo de la especie humana, que combina los nobles sentimientos hacia nuestros congéneres con una abyecta falta de respeto y consideración moral hacia las otras criaturas. Normalmente, los grupos humanos están tanto más centrados en sí mismos cuanto más primitivos son. Los miembros de algunas de las tribus más primitivas no tienen un nombre específico para referirse a su propio grupo; se denominan a sí mismos simplemente los humanes o la gente. El resto no cuentan, no son humanos. El avance del conocimiento trae consigo un punto de vista más objetivo y universal. Ya vimos cómo el pensamiento occidental primitivo o tradicional había sido incapaz de salir de la trampa antropocéntrica, mientras que el avanzado pensamiento científico (de raíz occidental, pero ahora ya universal) había logrado superar los prejuicios antropocéntricos y adoptar una actitud objetiva y universal. Cuando la reflexión ética va más allá de la mera justicia y reciprocidad utiliza como guía la imaginación empática del sufrimiento de las otras criaturas y la participación intencional en ese sufrimiento, que es la emoción moral a la que Hume llamaba simpatía y hoy solemos llamar compasión. (Recuérdese que *sym-patheia* es la forma griega de la latina *com-passio*, y significa, como ella, padecer con.) El primer nivel de la ética que va más allá del mero antropocentrismo es la ética de la compasión.

En la tradición oriental la compasión desempeñaba el papel central en la ética de los budistas y jainistas, para los que la *a-himsa* (la no violencia, el no dañar ni hacer sufrir a otra criatura) constituía la suprema virtud moral. En la tradición occidental (aparte del simpático pero intelectualmente inarticulado precedente de Francisco de Asís) la ética de la compasión fue expuesta por primera vez por Jeremy Bentham, para quien todos los animales capaces de sufrir son objeto de consideración moral, con independencia de que puedan pensar como nosotros o no. Charles Darwin fue el primero en expresar claramente la idea del círculo en expasión de la compasión, que recientemente ha logrado gran aceptación.

La noción de que es moralmente intolerable infligir sufrimientos innecesarios a los animales se ha ido imponiendo en la reflexión ética contemporánea. La investigación científica y la reflexión filosófica pueden precisar nuestros conceptos, pero —en palabras de Kant— los conceptos sin intuiciones son vacíos. Por ello conviene rellenarlos con algunas intuiciones, que se obtienen más fácilmente considerando ejemplos concretos.

En muchos países las tradiciones culturales locales incluyen elementos de irracionalidad y crueldad que son indefendibles desde un punto de vista filosófico o universal, pero que son defendidos desde un punto de vista chauvinista o casticista como parte de la herencia cultural de la nación. La premisa implicada en el razonamiento es que cualquier práctica tradicional queda automáticamente exenta del escrutinio racional y del examen moral. Algunas de estas prácticas crueles e irracionales tienen como víctimas a los propios humanos, por ejemplo, a las mujeres. En China hasta comienzos del siglo XX había la costumbre tradicional de estrujar y deformar los pies de las mujeres, apretándolos con unos vendajes fuertes desde su más temprana infancia, con gran perjuicio para su salud y para su capacidad de andar y trabajar. En muchos países de África el clítoris y la vulva de las mujeres son cortados durante la adolescencia en una operación tradicional dolorosa, cruel y realizada sin ninguna higiene, lo que da lugar a frecuentes infecciones y priva a las mujeres de gran parte de su capacidad para tener placeres sexuales. Otras prácticas crueles tradicionales tienen como víctimas a los animales. En Francia los gansos son forzados contra su voluntad y resistencia a ingerir ingentes cantidades de grano que se les introduce mediante un embudo colocado en su garganta, hasta que su hígado enferma y se hincha. De este hígado enfermo de gansos torturados se hace el auténtico *foie-gras*. Desde la época de los romanos y hasta el siglo XVIII o XIX, en muchos lugares de Europa se ha practicado la tortura pública de animales, que en España todavía persiste en la forma de las corridas de toros. También aquí este bochornoso espectáculo es defendido con el único argumento de que es parte de la cultura tradicional. En general, todas estas prácticas crueles e inmorales producen una reacción de rechazo frontal e indignación moral, pero dentro de los países en los que perviven encuentran defensores a ultranza, que valoran su carácter tradicional. Hay otras muchas formas de crueldad para con los animales, desde la ganadería industrial con estabulación abusiva hasta los experimentos dolorosos innecesarios, y de ellas trataremos más adelante.

El nivel ecológico de la moral

La moral de la compasión se refiere a los posibles efectos dolorosos de nuestras acciones en los animales capaces de sufrir. Más allá de este nivel está la preocupación por los efectos de nuestras acciones sobre todo el sistema de la vida en la Tierra, del que cada uno de nosotros es como una célula y del que la humanidad entera —como cualquier otra especie— es un tejido más. Esta eco-ética constituye el nivel más reciente de la reflexión ética, y ha surgido como consecuencia del notable incremento de nuestro conocimiento de la naturaleza y de nuestra conciencia de la irreversible destrucción a la que la estamos sometiendo. Este nivel está basado no en la compasión, sino en el conocimiento, en la lucidez y en la comunión con la naturaleza.

A principios del siglo XX el filósofo inglés Moore llamó la atención sobre el hecho de que a partir de enunciados descriptivos no podemos inferir imperativos o valores, so pena de caer en la falacia naturalista. Algunos de sus seguidores sacaron de ahí la conclusión de que la ética debía reducirse a un escolástico ejercicio de lógica deóntica, a fin de evitar dicha falacia. Pero la verdad es que nuestros valores, deseos y preferencias no están dados de una vez por todas, sino que van variando en función de las experiencias que vamos teniendo y de los nuevos conocimientos que vamos adquiriendo. Conforme vamos ampliando el ámbito de nuestras experiencias de la naturaleza a través de viajes, excursiones, fotos,

películas y programas de televisión, y conforme hemos ido adquiriendo más conocimientos de biología, tomamos conciencia de ese
gran ser viviente del que todos formamos parte, es decir, de la biosfera. Algunas propuestas audaces y especulativas, como la hipótesis Gaia, de Jim Lovelock, tratan de articular esa naciente conciencia
que se añade como un nivel más a nuestra propia autoconciencia.

Hemos aprendido que no solamente estamos emparentados
con los otros animales capaces de sufrir, sino también con absolutamente todas las criaturas vivas sin excepción (desde las bacterias
y las amebas hasta los hongos, los árboles, las sepias y los gorilas).
Todos formamos una familia, todos somos parientes, no en un sentido metafórico, sino literalmente. Estar emparentado con alguien
significa compartir con él ancestros comunes. Y todos los seres
vivos de este planeta comparten (al menos) un ancestro común, un
organismo primitivo parecido a una bacteria. De ese ancestro hemos
heredado todos los rasgos esenciales de la vida. Por eso todos los
organismos de este planeta nos parecemos tanto.

La relación de parentesco admite grados: el grado de parentesco es inversamente proporcional al número de generaciones que
hay que contar hacia atrás hasta llegar al primer antepasado común.
Yo estoy más emparentado con mi hermano (con quien comparto
un antepasado común en la primera generación) que con mi primo
(con el que tengo que llegar a la segunda generación para encontrar
un antepasado común). Y, aunque todos los organismos estamos
emparentados, lo estamos más con unos que con otros. Así, los
humanes estamos más emparentados con los chimpancés (con los
que compartimos casi el 99 por 100 de los genes y cuya línea filogenética se ha separado de la nuestra hace sólo 5 millones de años)
que con los macacos (cuya línea se separó de la nuestra hace más
de 20 millones de años). Y para encontrar un antepasado común
nuestro y de las bacterias tenemos que regresar en el tiempo miles
de millones de años, lo cual no impide que estemos también emparentados con ellas, como muestra el hecho de que todavía compartimos diversos genes. El Proyecto Genoma Humano y varios similares para descifrar el genoma de otras especies están produciendo

un continuo flujo de descubrimientos, que vienen a confirmar y enfatizar que todos los seres vivos compartimos una inmensa cantidad de rasgos comunes y a suministrar datos para mejor calibrar los diversos grados de parentesco. Obviamente, el enterarnos y tomar conciencia de nuestro parentesco con el resto de la biosfera no puede por menos de afectar nuestras emociones, valores y reflexiones morales.

Un organismo sexual individual (o, al menos, su porción viva) puede ser definido recursivamente como un conjunto de células (espaciotemporalmente localizadas) del siguiente modo: (1) La célula zigoto originaria es un miembro del organismo, y (2) si una célula del organismo se divide por mitosis en dos células, entonces esas dos células son también miembros del organismo. En esta definición recursiva el zigoto juega el mismo papel que el 0 en la definición de los números naturales, y la mitosis es comparable a la operación del siguiente. La *biota* es la parte viva de la biosfera, consistente en todas la células vivas. La biota también puede ser recursivamente definida como un conjunto de células, como cualquier organismo: (1) el último ancestro común de todos los organismos actuales (en cualquier caso una célula) es un miembro de la biota, y (2) si una célula de la biota se divide (por división bacteriana, o por mitosis, o por meiosis) en dos células, entonces esas dos células son también miembros de la biota. La biota es el conjunto de todas y solas las células de ese conjunto. Por tanto, todas mis células son células de la biota, yo estoy incluido (en el sentido de la teoría de conjuntos) en la biota, e incluso yo soy una mera configuración efímera y parcial de algunas de las células de la biota. Mi vida entera (en sentido biográfico) es parte y porción del desarrollo (digamos embriológico) de la biosfera.

Cuanto más conscientes nos hacemos de estos hechos tanto más nos identificamos mentalmente con la biosfera, y tanto más sentimos cualquier amenaza a la biosfera como un asunto que nos concierne y nos preocupa. Esta es la base psicológica de este nuevo nivel de la conciencia moral, que va más allá de la mera ética de la compasión. La reflexión ecoética despierta en nosotros un nuevo sentido de nuestro posible papel como guardianes de la biosfera. Una vez que nos hemos empapado bien del conocimiento de que somos parte de la biosfera, incluso de que somos en cierto modo la consciencia de la biosfera, estamos dispuestos a asumir nuestras responsabilidades y considerar que los problemas de la biosfera son nuestros problemas. En cualquier caso, el efecto de nuestras acciones sobre la biosfera será objeto de nuestra consideración y reflexión y adquirirá un inédito protagonismo en nuestra conciencia moral. Este nivel ecoético de la conciencia moral es el único nivel desde el que pueden ser tratados los grandes problemas ecológicos típicos de nuestro tiempo, como la propia explosión demográfica humana, o el peligro de extinción de las especies, o las amenazas a la biodiversidad, o la destrucción de los ecosistemas fundamentales del planeta, como las selvas tropicales o los arrecifes coralinos.

Capítulo XII

Consideración moral de los animales

La consideración como restricción

Es característico de la mafia y de los grupos racistas el mostrar compasión y solidaridad dentro de su propio grupo, a la vez que actúan sin escrúpulo moral alguno respecto a los demás. Algo parecido ocurre con las morales estrechamente «humanistas», que combinan la exigencia del máximo respeto hacia nuestros congéneres con el más absoluto desprecio por los intereses de los demás seres vivos. Una ética a la altura de nuestro tiempo no puede olvidar nuestra responsabilidad para con el resto de la biosfera, y en especial para con nuestros compañeros de penas y gozos sobre este planeta, los animales, sobre todo los más próximos a nosotros y con una vida psíquica más rica, como los mamíferos. Una ética esclarecida tiene que considerar moralmente a los animales.

Si nuestra racionalidad nos induce a tratar de maximizar la consecución de nuestros fines y la satisfacción de nuestros intereses, la moralidad nos invita a someter dicha maximización a la restricción de no agredir, dañar ni hacer sufrir a los otros seres (al menos, como norma general o ideal). Algo es (para nosotros) digno de consideración moral si en nuestras deliberaciones tenemos en cuenta cómo le afectan nuestras acciones, si lo contamos entre los seres a los que tratamos de no dañar, si su respeto es una restricción al tipo de conducta que aprobamos. Una moral consecuente considera a todos los seres portadores de intereses y capaces de sufrimiento como dignos de consideración moral.

Dicho de otra manera, algo es (para nosotros) digno de consideración moral si entra también por sí mismo como factor de la

211

evaluación moral, independientemente de su utilidad como medio para otro fin nuestro. Hay éticas centradas en el propio clan, o en la propia nación o sexo o raza, o en la propia especie (los humanes), o en los mamíferos y aves, o en los animales en general, o en todos los seres vivos, o en la biosfera entera y sus ecosistemas. Los humanos tenemos intereses que pueden ser promovidos o perjudicados, pero también los tienen sin duda los animales, y quizá incluso las plantas. Yo pienso que la biosfera entera es el marco de referencia global más adecuado, aunque se pueda discutir que las plantas o los ecosistemas sean moralmente considerables. Lo que la reflexión moral contemporánea ha puesto de manifiesto es que no hay argumentos para postular el respeto moral a todos los humanos (incluidos los bebés y diversos tipos de disminuidos y enfermos) que no se apliquen también a amplios grupos de animales.

La tradición de desprecio a los animales

Siempre ha habido personas que han despreciado, explotado, matado y torturado a los animales cruelmente y sin ningún tipo de miramiento. Su sensibilidad atrofiada y encallecida no les permitía considerar moralmente a los otros animales, a veces ni siquiera a los de su propia especie. Pero así como la tradición religiosa y cultural de Occidente hace tiempo que ha tratado (aunque con dudoso éxito) de meter en cintura la violencia contra los otros humanos, amenazando con penas legales y castigos eternos a los transgresores, nunca se ha preocupado seriamente de poner coto al ensañamiento con los indefensos animales.

La consideración moral de los animales no humanos ha sido sobre todo negada en la tradición judeo-cristiana-islámica, así como en sus epígonos presuntamente secularizados de la tradición kantiana y contractualista (que toma el contrato social idealizado entre humanos como única base de la moral).

En la tradición judía, cristiana e islámica la moral es totalmente antropocéntrica y los animales quedan degradados al papel de meros instrumentos. El abismo entre los humanos y el resto de los animales queda ya marcado en el mito bíblico de la creación. En el *Bere'shit* (o *Génesis*) leemos: «Entonces dijo Elohim: "Hagamos al hombre a imagen nuestra, a nuestra semejanza, para que domine a los peces del mar, a las aves del cielo, y a los ganados, y a todas las bestias salvajes y a todos los reptiles que reptan sobre el suelo".»

Agustín de Hipona, que en su juventud había sido atraído por el maniqueísmo (que predicaba el respeto moral por los animales e incluso por las plantas), cambió de opinión al hacerse cristiano: «Cristo mismo mostró que abstenerse de matar animales y destruir plantas es el colmo de la superstición, pues juzgando que no había derechos comunes entre nosotros y los animales y plantas envió a los demonios a una manada de cerdos y con una maldición secó el árbol que no daba fruto.»

En el siglo XIII Tomás de Aquino reafirmó con vigor la doctrina cristiana: «... todo el cuidado que se pone en la operación del instrumento debe referirse al agente principal como a su fin... Luego Dios ha dispuesto que las criaturas racionales sean atendidas por ellas mismas, y que las demás criaturas estén ordenadas al servicio de las racionales... Con estas razones se refuta el error de quienes afirman que el humán peca si mata a los animales brutos. Pues, dentro del orden natural, la providencia divina los ha puesto al servicio del humán. Luego el humán se sirve justamente de los mismos, matándolos o empleándolos de cualquier otro modo.» Si, a pesar de todo, no conviene ser cruel con los animales, ello sólo se debe al peligro de que tal conducta acabe entorpeciendo el carácter y conduciendo a la crueldad con otros humanos o al perjuicio de otros humanos (por ejemplo, de los dueños de los animales maltratados). «Mas si en las Sagradas Escrituras se encuentran algunas prohibiciones de cometer crueldades con los animales brutos..., con ello se pretende apartar el ánimo del humán de practicar la crueldad con sus semejantes, no vaya a suceder que alguien, siendo cruel con los animales, lo sea también con sus semejantes, o porque el mal ocasionado a los animales redunde en daño temporal para el humán que lo hace o para otro ...»[1] La misma doctrina se expone en otros lugares: «Nadie peca por utilizar alguna cosa para aquello para lo que está destinada.... Y por ello si el humán utiliza las plantas para el provecho de los animales, y utiliza los animales para el provecho de los humanes, ello no es ilícito... Por ello es lícito ...mortificar a los animales para uso de los humanes, debido a la misma ordenación divina... El que mata al buey de otro peca, no porque mata al buey, sino porque perjudica a su dueño en algo suyo.»[2]

Kant (como siempre en su moral concreta) se limita a repetir la doctrina cristiana y en especial las tesis de Tomás de Aquino que acabamos de ver:

«El cuarto y último paso dado por la razón eleva al humán muy por encima de la sociedad con los animales, al comprender aquél [si bien de un modo bastante confuso] que él constituye en realidad el *fin de la naturaleza*, y nada de lo que vive sobre la tierra podría competir con él en tal sentido. La primera vez que le dijo a la oveja: "La piel que te cubre no te ha sido dada por la naturaleza para ti, sino para mí", arrebatándosela y revistiéndose con ella [*Génesis*], el humán tomó conciencia de un privilegio que concedía a su naturaleza dominio sobre los animales, a los que ya no consideró compañeros de la creación, sino como medios e instrumentos para la consecución de sus propósitos arbitrarios.»[3] «Aquello de lo que el hombre puede disponer han de ser cosas. A este respecto los animales son considerados como cosas, pero el hombre no es una cosa.»[4]

---

[1] *Summa contra gentiles*, libro III, cap. 112.

[2] *Summa theologiae*, 2-2, qu. 64, art. 1.

[3] *Mutmasslicher Anfang der Menschengeschichte*, Akademie-Ausgabe, VIII, p. 114.

[4] *Moralphilosophie Collins*, en Kants, *Gesammelte Schriften*, vol. XXVII.1, Berlín, Akademie-Ausgabe, p. 373. Trad. española, *Lecciones de ética*, Crítica, Barcelona, 1988, p. 191.

A Kant, como a Tomás de Aquino, tampoco le gustaba la cruel-dad con los animales, pero por la misma razón, por el peligro que encierra de conducir a la crueldad para con los humanos: «Como los animales existen únicamente en tanto que medios..., mientras que el humán constituye el fin y en su caso no cabe preguntar "¿para qué existe el hombre?", cosa que sí sucede con respecto a los animales, no tenemos, por tanto, ningún deber para con ellos de modo inmediato; los deberes para con los animales no representan sino deberes indirectos para con la humanidad... Para no desarrai-gar estos deberes humanos, el humán ha de ejercitar su compasión con los animales, pues aquel que se comporta cruelmente con ellos posee asimismo un corazón endurecido para con sus congéneres. Se puede, pues, conocer el corazón humano a partir de su relación con los animales» [5].

El pensamiento moral occidental sobre los animales ha sido durante largo tiempo mucho más superficial e inconsistente que el oriental, encorsetado como estaba en la tradición judeocristiana, tan mitológica e insensible en este aspecto. Según Agustín de Hipo-na y Tomás de Aquino, el único inconveniente de torturar a los ani-males es que ello pueda conducir a ser cruel con los otros humanos. El hacer sufrir a los animales no tenía importancia alguna, pues los animales no merecían consideración moral. Por eso no es de extra-ñar que los católicos «racionalistas» del siglo XVII pensaran que los animales eran meras máquinas, ni que, todavía a mediados del siglo XIX, el papa Pío XI prohibiese en Roma la fundación de una sociedad para la prevención de la crueldad hacia los animales, con el argumento de que autorizarla implicaría admitir que los humanos tienen obligaciones para con los otros animales. Todavía muy recientemente una encuesta sociológica en Estados Unidos mostra-ba que los grupos más indiferentes al sufrimiento de los animales eran los cazadores, los ganaderos ¡y los clérigos! [6]

---

[5] *Ibíd,* p. 459; trad. esp., p. 287.
[6] *Scientific American,* febrero 1997, p. 72.

¡Vivan los animales!

La tradición de respeto a los animales

Siempre ha habido personas que han respetado la naturaleza y han tratado con compasión e incluso con cariño a los animales. Bien conocido es el amor y la ternura de los infantes por sus animales de compañía. A veces las madres humanas han amamantado con su propia leche a cachorros huérfanos. En nuestro tiempo, muchos naturalistas y ecologistas se han sacrificado desinteresadamente para proteger a parejas nidificantes de aves en peligro o para salvar ecosistemas amenazados de destrucción. Algunas personas han dado su vida por proteger a los gorilas o las ballenas.

Mujer indígena de la Amazonia amamantando a un animalito huérfano. (Fotografía de © Pisco del Gaiso.)

El extremo antropocentrismo de la tradición moral cristiano-kantiana nos parece ahora una posición anacrónica, difícilmente sostenible e incapaz de dar respuestas satisfactorias a las exigencias de nuestra actual sensibilidad. Afortunadamente, no faltan las alternativas. En realidad, en todas las épocas han existido enfoques morales más lúcidos y atractivos acerca de nuestras relaciones con el resto de la naturaleza y, en especial, con los otros animales.

Los pueblos cazadores con frecuencia han sentido mala conciencia y remordimientos por la muerte que infligían a los animales salvajes que cazaban, a los que trataban de aplacar rindiéndoles culto e identificándose con ellos. Todavía ahora (por no citar más que un ejemplo) los yaquis de México bailan la impresionante danza del venado, en la que el cazador se identifica con los sufrimientos y la agonía de su víctima, tratando así de hacerse perdonar el crimen que implícitamente reconoce haber cometido cazándola.

También los pueblos ganaderos sintieron frecuentemente mala conciencia por la matanza de sus animales domésticos y acabaron sustituyéndola a veces por los sacrificios a los dioses. El sacrificio sangriento a los dioses era la forma ritualizada de esa matanza, una manera de absolverse del crimen de quitar la vida. Incluso esos sacrificios eran demasiado para algunos. Así el gran reformador Zaratustra acabó con los sacrificios de bueyes que previamente practicaban los iranios. Esta nueva actitud pasó de Irán a India y a Grecia, donde se manifiesta claramente entre los pitagóricos y Empédocles. En India la vaca tomó consideración de animal sagrado e inviolable.

Hace más de veinticinco siglos que se formularon en India dos de las filosofías más profundas que ha producido el pensamiento humano: el jainismo y el budismo. En ambas juega un papel central la virtud de la no-violencia o *ahimsa* (de *a*, no, y *himsa*, violencia). Esta noción surgió como reacción a los sacrificios de animales, y también fue aplicada contra la pena de muerte y contra la guerra. Aunque aparece por primera vez en las *Upanishad*, fueron los jainas y budistas (sobre todo el emperador Asoka) quienes más la adoptaron y propagaron.

A Mahavira, fundador del jainismo, debemos la definición más precisa del mal: el mal es el dolor infligido a la criatura viviente, la violencia (en sánscrito) la *himsa*. Por eso la regla básica de la moral es el principio de la *a-himsa*, de la no-violencia, el evitar cuanto haga sufrir a las criaturas. Según los jainas (*Acaranga Sutra*, I.2,3): «El sabio ...debería conocer y considerar la felicidad de todas las criaturas ...Pues nada es inaccesible a la muerte, y todos los seres se gustan a sí mismos ...todos evitan la destrucción y se aferran a la vida ...Todas las criaturas aman la vida...»

El primero de los preceptos que Buda legó a sus discípulos consistía también en la *ahimsa*, en la abstención de cuanto pudiera causar dolor a los animales (incluidos nosotros, naturalmente). La generalización del budismo se debió en parte a la conversión del emperador Asoka (en el siglo III antes de nuestra era) y a su acción política a favor del *dharma* (orden moral). Después de victoriosas pero sangrientas campañas militares, Asoka se arrepintió de tanta violencia y se dedicó a propagar la paz, la tolerancia y el respeto y amor por la vida. Hizo plantar árboles y cavar pozos a la vera de los caminos, para que los caminantes y los animales pudieran descansar a la sombra y beber. Limitó la caza y los malos tratos a los animales. Estableció el vegetarianismo en la corte imperial y lo predicó con el ejemplo. Como se lee en uno de sus edictos grabados en roca, «Antes en la cocina del rey ...cada día se mataban miles de animales para las comidas; pero ahora ...ya no se matan para cada comida más que tres animales: dos pavos reales y una gacela, y la gacela no siempre. E incluso estos tres animales dejarán de matarse en lo sucesivo.»

Entre los griegos fueron Pitágoras y Empédocles—probablemente influidos por ideas provenientes de Zaratustra en Irán— los primeros en manifestarse a favor del respeto a los animales y de vegetarianismo. Otros pensadores como Porfirio o Mani, mantendrían la misma posición.

La historia del lento y arduo abrirse camino del principio de la *ahimsa* es la historia del progreso moral de la humanidad. Y, a pesar de todas las barbaridades que siguen registrándose en el mundo, es evidente que ha habido un progreso de la conciencia moral, como bien pone de relieve el cambio de actitud frente a la tortura.

Como vimos, la filosofía clásica europea había pretendido ignorar a los animales, confundiéndolos con los minerales. En palabras de Albert Schweitzer: «Como la mujer que, después de haber fregado el suelo, cuida de que la puerta del cuarto quede cerrada para que no entre el perro y lo ponga todo perdido con las huellas de sus patas, de igual manera los pensadores europeos montan guardia para que ningún animal les corretee por la ética.» Esta situación empezó a cambiar con Bentham. Jeremy Bentham, uno de los filósofos morales más grandes de todos los tiempos, inició el planteamiento moderno de la cuestión hace ahora dos siglos:

> «¿Hay alguna razón para que se permita que atormentemos a los animales? Yo no veo ninguna… Ha habido épocas en que la mayor parte de la especie humana, bajo la denominación de esclavos, ha sido tratada del mismo modo ...como ahora se trata todavía a las razas inferiores de animales. Quizá llegue el día en que el resto de los animales adquieran los derechos de los que nunca pudieron ser privados excepto por la mano de la tiranía. Los franceses ya han descubierto que la negrura de la piel no es razón para abandonar a un ser humano al capricho de su torturador. Quizá llegue el día en que se reconozca que el número de patas, la pilosidad de la piel o la terminación del hueso sacro son razones igualmente insuficientes para abandonar a un ser sensitivo al mismo destino... Un caballo adulto o un perro puede razonar y comunicarse mejor que un infante de un día o de una semana o incluso de un mes. Pero la cuestión no es ¿pueden razonar? o ¿pueden hablar?, sino ¿pueden sufrir?» [7]

Desde Bentham el utilitarismo clásico siempre ha considerado

---

[7] Jeremy Bentham, *The Principles of Morals and Legislation*, 1789, cap. XVII, nota a IV (p. 311 de la edición de Hafner Press, 1948).

que los sufrimientos de los animales deben ser igualmente sopesados al considerar el valor moral de una acción. Charles Darwin fue el primero en expresar claramente la evolución progresiva de las ideas morales:

> «Conforme el ser humano avanza en civilización, y las pequeñas tribus empiezan a unirse en comunidades mayores, la razón más elemental haría ver a cada individuo que tendría que extender sus instintos sociales y simpatías a todos los miembros de la misma nación, aunque le resultasen personalmente desconocidos. Una vez alcanzado este punto, sólo una barrera artificial puede impedir que sus simpatías se extiendan a los humanes de todas las naciones y razas... La simpatía más allá de los confines humanos, es decir, la compasión hacia los animales inferiores, parece ser una de las últimas adquisiciones morales. Parece que no la sienten los primitivos, excepto respecto a sus propios animales de compañía. Lo poco que la sentían los antiguos romanos se muestra en sus horrendas exhibiciones de gladiadores. Por lo que pude observar, la idea misma de compasión parecía nueva a muchos de los gauchos de las Pampas. Esta virtud, una de las más nobles de las que el ser humano está dotado, parece surgir incidentalmente cuando nuestras simpatías van haciéndose más tiernas y se van difundiendo más ampliamente, hasta que se extienden a todos los seres sensibles.» [8]

La intuición de que es moralmente intolerable infligir sufrimientos innecesarios a los animales se ha ido imponiendo entre los éticos contemporáneos. Incluso un judío practicante y libertario a ultranza como Robert Nozick considera obvio que la libertad de cazar y matar por gusto es moralmente inadmisible y llega al extremo de recomendar el vegetarianismo estricto por razones morales. Peter Singer, el más prestigioso tratadista actual en cuestiones de ética aplicada, titula significativamente dos de sus libros *El círculo en expansión* y *Liberación animal*.

---

[8] Charles Darwin: 1871. *The Descent of Man*, cap. III (pp. 100-101 de la edición de Princeton University Press de 1981).

Albert Schweitzer (filósofo, médico, músico, historiador, Premio Nobel de la Paz 1952, y misionero-médico en el hospital de Lambarené, Gabón) ha dedicado su vida a articular y propagar el ideal moral de la reverencia por la vida *(Ehrfurcht vor dem Leben)*, del respeto por cualquier voluntad de vivir, tanto la que él descubría dentro de sí mismo como la que barruntaba en cada ser vivo:

> «Un humán es realmente ético sólo cuando obedece al imperativo de ayudar a toda vida que sea capaz de socorrer, y cuando se toma la molestia de evitar dañar a cosa viva alguna... Para él la vida en cuanto tal es sagrada... No arranca una hoja del árbol ni corta una flor, y tiene cuidado de no pisar a ningún insecto mientras camina. Si trabaja por la noche a la luz de una lámpara, prefiere mantener su ventana cerrada y respirar el aire sofocante antes de permitir que insecto tras insecto caigan sobre su mesa con sus alas chamuscadas... La ética consiste en que yo experimente la necesidad de practicar la misma reverencia por la vida hacia toda voluntad de vivir que hacia la mía misma.» [9]

Casi todos los pensadores recientes que se han ocupado con alguna seriedad del tema son partidarios de la consideración moral de los animales. En este sentido estamos más cerca de los budistas y Bentham que de Tomás de Aquino y Kant. En cualquier caso, la discusión ha superado los círculos académicos y ha saltado a la calle con el nombre de movimiento en favor de los derechos de los animales. Entre los numerosos filósofos que han defendido la consideración moral de los animales se encuentran Peter Singer, Michael Fox, Tom Regan, Ursula Wolf, Angelika Krebs y muchos otros. Además, famosos escritores (como el inglés Gerald Durrell, la belga Marguerite Yourcenar o la sueca Astrid Lindgren) han tomado partido decidido en favor de los animales. La discusión actual sobre la consideración moral de los animales fue inicialmente impulsada por el filósofo Peter Singer, sobre todo a raíz de la publi-

---

[9] *Kulturphilosophie*, vol. II, *Kultur und Ethik.*

cación en 1971 de su libro *Animal Liberation*. Los argumentos iniciados por Singer han ido ganando terreno y han dado lugar a una bibliografía ya inabarcable por lo extensa.

Peter Singer

Peter Singer es el pensador contemporáneo que más atención ha dedicado a los problemas de ética aplicada. Singer considera que, si bien la capacidad de sufrir y de sentir dolor es central para determinar qué es un mal moral y qué no lo es, la mera pertenencia a una raza o especie u otra, como tal, es irrelevante, si no se quiere caer en el prejuicio del racismo o el especieísmo.

Según Singer, la doble tesis de que todos los humanos tienen el mismo estatus moral y que todos los humanos tienen un estatus moral superior al de los no-humanos es insostenible, a no ser en base a prejuicios religiosos. La conjunción de ambos principios implica que hay alguna característica que todos los humanos poseen y que ningún animal no humano posee, en virtud de la cual todos los humanos son iguales, y ningún otro animal lo es. Según el especieísmo, el mero hecho de ser miembro de la misma especie ya es motivo suficiente para conferir un estatus moral superior, como, según el racismo, lo es el pertenecer a la misma raza. La jerga de la especial dignidad o valor intrínseco de nuestra raza o nuestra especie resulta incomprensible. «Generalmente no se dan razones para esta afirmación, que se parece más a un encantamiento religioso que a un argumento.» [10] Aunque la afirmación carece de soporte argumentativo, está enraizada en las creencias judeocristianas de que todos y solos los humanos están hechos a imagen de Dios, y de que sólo los humanos tienen un alma inmortal. (En otras culturas se ha creído en la inmortalidad o la transmigración de todos los animales.) No es especieísmo preferir o considerar más a los humanos,

---

[10] Peter Singer, «The significance of animal suffering», en *Behavioral and Brain Sciences*, 13, 1990, pp. 9-12 y 45-49.

porque posean ciertas diferencias relevantes, como conciencia racional, sentido moral o capacidad de sufrir. El problema es que no todos los humanos poseen tales capacidades: por ejemplo, de ellas carecen los infantes menores de un año y los subnormales profundos. Si nos limitamos a exigir la capacidad de gozar y sufrir, entonces los bebés y los subnormales profundos la tienen, pero también la poseen muchos otros animales. Podría decirse que los infantes recién nacidos tienen potencial, pero los humanos subnormales profundos no lo tienen. Puesto que las capacidades de los humanos y los no humanos se solapan, no hay manera de trazar la frontera por criterios no especieístas. Todo el movimiento antidiscriminatorio insiste en que consideremos a cada individuo por sí mismo, no por su pertenencia a un grupo. Por tanto —concluye Singer—, no podemos aplicar estándares distintos al sufrimiento de animales humanos y no humanos. La moral es universal. Deberíamos considerar el sufrimiento ajeno tanto como el propio y el de otros animales tanto como el de congéneres. Por ello, cuando hay un conflicto de intereses entre la enorme miseria que se causa a las gallinas condenadas a vivir encerradas en estrechas baterías y la elevación del precio de los huevos que traería consigo un tratamiento más considerado de las gallinas deberíamos propugnar la abolición de las baterías, pues ello representaría un gran beneficio (para las gallinas) frente a un pequeño perjuicio (para los consumidores de huevos).

No todo el mundo está de acuerdo con Singer. Ray Frey señala que en nuestra práctica social habitual estamos acostumbrados a imponer cargas a un grupo (aun contra su voluntad) a favor de otro: servicio militar, impuestos, etc. El daño hecho a un grupo se compensaría con el beneficio aportado a otro. Este argumento utilitarista justificaría el sufrimiento de los animales en la experimentación científica sólo en algunos casos (y en ellos justificaría también el uso de humanos subnormales, como el mismo Frey reconoce), pero en la mayoría de los casos sería insostenible incluso aceptando un planteamiento crudamente utilitarista, pues (como vimos en el caso de las gallinas) con frecuencia el sufrimiento producido a los animales es mucho mayor que el beneficio aportado a los humanes (en la escasa medida en que tales comparaciones interespecíficas tengan algún sentido).

Todos nos sentimos más obligados a alimentar a nuestros propios infantes que a los del vecino. Nadie criticaría a una madre que, en caso de incendio, se arriesgase más por salvar a su propio hijo que a los demás. Más bien se criticaría la actitud contraria. No hay nada que objetar a un familiísmo moderado, que se limitase a preferir a los miembros de nuestra propia familia, mientras se respetase a los demás. Lo que resultaría moralmente intolerable sería robar la comida de los otros infantes para alimentar a los nuestros, o hacer sufrir a niños ajenos para diversión de nuestros propios hijos. Lo que es objetable en el especieísmo no es que dé más importancia a la propia especie que a las otras, sino que no dé ninguna importancia a las demás. La preferencia por la propia familia o especie sólo es moralmente deplorable si es usada para justificar nuestro tratamiento sin escrúpulos, como meros recursos, de aquellos respecto a los cuales no sentimos una parcialidad especial. La preferencia por el propio grupo sólo es aceptable en la medida en que sea compatible con el respeto de los demás.

Así como preferimos unos humanes a otros, aunque no sea más que porque nos resultan más próximos o nos caen más simpáticos o los admiramos más o por cualquier otro motivo, pero a pesar de ello los respetamos a todos, así también nuestro respeto y consideración por todos los animales no nos impide preferir a algunos, y considerar a unos más que a otros. Cuando los humanes son afectados por enfermedades como la dracunculosis o la triquinosis, no vacilamos en curarlos matando a los nematodos (gusanos redondos) parásitos *Dracunculus* o *Trichinella* que invaden sus músculos. Nosotros somos también humanes y sentimos más solidaridad con nuestros congéneres que con los nematodos. Cuando nuestro perro tiene garrapatas, le quitamos las garrapatas y las matamos. Por un lado, pensamos que el perro es un animal mucho más inteligente y con mucha mayor capacidad de sufrir que la garrapata. Por otro, estamos ligados a nuestro perro con un vínculo de lealtad y amistad que no existe en el caso de la garrapata. La garrapata no hace nada moralmente malo, se limita a hacer aquello para lo que está genéticamente preprogramada, es decir, a caer sobre el primer mamífero que pasa y chuparle la sangre. Pero nosotros somos también mamíferos y nos sentimos más solidarios del perro que de la garrapata. Albert Schweitzer, que había recogido un águila pescadora herida para curarla, daba la preferencia al águila sobre los peces con los que la alimentaba: «Ahora he de decidir si la dejo morir de hambre o si para salvarle la vida mato cada día muchos pececillos. Me decido por esto último. Pero cada día me oprime como un peso el sacrificio de estas vidas en beneficio de aquélla, del que yo asumo la responsabilidad.» Incluso cuando un mosquito nos amenaza con picarnos, no vacilamos en liquidarlo (si podemos) de un manotazo. No tratamos de ser santos, pero tampoco queremos ser unos canallas.

El respeto por los animales

El animal sufre cuando es incapaz de llevar a cabo las acciones que normalmente reducirían su riesgo de morir o no reproducirse. Un claro signo de que la eficacia biológica (*fitness*) de un animal está amenazada es la disminución de su salud fisiológica o psicológica. La mala salud y las heridas son indicadores importantes de sufrimiento. Sin embargo, también un animal con buena salud podría sufrir, incluso cuando sólo se lo sometiese a condiciones de bajo coste biológico. El coste biológico de una conducta (o de su omisión) es la disminución de la probabilidad de sobrevivir y reproducirse como resultado de efectuar (u omitir) esa conducta. Pero este coste puede ser distinto del coste percibido por el animal, sobre todo si el animal está siendo retenido en un medio muy distinto de aquel en que evolucionó la conducta de su especie. Por ejemplo, un ave de una especie migratoria que migra en otoño, retenida en una jaula, puede estar bien cuidada y alimentada, e incluso tener en la jaula mayor probabilidad de sobrevivir que sus compañeras libres a punto de emprender la migración. Pero su conducta no ha evolucionado para adaptarse a esa circunstancia. En otoño tratará de migrar y sufrirá mucho si no puede hacerlo. Sus repetidos intentos de escapar muestran su motivación y su frustración. Las aves salvajes de la misma especie que no migran tendrán pocas probabilidades de superar el frío y oscuro invierno. El pájaro enjaulado percibirá el costo de quedarse como el riesgo de muerte, aunque objetivamente no esté en peligro. Por ello hay que distinguir el coste biológico objetivo del costo subjetivamente percibido por el animal, que es el que se manifiesta como sufrimiento. La salud requiere que el animal esté libre de enfermedades y heridas y libre de amenazas inmediatas a su supervivencia y reproducción. Un animal confinado puede estar en buena salud, y a pesar de ello sufrir, si el costo percibido de su confinamiento es alto. La salud psíquica implica que los costos percibidos son bajos.

Todos los animales sufrimos, tanto los libres como los cautivos. Muchos animales libres sufren más que los cautivos, sometidos como están a los rigores del duro invierno o de la inclemente sequía, a los parásitos y las enfermedades, a la hambruna y la predación. Como Novak y Meyer han señalado, en comparación con los primates salvajes, los primates que viven en cautividad viven más tiempo, tienen menor mortalidad infantil y están más sanos, en virtud de su menor exposición a enfermedades, su vigilancia veterinaria y su suministro asegurado de comida. En este sentido se benefician de la cautividad. Por otro lado, experiencian restricciones de espacio, sensoriales, sociales y cognitivas. Carecen de los peligros y oportunidades y aventuras de la vida en libertad. En definitiva, todos los animales cautivos son nuestros prisioneros, y los zoos, establos y laboratorios son sus prisiones. Muchos animales domésticos y ganaderos son incluso prisioneros voluntarios, ya que no sabrían vivir fuera de la cárcel. Y, puestos a vivir en prisión, todos preferiríamos estar en una cárcel sueca que en una turca. Pero, si realmente nos dan a elegir (casi), todos preferimos la libertad. Como ha indicado Paul Taylor, todos los organismos tienen un bien específico de su especie que ellos están programados para alcanzar y tratan de alcanzar, si no hay interferencias externas. Ese bien se realiza en la vida salvaje, y sólo de un modo disminuido en la cautividad. Por eso el máximo respeto que se puede mostrar por la inmensa mayoría de los animales no consiste en tratar de ayudarlos, sino en dejarlos en paz, en respetar su libertad salvaje y en permitirlos vivir *su* vida.

La antigua filosofía daoísta subrayaba la armonía con la naturaleza y el respeto por la manera peculiar (*dé*) de ser y de vivir de cada animal. Su principal pensador, Zhuang Zhou, escribía hace 2.300 años que «el faisán de los pantanos cada diez pasos tiene donde picotear y cada cien pasos donde tomar un sorbo de agua. Nunca pedirá ser alimentado en una jaula. No querría estar enjaulado, aunque lo tratasen como a un rey». En otra célebre fábula nos cuenta que:

> «Una gaviota vino una vez a posarse en los arrabales de la capital de Lu. El señor de Lu fue personalmente a recibirla y la llevó al templo de los antepasados, donde dio una fiesta en su honor. El rey ofreció su vino a la gaviota, hizo sacrificar un buey para que se lo comiera y mandó tocar música para entretenerla. Pero la gaviota estaba asustada, miraba con ojos turbados y no se atrevía a comer un pedazo de carne ni a beber una copa de vino. Al cabo de tres días murió de hambre y de sed. El señor había tratado a la gaviota como se habría tratado a sí mismo, no había tratado a la gaviota como gaviota. Para tratar a la gaviota según su propia naturaleza habría sido preciso dejarla posarse en un bosque profundo y recorrer en libertad las marismas y sobrevolar los ríos y lagos.» [11]

El dolor provocado como mal moral

El mal óntico o físico (la muerte prematura, la mutilación, la enfermedad, la extinción) afecta a todos los organismos, sin excepción, e incluso a los ecosistemas y las especies. Pero sólo en los animales (en algunos) se da el mal psíquico o afectivo (el sufri-

---

[11] *Zhuangzi*, cap. 18.

miento, el dolor). Ambos tipos de mal ocurren por doquier en la naturaleza. El asunto no tiene nada que ver con la moral, mientras no se produzcan interferencias humanas. Los humanos somos (que sepamos) los únicos agentes morales (o inmorales) y nuestra interferencia en el resto de la naturaleza introduce como novedad el mal moral, el mal que no se habría producido sin la interferencia humana y que sólo por ella ocurre. El mal moral puede ser tanto de la variedad óntica como de la psíquica. Aquí nos ocuparemos únicamente de este último tipo de mal: el mal moral psíquico, el sufrimiento artificialmente provocado.

El mecanismo del dolor, que en general favorece la supervivencia (por eso ha sido retenido por la evolución), sin embargo, produce a veces efectos laterales lamentables, como ciertos dolores crónicos sin valor alguno de supervivencia. De hecho todo mecanismo puede fallar, puede tener consecuencias laterales indeseables, o puede ser objeto de abuso o sabotaje. La alarma de una casa puede estropearse y dar lugar a molestias y complicaciones no previstas. El gas de la cocina puede en algún caso escaparse de la conducción y provocar una explosión no deseada. El freno del coche está hecho para frenar en situaciones de peligro o exceso de velocidad, pero a veces puede bloquearse, impidiendo la marcha del automóvil o incluso provocando un accidente. Si el bloqueo del freno es el producto de un sabotaje intencional se trata de un crimen. Si el sufrimiento de una criatura es el producto de un sabotaje intencional se trata de un mal moral.

El mecanismo del dolor como alarma tiene efectos laterales indeseables, experiencias subjetivas de aflicción sin efecto positivo alguno. Esa masa de dolor inútil ya es de por sí lo suficientemente grande, sin que nosotros interferamos para aumentarla. Si interferimos y producimos un dolor extra, ese dolor innecesario constituye el mal moral. La fuente de ese mal es la crueldad o mala intención de quien lo produce. Pero el mal moral objetivo no es la intención, sino el dolor mismo. La interferencia humana que directamente provoca ese aumento de dolor es la crueldad, en que consiste el mal moral subjetivo. Y la condena de esa interferencia culpable, de esa crueldad, constituye la indignación moral. La emoción moral desagradable que sentimos al colocarnos imaginativamente en el lugar de los sufrientes es la compasión.

La emoción moral básica es la com-pasión con la criatura, el ponerse mentalmente en el lugar de la criatura y en padecer con ella, en com-padecerla. La compasión es proporcional a la capacidad de imaginación y empatía de quien la siente, y a la cercanía (filogenética y espacial) de quien la provoca. Los humanos sentimos emociones morales, y en especial compasión. Tenemos la capacidad congénita de sentirla (otra cosa es que la ejercitemos más o menos). Nuestra capacidad de empatía y compasión no es uniforme, sino gradual: es máxima con nuestros semejantes, es grande con los mamíferos, menor con las aves, todavía menor con los peces, etc. También nos compadecemos más de los que nos son próximos (familiares, amigos, vecinos, animales domésticos con los que convivimos, o que conocemos aunque sea por la televisión) que por los desconocidos y lejanos. Cuando miramos a un perro (especialmente si es el nuestro), lo entendemos mucho mejor que cuando miramos a un pez (aunque sea nuestro). Nos cuesta menos ponernos en el lugar del perro y adivinar lo que siente y padece, y, por tanto, compadecernos de él, que ponernos en el lugar del pez.

En varias tradiciones modernas de filosofía moral (como las de raíz kantiana o contractualista) se ha olvidado el papel fundamental que juegan las emociones morales en la ética, y se ha insistido exageradamente en los esquemas teóricos abstrusos, en general artificiosos y simplistas. Como ha señalado Ursula Wolf, esas tradiciones carecen incluso de los conceptos necesarios para plantear el problema de nuestras relaciones con los animales. Las teorías morales, como las especulaciones físicas, necesitan ser contrastadas. Y las emociones morales juegan en la ética el mismo papel que las observaciones empíricas juegan en la física. Las emociones morales constituyen la piedra de toque de las teorías morales. Lo cual no es óbice para que, de vez en cuando, nuestras teorías físicas o morales nos ayuden a detectar y corregir ilusiones ópticas o emociones contrapuestas.

No todo dolor, ni siquiera todo dolor evitable, constituye un mal moral. El mal moral es el dolor positivamente provocado, el dolor debido a la interferencia de un agente humano y que no se habría producido sin esa interferencia, el dolor del que hay un culpable. El mal moral afectivo en que consiste el dolor provocado sólo se da en las criaturas sensibles, dotadas de sistema nervioso suficientemente desarrollado y capaces de sentir dolor. El dolor siempre es individual. No existe un sufrimiento de la especie (y menos aún del grupo social, de la tribu o de la nación). El mal moral aquí considerado siempre se refiere a un animal concreto. La capacidad de sentir dolor es diferente en las distintas especies. Es mayor en los vertebrados superiores (mamíferos y aves). Desde este punto de vista el daño causado a una criatura será tanto peor moralmente cuanto mayor sea su capacidad de sufrir. Recordemos, con Bentham, que la pregunta moral relevante respecto a un animal no es: ¿puede pensar?, sino ¿puede sufrir?

Capítulo XIII

Gemidos en el laboratorio

Cosmética

La creciente consideración moral de los animales y la preocupación por evitar la crueldad en nuestra relación con ellos ha llevado a poner en entredicho los experimentos dolorosos realizados sobre animales vivos. Muchos de esos experimentos son innecesarios y carecen de justificación posible. Piénsese en la multitud de animales inocentes y sensibles a los que se somete a la ceguera más dolorosa simplemente para ensayar nuevos cosméticos.

Muchos fabricantes de productos cosméticos y para el hogar, como pintalabios o detergentes, someten sus productos a innumerables pruebas y experimentos dolorosísimos, de los que son víctimas inocentes millones de conejos, cobayas y otros mamíferos sensibles, sometidos a torturas y mutilaciones rutinarias. Uno de los experimentos más frecuentes es la prueba o test de Draize. Consiste en aplicar dosis exageradas del producto (por ejemplo, champú) a uno de los ojos de un conejo inmovilizado por el cuello hasta producir úlceras, llagas, hemorragias y ceguera, mientras el otro ojo sirve de control comparativo. El conejo, enloquecido de dolor atroz, a veces se rompe la columna vertebral tratando de liberarse y escapar. En otras pruebas (las de dosis letal) se obliga a los animales a ingerir detergentes y otros productos nocivos, y se observan sus reacciones (convulsiones, erupciones cutáneas, diarreas, etc.). Parece obvio que la experimentación dolorosa con animales para fines meramente cosméticos o de limpieza es innecesaria y debería estar prohibida (en vez de requerida por la ley, como ocurre en algunos países). De hecho, e incluso antes de que llegue la prohibición, un número creciente de clientes (sobre todo mujeres) han manifestado su oposición absoluta a que se haga sufrir tanto a animales inocentes con fines tan frívolos y han empezado a boicotear a las empresas que toleran tales prácticas. Como respuesta, varias de las empresas de cosméticos más conocidas (como The Body Shop y, más recientemente, Avon) ya han renunciado voluntariamente a la investigación sobre animales vivos y anuncian en sus productos que ningún animal ha sufrido para desarrollarlos.

Investigación médica y científica

Un caso especialmente delicado lo constituyen los experimentos dolorosos en la investigación farmacológica o médica. Muchos experimentos son repetitivos (por ejemplo, se repiten en Europa los controles con animales ya realizados en Estados Unidos), otros no sirven para nada excepto para que algún científico mediocre publique un artículo igualmente mediocre exponiendo lo que ya se sabía, y otros muchos ni siquiera para eso sirven. Los experimentos dolorosos con animales vivos, repetidos rutinariamente como meras prácticas de alumnos, están prohibidos en algunos países, mientras que en otros se toleran o incluso son mandatorios. Sin embargo, hay que reconocer que algunos experimentos sobre animales vivos son necesarios para obtener conocimientos importantes, que a su vez pueden contribuir a la larga a evitar muchos dolores, tanto a los humanes como a otros animales. Piénsese en las investigaciones que, desde Pasteur y Koch, han conducido a identificar el origen de las enfermedades infecciosas y a desarrollar antibióticos y vacunas.

El uso de animales no humanos como modelos para probar fármacos y terapias tiene el inconveniente de que muchos fármacos tienen efectos distintos en especies diferentes, por lo que es peligroso extrapolar sin más de otras especies a la humana. Piénsese en el retraso inicial en el descubrimiento de la vacuna de la poliomielitis o en la tragedia de la talidomina, probada primero sólo en animales no humanos y que provocó el nacimiento de gran número de infantes deformes.

El conocimiento es un bien y el sufrimiento es un mal. Por ello la curiosidad, que tiende a incrementar el primero, y la compasión, que tiende a reducir el segundo, son pasiones admirables. En las raras ocasiones en que entran en conflicto tenemos un problema genuino, que no se puede barrer debajo de la alfombra. Tal conflicto ha existido desde hace más de cien años con la experimentación dolorosa con animales vivos o vivisección. En el caso de los experimentos científicamente importantes se plantea un conflicto moral genuino, sin solución satisfactoria, entre nuestra valoración del avance del conocimiento y nuestro rechazo del sufrimiento provocado. De hecho, no siempre nuestras intuiciones morales van en la misma dirección. Y a este caso —más complejo que los otros— se aplican intuiciones divergentes. Varios países han introducido legislación para regular el uso de los animales en la investigación científica, así como comités para evitar los experimentos dolorosos prescindibles, pero todavía no hemos llegado (ni siquiera en el plano teórico) a una solución satisfactoria.

Polémica de la vivisección

Vivisección significa cortar en canal o rajar a un animal, mientras está vivo. La polémica sobre la vivisección acompañó a la fisiología experimental desde sus comienzos. Uno de sus fundadores, François Magendie (1783-1855), era un vivisector entusiasta y desorganizado. Daba sus clases a base de rajar y descuartizar animales vivos (cachorros de perro) sin parar y sin el más mínimo empacho. Tuvo una poco envidiable fama de sádico. A pesar de ello, hizo algunos descubrimientos notables. Halló, por ejemplo, que los nervios anteriores de la médula espinal son motores, mientras que los posteriores son sensoriales (llevan los impulsos al cerebro).

La polémica sobre la vivisección se manifestó ya con ardor en la época de Claude Bernard (1813-1878), otro de los fundadores de la fisiología experimental, que fue asistente de Magendie, a quien sucedió en la cátedra a su muerte en 1855. Miles de perros abandonados eran llevados a su laboratorio, donde eran sometidos sin anestesia a experimentos a veces terriblemente dolorosos. No todo el mundo estaba convencido de su necesidad. Su ayudante George Hoggan escribió que la mayoría eran innecesarios y no estaban justificados. En un momento en que se encontraba sin «material» a mano, llegó a viviseccionar al perro de su hija. Sus hijas y su mujer odiaban sus experimentos, que denunciaron repetidamente, y se compadecían de los animales. Su mujer acabó separándose de él en 1869 y sus hijas, como reparación a las barbaridades de su padre con los perros del laboratorio, contribuyeron con mucho dinero a las sociedades antivivisecccionistas. Una de ellas incluso fundó el célebre refugio de perros de Asnières para recoger a los canes salvados de la vivisección.

Claude Bernard no aceptaba la teoría evolucionista de Darwin, que era quien estaba haciendo las contribuciones más fundamentales a la biología, sin torturar a animal alguno. A pesar de todo, hizo avanzar mucho a la fisiología. Estudió la acción fisiológica de los venenos. Demostró que el veneno *curare* (empleado en Suramérica para las puntas de las flechas) paraliza los músculos al evitar que le lleguen los impulsos nerviosos. El médico americano William Beaumont (1785-1853) había tratado y observado con todo cuidado a un herido de guerra al que un balazo le había abierto un gran agujero que conectaba el interior de su estómago con el exterior de su cuerpo. Anque la herida curó, le quedó esta fístula (o tubo) natural, que Beaumont aprovechó para analizar con todo detalle el contenido de su estómago bajo diversas circunstancias. Así se inició el estudio experimental de la digestión, continuado y amplificado luego por Claude Bernard mediante la creación de fístulas artificiales (tubos) conectando diversas partes del aparato digestivo de los animales (perros) con el exterior. Bernard mostró que el estómago no es la sede de toda la digestión, como se pensaba, sino sólo su antesala. Introdujo comida directamente en el inicio del intestino delgado, donde recibía los jugos del páncreas, mostrando que la mayor parte de la digestión tenía lugar en el intestino delgado y que el páncreas tiene un papel importante en la digestión (sobre todo de las moléculas de grasa). Bernard introdujo la idea de homeostasis o equilibrio interno, mostrando que la temperatura interna es regulada por la dilatación y constricción de los vasos sanguíneos, siguiendo instrucciones nerviosas. También mostró que los eritrocitos transportan el oxígeno de los pulmones a los tejidos. Su idea de lo homeostasis la extendió también a los niveles de azúcar en la sangre. En 1856 descubrió la presencia de glucógeno (una sustancia parecida al almidón) en el hígado de los mamíferos. Mostró que el hígado podía formar glucógeno a partir del azúcar de la sangre y almacenarlo como reserva, que en tiempos de carencia podía ser reconvertido de nuevo en azúcar. El glucógeno es formado o destruido en proporciones tales que el nivel de azúcar en la sangre permanece constante.

La ética de los experimentos dolorosos

Darwin, que siempre había defendido a los animales, valoraba al mismo tiempo muy altamente el progreso del conocimiento científico, también en el campo de la fisiología. Por ello, aunque apoyó que el Parlamento inglés aprobara una ley contra la crueldad, no quería que ello impidiese la investigación fisiológica con animales vivos. «Toda mi vida he sido un decidido partidario de la compasión hacia los animales, y he hecho lo que he podido en mis escritos para promover este deber… Por todo lo que he oído, me temo que en algunas partes de Europa se presta poca consideración a los sufrimientos de los animales, y, si ese es el caso, me alegraría de que en tales países se legislara en contra de la crueldad. Por otro lado, la fisiología no puede progresar sin experimentos en animales vivos… Yo siempre honraré a los que hacen avanzar la noble ciencia de la fisiología.» De todos modos, pensaba que los fisiólogos ingleses eran más cuidadosos que los de otros países, mientras que, por ejemplo, «el fisiólogo francés Magendie ...se hizo tristemente famoso por sus crueles experimentos con animales vivos»[1].

Algunos filósofos morales que se han ocupado del tema, como Ray Frey[2], aceptan un uso limitado de humanes mentalmente subnormales y de animales no humanos como sujetos de experimentación, reconociendo que no hay argumentos para considerar moralmente más a los humanes mentalmente subnormales que a los otros animales. Los humanos en pleno uso de sus capacidades mentales, así como los chimpancés y otros animales superiores, deberían quedar excluidos de la experimentación. Por otro lado, en ciertos experimentos cruciales de la investigación médica y farmacológica los mejores animales experimentales (los mejores modelos de la reacción humana) somos sin duda nosotros mismos, los humanos, y, después, los animales más sensibles y próximos filogenéticamente a nosotros, como los primates e incluso los mismos chimpancés, lo cual acaba de exacerbar el dilema moral planteado.

Bernard Rollin insiste en que la práctica de la experimentación con animales presupone un juicio de valor implícito y muy discutible, en el sentido de que el pequeño conocimiento obtenido es más valioso que la vida de sufrimiento del animal. Hay que guardarse de causar daño considerable a individuos para favorecer al grupo. Hay que tratar a cada animal de experimentación como un objeto de consideración moral. J. Gray[3] hace una moderada defensa del especieísmo y distingue entre principios éticos y elecciones morales. Una madre confrontada con la elección entre salvar a sus infantes y a otros elegirá siempre a los suyos. Ello es moralmente correcto y, como gran parte del comportamiento considerado moralmente deseable está ya en nuestra herencia biológica. El objetivo de los experimentos con animales es el avance del conoci-

[1] *The Collected Papers of Charles Darwin*, ed. B. y P. H. Burrett, The University of Chicago Press, 1977, vol. 2, pp. 226-227.

[2] Ray Frey, *Interests and Rights: The Case Against Animals*, Oxford, Clarendon Press, 1980.

[3] *Behavioral and Brain Sciences*, 13.

miento científico del mundo, que es un fin de gran valor moral. Gray ve el mayor problema relacionado con la experimentación en el hecho de que, cuanto más valiosos son los animales como modelos de nosotros, tanta mayor consideración moral merecen. El filósofo moral Tom Regan toma una postura más tajante y piensa que toda experimentación dolorosa con animales debería ser prohibida sin excepción alguna.

Un caso significativo es el del filósofo canadiense Michael Fox, que en su libro *The Case for Animal Experimentation* (1986) trató de probar que los animales no son miembros de la comunidad moral y, por tanto, los humanes no tienen obligaciones morales para con ellos. En su libro Fox pretendía englobar a todos los seres humanos (incluidos bebés, niños pequeños, subnormales profundos, comatosos y otros incapaces de tomar decisiones morales reflexivas) en la comunidad moral, al tiempo que excluía a todos los animales no humanos. El intento se saldó en fracaso, como el mismo Fox reconoció en sus escritos posteriores *(Animal Experimentation: a Philosopher's Changing views*, 1987), en los que ha propugnado que la obligación moral básica de evitar perjudicar a los demás debe extenderse a los otros animales, por lo que ahora se opone a experimentar con ellos.

Darwin conocía las emociones de los animales, sobre las que había escrito ampliamente. Sin embargo, en las primeras décadas del siglo XX el conductismo indujo a muchos investigadores a adoptar el mito cartesiano de que los animales son meras máquinas que no sufren ni tienen emociones, limitándose a producir reacciones mecánicas medibles, lo cual les servía de coartada para realizar sus experimentos dolorosos sin escrúpulos ni miramientos. Más tarde esta posición tan alejada de la realidad y del sentido común ha ido cambiando y los propios científicos implicados han ido tomando conciencia del problema. En una reunión de los National Institutes of Health de Estados Unidos en 1996, el ilustre veterinario Gerald Gebhart señalaba que el aparato de sentir dolor es el mismo en todos los vertebrados, por lo que aconsejaba a los investigadores que se guiasen por esta sencilla regla práctica: «Si te duele a ti, probablemente también le duele al animal.» [4]

Ya en 1959 los biólogos William Russell y Rex Burch enunciaron la nueva estrategia sobre experimentación animal, que desde entonces ha ido siendo mayoritariamente adoptada, basada en las «tres Rs»: reemplazar (los animales vivos por métodos de cultura *in vitro* y otros), reducir (el número de experimentos, evitando duplicaciones, mejorando el análisis estadístico, etc.), y refinar (los experimentos, a fin de minimizar el sufrimiento de los animales). Al mismo tiempo, los defensores de los animales lograron fotografiar escenas de chocante crueldad en diversos laboratorios. Cuando estas fotos fueron publicadas, la opinión pública indignada obligó a los legisladores a poner coto a tales prácticas. Así, por ejemplo, en Estados Unidos en 1966 se aprobó la Animal Welfare Act (ley sobre el bienestar animal), enmendada en 1985 para proteger más eficazmente a los primates. De todos modos, el cumplimiento de tales leyes es difícil de controlar. Algunos pocos laboratorios incluso se han transformado en fortalezas semiclandestinas, a las que se prohíbe el acceso de observadores, y de los que son expulsados como «traidores» los propios investigadores que osan contar lo que pasa dentro. Obviamente, tal sectarismo nada tiene que ver con el espíritu crítico y abierto característico de la ciencia.

Primates en la investigación

En los últimos treinta años, el desarrollo de métodos alternativos de investigación (como el cultivo *in vitro*) y el cambio en nuestra consideración moral de los animales (motivado por el progreso en su conocimiento) han llevado a una drástica reducción del número de experimentos con animales, sobre todo con los más parecidos y próximos a nosotros. En Canadá los mamíferos han desaparecido casi de los laboratorios, sustituidos por los peces. En

---

[4] *Scientific American*, febrero 1997, p. 73.

Estados Unidos la difusión de vídeos obtenidos en laboratorios que trabajaban con primates en condiciones intolerables produjo una explosión de indignación en la opinión pública que condujo en 1985 a que el Senado tomase cartas en el asunto y adoptase medidas legislativas para poner coto a tales abusos. Si los primates son tan buenos modelos nuestros es porque son muy parecidos a nosotros, por lo que la consideración moral que merecen tampoco puede ser tan distinta.

En los ochenta, y medio avergonzados por la mala conciencia, los investigadores americanos decidieron inyectar el HIV (el virus del sida) a casi 200 chimpancés nacidos en cautividad. Esperaban que serían buenos modelos del sida humano y que enseguida morirían por la infección, por lo que no sufrirían largo tiempo. En contra de esas previsiones, los chimpancés resultaron ser pésimos modelos y ninguno se infectó durante los primeros trece años del experimento, aunque finalmente alguno ha contraído la enfermedad. Los años pasaban, el dinero se acababa y los chimpancés vivían vidas miserables encerrados en edificios sin ventanas y atendidos por cuidadores en trajes «espaciales» aislantes. Tal situación sólo fue admitida porque se pensaba que duraría muy poco tiempo. Llevan catorce años así. El experimento ha sido un fracaso científico y económico, y un desastre moral. Ningún enfermo humano del sida ha obtenido el más mínimo beneficio de esa tremenda injusticia causada a 200 parientes próximos sensibles e inteligentes. De hecho, en América hay una población de unos 1.800 chimpancés nacidos en cautividad a disposición de la investigación, aunque no se sabe muy bien qué hacer con ellos. Los jóvenes científicos prefieren no mancharse las manos haciendo sufrir a primates tan inteligentes. Además, la ley obliga a las instituciones a velar por su bienestar, lo que sale bastante caro. Mientras tanto, los chimpancés pasan gran parte del tiempo mirando la televisión. Sus programas favoritos son los documentales sobre chimpancés.

En el pasado también se han realizado experimentos dolorosos sobre seres humanos, sobre todo con condenados a muerte y prisioneros, sin contar con su consentimiento. Tristemente famosos son los experimentos masivos (y científicamente inútiles) de los médicos nazis con los judíos encerrados en los campos de concentración durante la segunda guerra mundial. En principio, no habría nada que oponer a experimentos con sujetos humanos, siempre que éstos dieran su consentimiento libre y bien informado. Pero someter a primates tan inteligentes y sensibles como los humanes y los chimpancés a experimentos dolorosos contra su voluntad es una aberración moral y una injusticia absoluta. En realidad, un consenso moral está emergiendo para excluir al menos a los primates de los suplicios de la vivisección y la experimentación dolorosa.

Xenotrasplantes de cerdos a papiones

Los papiones o babuinos (*Papio anubis*) son primates muy sociales e inteligentes. Sus extensas familias han sido tomadas con frecuencia como modelos para entender la vida de nuestros antepasados homininos, que, como ellos, habían dejado la vida arborícola por la caza social en el suelo de la sabana. Los papiones viven ahora de modo parecido a como vivían nuestros antepasados en la sabana africana, formando grupos sociales muy cohesionados. Es difícil verlos en libertad en Kenia sin sentir su gran cercanía. En su libro *Casi humanos: viaje al mundo de los papiones*, la profesora Shirley Strum, que ha pasado veinte años entre ellos, los describe como de extraordinaria inteligencia y personalidad, estrategas sociales consumados, siempre haciéndose favores mutuos para ganar amigos y forjar alianzas.

Ahora, papiones sanos de Kenia están siendo capturados y transportados a ciertos laboratorios, donde se les raja en canal, se les arranca su propio corazón y se les introduce el corazón de un cerdo, que su sistema inmunitario rechaza, muriendo de un modo miserable. Como el rechazo de un órgano de una especie tan alejada filogenéticamente de los primates es muy fuerte e inmediato (rechazo hiperagudo), de hecho se usan corazones de cerdos transgénicos

240

(cerdos a los que se les ha introducido algún gen de primate para engañar al sistema inmunitario del receptor).

El fin perseguido consiste en poner a punto una técnica de trasplantes de órganos de cerdos a humanos. La mayoría de los expertos están en contra, por razones tanto epidemiológicas como morales. El fin de trasplantar órganos de cerdos a humanos es rechazado por la mayoría de médicos por los riesgos que conlleva de transmisión de infecciones inéditas. Estos riesgos se han hecho patentes sobre todo después de la tragedia del sida (causado por virus mutantes procedente de primates) y del susto de la enfermedad de Creutzfeldt-Jakob (procedente de vacas), que han alertado sobre los peligros reales de transmisión a humanos de infecciones procedentes de otras especies. El descubrimiento reciente de retrovirus endógenos del cerdo capaces de infectar células humanas ha aumentado la alarma. Varios prestigiosos científicos han publicado en la revista *Nature Medicine* en 1998 un llamamiento público a favor de interrumpir estos experimentos de trasplantes de cerdos a humanos, ante el peligro de que puedan ser vectores de transmisión de enfermedades desconocidas y provocar epidemias incontrolables.

Los medios empleados indignan a la opinión pública de los países avanzados, que consideran moralmente inaceptable la captura, tortura, mutilación y muerte de papiones sensibles e inocentes, incluso en el caso dudoso de que ello sirviera para algo. Sólo desde una moral superticiosamente antropocéntrica sería admisible tal trato. Al final tales experimentos están siendo trasladados a sitios como A Coruña, donde la tradicional indiferencia española para con el dolor animal parece prometer cierta impunidad. Aunque se llevaban a cabo con cierto secreto, en febrero de 1998 el programa «Informe semanal» (de TVE) aireó que en el hospital Juan Canalejo de La Coruña tales experimentos estaban siendo realizados por Rafael Máñez y su equipo. Desde luego, no se permitió el acceso a las cámaras, para evitar la reacción de la opinión pública. En España se formó una comisión oficial de trasplantes, que presentó su informe en junio de 1998. Mientras dicho informe mostraba una lógica preocupación por la posible infección de los humanos a los que se pudieran efectuar xenotransplantes, significativamente silenciaba los gravísimos problemas morales planteados por el uso cruel que se hacía de los papiones, continuando así la oscura tradición hispánica de desprecio por el dolor animal. Ya previamente, en declaraciones a *El País*, Rafael Máñez, refiriéndose a los papiones, decía: «Los animales reciben un trato equivalente al de cualquier persona.»[5] Imaginemos lo que pasaría si los médicos del hospital Juan Canalejo se dedicaran a raptar a «personas cualesquiera» en países lejanos, las trajeran a la fuerza a su laboratorio y les dieran «un trato equivalente», es decir, les rajasen el pecho contra su voluntad, les sacasen su corazón sano y les trasplantasen uno de otra especie hasta reventar. Realmente, los científicos empeñados en hacer realidad las más peyorativas caricaturas de los detractores de la ciencia prestan un flaco servicio a la causa a la que dicen servir.

---

[5] *El País*, 6 de junio de 1998.

Capítulo XIV

Establos de concentración

La domesticación de los animales

Domesticar a un grupo de animales significa someterlos al dominio humano, acostumbrarlos a la presencia humana y, sobre todo, controlar su reproducción. Este último control permite ir moldeándolos genéticamente en función de las tareas (protección, transporte o suministro de comida) a que los destinan sus dueños humanos, que es a lo que se llama selección artificial, una forma de ingeniería genética.

Mientras los humanes fueron cazadores nómadas, el único animal que domesticaron fue el perro (es decir, el lobo, *Canis lupus*). Con la sedentarización y la invención de la agricultura, otros animales fueron domesticados, con la intención de asegurarse un suministro continuo de carne, sin necesidad de cazar: entre el 9000 y el 6000 antes de nuestra era se domesticaron en Oriente Medio (entre Turquía e Irán) la oveja (*Ovis orientalis*), la cabra (*Capra aegragus*), el cerdo (*Sus scrofa*) y el vacuno (*Bos taurus*). En Perú se domesticó el cuy o cobaya (*Cavia tschudii*), todavía muy apreciado allí como alimento. Hacia el 3000 antes de nuestra era se domesticaron diversos animales usados para transportar carga, como la llama (*Lama guanicoe*) en los Andes, el burro (*Equus africanus*) en Egipto, el camello bactriano (*Camelus ferus*) en Turquestán, el dromedario (*Camelus dromedarius*) en Arabia, el caballo (*Equus ferus*) en Ucrania, el búfalo acuático (*Bubalus arnee*) en el valle del Indo y el yak (*Bos mutus*) en Tíbet.

Los primeros animales domesticados para comida fueron las ovejas y cabras. Quizá la domesticación de estos animales se inició trayendo al campamento de los cazadores nómadas del Oriente Medio algún recental huérfano como juguete para la familia. El recental recién nacido puede haber establecido un vínculo de sumisión con quien lo recogió, por el proceso de la impronta. Quizá alguna mujer del grupo lo amamantó hasta que a su vez pudiera reproducirse. El proceso se repetiría con suerte diversa. Con el tiempo, varios de estos animales permanecerían en cautividad alrededor del campamento o poblado. Sus instintos gregarios facilitarían su mantenimiento en rebaños. Los ejemplares díscolos serían eliminados. Sea ello como fuere, hace 11.000 años empiezan a aparecer rebaños de ovejas y cabras domesticadas. Sus propietarios cada vez tenían menos incentivo para cazar, pues sus rebaños les suministraban con mucho menos esfuerzo toda la carne, la piel y la lana que necesitaban. Por la misma época se iniciaba también la agricultura, pero sólo las mejores tierras disponibles podían ser cultivadas. En las laderas áridas, empinadas y pedregosas que rodeaban los cultivos sólo crecían matorrales y plantas ricas en celulosa, indigeribles por los humanes. Las ovejas y cabras, sin embargo, podían alimentarse de esas plantas, digiriendo su dura celulosa en su rumen (un estómago especial con multitud de bacterias especializadas en descomponer la celulosa). Los animales provistos de este rumen se llaman rumiantes. Esa capacidad de los rumiantes (ovejas, cabras, vacas, bisontes, ciervos, etc.) de asimilar la celulosa los ha convertido en los hervíboros más exitosos. Más adelante los dueños de las cabras empezaron a ordeñarlas, mejorando su dieta. Los rumiantes domesticados se convirtieron así en instrumentos perfectos para la conversión de la celulosa indigerible de las plantas en carne y leche digerible por los primeros pastores. La domesticación del ganado vacuno tuvo lugar en las mismas zonas, aunque tardó un poco más, debido al mayor tamaño de los toros, más difíciles de manipular. En cualquier caso, con la domesticación de los rumiantes había nacido la ganadería. Aunque los pastores dominaban y explotaban sin contemplaciones a sus animales domesticados también los guiaban hacia los mejores pastos, los protegían de los predadores y, sobre todo, los dejaban que siguieran viviendo conforme a su propia naturaleza. Todavía hoy en día, los rebaños de ovejas y cabras, conducidos por pastores, siguen pastando en los prados naturales y llevando un modo de vida no excesivamente alejado del natural.

Ganadería vacuna

El toro, buey o vaca (*Bos taurus*) constituye hoy en día el puntal de la ganadería mundial, que cuenta con una cabaña de más de 1.500 millones de cabezas de ganado vacuno. El ganado vacuno se explota para la producción de carne, de leche y productos lácteos, de cuero para zapatos y cinturones, de jabón y pegamento, etc. En el pasado se ha usado (y en algunos sitios se sigue usando) como animal de tiro, para jalar arados y carretas. En muchas partes del mundo la riqueza de una familia se medía por el número de cabezas de vacuno que poseía. Los masai de África oriental vivían de su ganado vacuno, del que dependían para todo. Bebían su leche, se curaban con su sangre, comían su carne, se vestían con su piel, hacían sus chozas con sus boñigas e incluso lo utilizaban como calefacción, metiendo a un par de vacas en casa cuando hacía frío. La riqueza de los masai se medía por el número de cabezas de su rebaño. Incluso el número de mujeres que podían tener era proporcional al de vacas que poseían. En India, la vaca llegó a ser el animal sagrado y el país entero sigue lleno de vacas famélicas. De su importancia para los romanos da idea el hecho de que, en latín, dinero se dice *pecunia*, que procede de *pecus* (ganado).

Parientes próximos de las vacas (bovinos) son los bisontes americanos y los búfalos africanos, que nunca fueron domesticados. Algunos toros y vacas siguen constituyendo rebaños que pastan en praderas, dehesas y ranchos extensivos, llevando un modo de vida relativamente próximo al natural. Por desgracia, en muchos casos eso ya no es así. La mayor parte de la ganadería intensiva actual es completamente inmoral, pues impide que los animales tengan vidas mínimamente aceptables y felices, confinándolos en espacios pequeños en los que apenas pueden moverse, separando a las madres de las crías, y, en general, tratando sin respeto alguno a los animales, como si fueran meras máquinas de convertir vegetales en carne. Por ejemplo, para producir carne blanca de ternera se separa a la ternerilla de su madre cuando sólo tiene una o dos semanas y más la necesita, se la introduce en un cajón de madera y se la ata de tal modo que no se pueda mover, y ni siquiera tumbarse, condenada a la soledad, a la penumbra y a una alimentación antinatural y sin fibra.

Muchos establos intensivos actuales de vacas y de cerdos son meros campos de concentración de animales, donde éstos sufren mientras viven, confinados a cubículos en los que no pueden moverse ni desarrollar ninguna de las actividades de su vida natural, para la que están genéticamente preprogramados. En Suecia la gran escritora Astrid Lindgren logró que el Parlamento sueco aprobara leyes que establecían el derecho de las vacas y cerdos a salir a pasear fuera del establo al menos una vez al día. Ojalá los demás países siguieran su ejemplo.

Las vacas son herbívoros, todo su aparato digestivo está genéticamente preparado para digerir hierba, y no otras cosas, como harinas de carne. En los años ochenta los ganaderos empezaron a alimentar a las vacas con piensos mezclados con harina de carne elaborada con restos de cadáveres de otras especies, como las ovejas. En Gran Bretaña esta alimentación antinatural se llevó a cabo de un modo especialmente descuidado, con lo que las vacas empezaron a adquirir enfermedades que nunca habían tenido antes, transmitidas por los restos de ovejas que comían. Los priones son proteínas que transforman otras proteínas a su imagen y semejanza (y así de alguna manera se reproducen), aunque carecen de material genético (DNA o RNA). Causan enfermedades degenerativas del sistema nervioso en diversos mamíferos, incluidos (raras veces) los humanos. Las enfermedades que producen se llaman encefalopatías espongiformes, porque con frecuencia provocan que el cerebro se llene de agujeros, como una esponja. La forma más frecuente de encefalopatía producida por priones afecta a las ovejas. Desde que sus restos empezaron a ser comidos por las vacas, la encefalopatía espongiforme se transmitió a más de cien mil vacas, que empezaron a mostrar trastornos nerviosos y confusión («vacas locas») y, en la autopsia, cerebros esponjados. Incluso los propios restos de vacas empezaron a ser transformados en harina de carne que se volvía a mezclar con el pienso que se les daba, con lo que la enfermedad no hacía más que extenderse. Algunos humanes consumidores habituales de carne de vacuno contrajeron la grave enfermedad de Creutzfeldt-Jacob, una encefalopatía espongiforme humana causada por priones que tiene un largo período de incubación (de diez a veinte años) y produce demencia y muerte en el plazo de un año. En 1988 el gobierno británico prohibió la alimentación del ganado con harina de carne y cantidades ingentes de vacas tuvieron que ser sacrificadas y quemadas. La importación de carne de vacuno inglesa fue prohibida por muchos países. Aunque el posible riesgo para la salud humana fue la principal razón de la alarma social que provocó este episodio, el verdadero escándalo moral estriba en las condiciones no ya infrahumanas, sino infravacunas, en que se hace vivir a muchas vacas, inmovilizadas en cajones de retención, enfermas, inyectadas con fármacos dudosos y hormonas de engorde y alimentadas de un modo contrario a su naturaleza herbívora.

Avicultura

La domesticación de las aves fue posterior a la de los mamíferos. Parece que hacia 2500 antes de nuestra era se domesticaron los patos (*Anas*) en Oriente Medio, hacia 2000 antes de nuestra era se domesticaron las gallinas (*Gallus gallus*) en el valle del Indo y hacia 1500 antes de nuestra era los gansos (*Anser*) en Alemania. También por esas fechas se domesticaron los pavos o guajolotes (*Meleagris*) en México.

Las fasiánidos son aves adaptadas a la vida en el suelo. Son buenos corredores y rara vez vuelan, excepto para escapar de algún peligro, con un rápido batido de alas, y aun entonces no permanecen mucho tiempo en vuelo. Anidan en el suelo, escarban en el suelo, buscan la comida en el suelo y se bañan en la tierra del suelo. Entre los fasiánidos se cuentan los gallos y gallinas domésticos, procedentes de los «gallos de la jungla» (*Gallus gallus*), que en estado salvaje habitan los bosques y matorrales del sur y sureste de Asia. Estos gallos de jungla corren con gran velocidad y vuelan a los árboles, donde pasan la noche. Los machos tienen una vistosa policromía, en la que predomina el rojo anaranjado brillante. Las hembras son más pequeñas y de un color marrón. Desde 1500 antes de nuestra era ya había gallinas domesticadas en India, en China y en el sureste asiático, que se explotaban para obtener carne y huevos. Hoy en día cada año se producen y consumen más de 30 millones de toneladas de carne de pollo y más de 600.000 millones de huevos.

La avicultura es quizá la rama de la ganadería donde el desprecio de los animales y la cruel desnaturalización de sus condiciones de vida más lejos han llegado. Tradicionalmente, las gallinas vivían en corrales abiertos junto a las casas de campo, correteando y picoteando el suelo a su alrededor en busca de gusanos e insectos, tomando baños de tierra y protegiendo a sus polluelos. Normalmente cuidaba de ellas la mujer del granjero. Sin embargo, desde los años cincuenta se ha ido extendiendo un sistema de estabulación abusiva en grandes naves industriales, donde las gallinas han sido degradadas a meras máquinas de poner huevos, olvidando que son animales, no máquinas.

Nada más nacer, se aparta brutalmente a los polluelos de su madre. A muchos se les corta el pico con un cuchillo al rojo vivo, para minimizar el canibalismo en las posteriores condiciones de hacinamiento que les esperan. Este corte es muy doloroso, pues entre la córnea y el hueso hay una capa de tejido blando extremadamente sensible. Además, esa mutilación en un órgano tan sensible del ave produce dolores crónicos y trastoca todo su comportamiento natural. Las gallinas ponedoras jóvenes son criadas en jaulas especiales con paja hasta las 18 semanas, a partir de las cuales son

encerradas en baterías para el resto de sus vidas. Unas cinco gallinas son apiñadas en una jaula de apenas un cuarto de metro cuadra-
do. En su estado natural, las gallinas se pasan el día correteando,
picoteando y escarbando el suelo en busca de comida, dándose
baños de tierra y construyendo sus nidos para la puesta. Las gallinas en las baterías, condenadas a la inmovilidad y la frustración,
sin espacio para estirar siquiera las alas, en las que las llagas van
sustituyendo a las plumas, se picotean unas a otras dentro de la mini-
jaula. Las jaulas se amontonan unas sobre otras en varios pisos.
Los suelos y paredes son de alambre, para facilitar la caída de los
excrementos. Las gallinas se frotan desesperadamente contra los
alambres, tratando de remedar el modo de vida para el que están
genéticamente programadas. Como señala la etóloga Marian
Stamp Dawkins, «las angustiosas condiciones de vida impuestas en
las jaulas en batería no han logrado destruir la memoria genética de
las gallinas. A pesar del suelo de alambre de las jaulas, las gallinas
realizan los movimientos similares al baño de tierra que harían en
condiciones normales. Si se les brinda la oportunidad de darse un
verdadero baño de tierra, se sumergen en él con verdadera locura,
una y otra vez, en el afán de recuperar el tiempo perdido». Ninguna
pauta natural de conducta de la gallina es respetada. Como indicó
en 1981 el gran etólogo Konrad Lorenz, «la peor tortura a la que se
ve expuesta una gallina en batería es la imposibilidad de resguar-
darse en un lugar en donde pueda hacer su puesta. Cualquier persona algo entendida en animales y con un mínimo de sensibilidad
verá con gran pena cómo una gallina intenta, una y otra vez, arras-
trarse por debajo de sus compañeras de jaula, buscando en vano
ponerse a cubierto». Privadas de espacio, suelo y privacidad, las
gallinas desarrollan gran estrés y agresividad, llegando a veces al
canibalismo, y sufriendo en cualquier caso una elevada mortalidad
por infecciones y tumores. Estas gallinas desgraciadísimas llegan a
producir hasta 300 huevos anuales. Cuando, al cabo de unos 15
meses, quedan exhaustas, son enviadas al matadero y sustituidas
por otras más jóvenes.

Hasta la segunda guerra mundial, más o menos, se comían

Gallinas ponedoras en batería, condenadas a vivir en condiciones infra-gallináceas de hacinamiento e inmovilidad. (Cortesía de la revista Adda.*)*

relativamente pocos pollos, que solían ser los machos indeseados que producían las gallinas ponedoras de los corrales. Ahora, más de tres mil millones de pollos se matan y consumen al año sólo en Estados Unidos. Son los desgraciados «pollos de engorde» que ya no se crían al aire libre en el corral de la granja, sino encerrados en inmensas naves industriales cerradas y sin ventanas. Han sido seleccionados para ser monstruos prematuros de gordura. A las seis semanas de edad ya casi no pueden sostenerse ni andar. En la misma nave pueden criarse 50.000 y hasta 100.000 pollos juntos, hacinados en pésimas condiciones. Cada día hay que recoger a los numerosos muertos. Los pollos desarrollan ulceraciones en las patas y a veces se vuelven ciegos por los altos niveles de amoniaco, generados por sus propios excrementos. Cuando varios (digamos, hasta 100) gallos y gallinas viven en el corral, se tantean y prueban su fuerza, de tal modo que enseguida se establece una jerarquía (*pecking order*) que

Aspecto desolador que presenta una gallina ponedora después de permanecer un año en la jaula en batería. (Fotografía de OABA, cortesía de ADDA.)

garantiza la paz. Cada gallina conoce su lugar en la jerarquía y cede ante las que están por encima, con lo que se evitan las peleas. En las grandes naves en que se hacinan muchos miles de pollos de engorde no hay posibilidad alguna de conocerse ni establecer jerarquías. Además, el modo de vida estresante y antinatural produce en los animales una tensión e irritabilidad extraordinarias. Con frecuencia unos pollos picotean a otros hasta la muerte y el canibalismo. Para amortiguar el problema, por un lado se reduce la intensidad de la luz artificial (la del sol no la ven nunca) y por otro se les corta el pico, con las secuelas de dolor ya mencionadas. Durante su corta y hacinada vida son pasto de las enfermedades respiratorias y tumorales y de los parásitos, lo que se trata de atemperar introduciendo fármacos en su comida. El último día de su vida es el primero en que los pollos ven el sol, cuando se los saca boca abajo y a veces malheridos a ser empaquetados y cargados en camiones que los conducen al matadero, completamente aterrorizados.

La avicultura abarca, además de las gallinas, a otras aves galliformes, como los pavos o guajolotes (*Meleagris*), los faisanes (*Phasianus*) y las codornices (*Coturnix*), y a anseriformes como los patos (*Anas*) y gansos (*Anser*). Horrores similares a los ya descritos se practican también en la estabulación abusiva de esas aves. En algunos sitios las codornices son criadas en baterías, prisioneras en minúsculas jaulas que frustran sus continuos y desesperados intentos de vuelo y huida, aparte de los de baño de tierra, búsqueda de comida, nidificación, etc. A veces, en sus intentos de vuelo hacia arriba, se hacen heridas graves en la cabeza. Las anátidas son aves esencialmente acuáticas, como revela su anatomía, sus cuerpos anchos y aplanados por debajo y sus pies palmeados. Por tierra se mueven de modo desgarbado. Los patos se alimentan en la superficie del agua o justo debajo de ella, sumergiendo la parte anterior del cuerpo y dejando emerger la posterior. Los patos en estabulación intensiva son privados incluso de la oportunidad de nadar en el agua, que es para lo que están hechos por la naturaleza. Incluso recientemente se hacen intentos de introducir la ganadería intensiva de las avestruces, nacidas para correr a gran velocidad por la abierta estepa africana.

La ganadería responsable

Los animales son animales, no minerales. Los animales sienten, gozan y padecen, son felices o desgraciados. Tienen una naturaleza, la de su especie, y no se los puede forzar a un modo de vida contrario a su naturaleza sin someterlos a una atroz tortura y sin crear un infierno de animales. Hasta el siglo XIX muchos animales humanos estaban sometidos a la servidumbre o la esclavitud. Aun cuando nadie discutía la licitud de esa institución, muchos amos trataban a sus esclavos como seres humanos y, aunque los explotaban, no se ensañaban con ellos, como hacían algunos sádicos. Ahora los animales domésticos son nuestros servidores y esclavos, y también sus amos (los ganaderos) pueden tratarlos como animales que son, explotándolos con decencia y respeto por su naturaleza, o pueden ensañarse cruelmente con ellos, negándoles su condición animal y pretendiendo que son meras máquinas de producir carne. A todos los humanes, incluso a los presos, hay que tratarlos humanamente. Por eso cuando grupos terroristas mantienen a un secuestrado en un agujero oscuro donde apenas puede moverse, eso produce general y justificada indignación, pues representa negarle la posibilidad de vivir como un ser humano, aunque sea un ser humano preso. Igualmente, a todas la gallinas hay que tratarlas como lo que son, respetando su modo de ser gallináceo, que incluye el corretear, extender las alas, escarbar la tierra, hacer un nido bajo cubierto, tener un pico intacto, etc. Del mismo modo, los patos y los ánsares tienen que poder nadar en el agua, las vacas tienen que poder andar por el prado y comer hierba, los cerdos tienen que poder moverse al sol y hozar la tierra. Ello es compatible con la explotación económica, tal y como se practica en los corrales, granjas y explotaciones ganaderas responsables.

La ganadería responsable es posible. Hace milenios que se practica. Es cierto que los campos de concentración de gallinas producen huevos más baratos, pero también los campos de concentración nazis producían jabón más barato. La minimización del precio es un fin racional de la actividad económica, pero sometido siempre a la restricción de no torturar a los demás. El precio justo de los huevos es aquel al que se pueden producir en granjas y corrales donde no se torture a las gallinas ni se las impida vivir una vida gallinácea. El precio justo de la carne es aquel al que se puede producir en condiciones no infernales de vida para los animales de los que se obtiene. El precio de mercado es un punto de equilibrio entre la oferta y la demanda. Si toda la ganadería fuera responsable, la carne sería más cara de lo que es, por lo que disminuiría la demanda. Ello permitiría reducir la producción (y, por tanto, el número de animales esclavizados) y permitiría también reducir el peso de la carne en la dieta, lo cual no dejaría de ser beneficioso para la salud humana, sobre todo en los países más desarrollados.

En general, la ganadería de granja y corral es preferible a la industrial, y la extensiva es preferible a la intensiva. Las ovejas de pastoreo viven mejor que los terneros de engorde. De todos modos, no hay que olvidar que en algunos casos la expansión de la ganadería extensiva contribuye a la destrucción de ecosistemas y a la reducción de la biodiversidad. Además, el crecimiento incontrolado de la población humana y el excesivo consumo de carne han llevado al aumento irresponsable de la superficie de pastos, con frecuencia a costa de la roturación de bosques tropicales y la destrucción de ecosistemas de inmenso valor biológico, con el consiguiente exterminio de la rica diversidad de animales y otros organismos que los habitan. (En cuestiones ecológicas, la explosión demográfica humana es siempre la madre de todos los problemas, y el frenarla, pararla y hacerla retroactiva, el principio de todas las soluciones.)

El tratar con consideración a los animales de comida puede tener sus ventajas, y no sólo morales. Las gallinas que corretean libremente por una granja abierta tienen una vida más feliz que sus congéneres confinadas en baterías. En contrapartida, los huevos de gallinas felices tienen mejor sabor que los de gallinas torturadas y pueden comerse con mejor conciencia, aunque sean más caros. Los cerdos felices de Jabugo no están encerrados en un establo miserable, sino que deambulan por las dehesas alimentándose de bellotas. Por eso su jamón tiene mejor sabor y alcanza más alto precio que el de los cerdos estabulados.

Los humanos que consideran moralmente a los animales deberían exigir como votantes la prohibición legal de los campos de concentración de animales, tales como los establos intensivos y las baterías de gallinas. Mientras tanto, habría que exigir al menos que los paquetes especifiquen si los huevos proceden de gallinas de batería o de gallinas de corral, para que el consumidor que quiera pueda evitar la complicidad con la tortura. También los paquetes de carne que venden los supermercados deberían informar sobre las condiciones de vida de los animales de los que se ha obtenido. Las latas de atún deberían informar sobre si los atunes se han pescado con artes de pesca selectivas o si se han empleado redes y procedimientos letales para los delfines. En general, el consumidor debería recibir una información no sólo química, sino también sobre los aspectos relevantes para tomar decisiones morales cotidianas responsables y bien informadas.

La matanza de los animales domésticos

El animal puede morir de muerte natural, una vez completado su ciclo vital, o de muerte prematura, accidental o provocada. La muerte natural, por envejecimiento, es inevitable, y no hay razón para lamentarla. Y aunque la muerte prematura accidental suele ser lamentable, sólo la muerte prematura provocada puede constituir un mal moral.

La muerte es un fenómeno objetivo, físico, cósmico y —en sí mismo— moralmente neutral. Lo que puede ser un mal moral es la muerte provocada prematura e innecesariamente por la interferencia de un agente humano, el biocidio (y en especial el homicidio), el asesinato o matanza del animal. Como señala James Rachels, «la ética del matar y la ética del producir dolor involucran cuestiones fundamentalmente diferentes, y ambas deberían mantenerse separadas. La regla contra el producir dolor se aplica a todas las criaturas capaces de sufrimiento... ; pero se requiere algo más para caer bajo la protección de la regla contra el matar» [1]. La producción de un dolor innecesario, la tortura, siempre es un mal moral. Pero la matanza de un animal no siempre es un mal moral, si se realiza sin dolor o para evitar dolores. El disparo al caballo herido es un caso de eutanasia, basado en la piedad y compasión por el caballo. También la medicina paliativa y la eutanasia humana pueden ser actos de piedad.

Al hablar de la muerte de un animal producida por un humán hay que distinguir el caso de los animales bajo custodia humana y el de los animales salvajes. En el caso de los animales domésticos,

---

[1] James Rachels, *The End of Life,* Oxford University Press, 1986, p. 30.

de la ganadería y la piscicultura, los ganaderos cuidan y alimentan a los animales que luego van a sacrificar en el matadero. En muchos casos, los animales cuya muerte provoca el ganadero no habrían existido ni vivido, si no fuera por su interferencia artificial. En efecto, los humanos hemos seleccionado artificialmente razas de animales (como las gordas vacas lecheras o los cerdos de granja) inviables en la naturaleza, y condenados, por tanto, a sobrevivir sólo como prisioneros nuestros. Lo importante es tratarlos al menos con el respeto debido a los internos en una prisión moderna y civilizada. En este caso, no veo objeción moral de peso a la muerte artificial del animal, siempre que ésta se realice sin angustia ni dolor. Al menos en una primera aproximación, contra la ganadería que permite la vida natural de los animales que explota y que los mata sin dolor no hay nada que objetar. Por desgracia, esa situación constituye más la excepción que la regla.

El transporte de animales hasta los mataderos con frecuencia se realiza en condiciones terroríficas para ellos, amontonados de cualquier manera y durante largos períodos en los camiones. A veces la propia matanza se realiza en condiciones de hacinamiento, angustia y dolor para los animales, o sin que éstos hayan perdido totalmente el sentido. Obviamente, los mataderos deberían ser estrictos en el cumplimineto de las normas tendentes a garantizar una muerte sin dolor.

A veces se deja que los animales domésticos mueran cruelmente encerrados en sus establos, simplemente por descuido o abandono de cuidadores moralmente encallecidos. Por ejemplo, en julio de 1990 una granja de visones de Sarrión (en la provincia de Teruel) quebró, y sus encargados la abandonaron, dejando encerrados a 4.000 visones, que se murieron lentamente de hambre y sed.

Una parte pequeña de la muerte con dolor de los animales se debe a supersticiones religiosas. Entre ellas se cuentan las prescripciones rituales judías para la carnicería *kosher*, que exige matar a los animales cortándoles las venas del cuello y que salga la sangre. La ley judía exige además desangrar completamente al animal antes de aprovechar su carne, aunque esta exigencia puede cumplirse después de su muerte. El islam requiere degollar a los corderos que van a ser sacrificados en ciertas fiestas religiosas, como el *Eid el Adha*. En Brasil y la zona del Caribe los cultos de la santería, del palo mayombe y del vudú se basan en ceremonias presuntamente mágicas donde el degüello de animales juega también un papel predominante.

Tortura con fines gastronómicos

Aunque globalmente poco importante, no hay que dejar de mencionar aquí la tortura de animales con fines gastronómicos, es

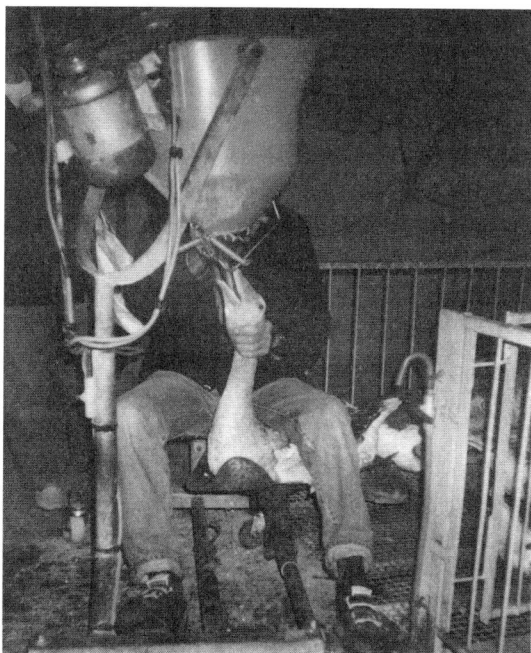

Al ganso, inmovilizado, se le introduce el tubo de un embudo que deposita en su esófago cantidades exageradas de maíz engrasado, y se le impide regurgitar, hasta que enferma del hígado, del que se extrae el foie gras. *(cortesía de la revista* ADDA)

decir, para satisfacer el capricho de presuntos *gourmets* sin escrúpulos. En Asia oriental hay varias «granjas» en las que se mantiene a osos en situación de extrema crueldad para extraerles la bilis dolorosamente. A algunos se les han amputado parte de las patas delanteras, para la confección de un plato tradicional carísimo, la sopa de garras de oso, servida en establecimientos de lujo.

Más próximo a nosotros es el caso del *foie gras* francés. Los gansos son alimentados contra su voluntad y su naturaleza y reciben enormes cantidades de maíz engrasado, con la intención de echar a perder su hígado. El automatismo de cierre de su garganta se ve forzado por la inserción de un tubo, por el que se introduce a presión una cantidad exagerada de granos y grasas. El tubo penetra 40 centímetros en su cuello, hasta depositar el maíz embadurnado de grasa en el esófago del animal, al que se le impide regurgitarlo, como le pide el cuerpo. Así se consigue que el hígado del ganso enferme gravemente y se llene de grasa. Ese hígado enfermo y grasiento, cocido y condimentado, da lugar al *foie gras* auténtico. Se trata de un proceso prohibido en ciertos países (como Alemania), pero practicado sobre todo en Francia. Ciertas compañías aéreas (como SwissAir y Air Canada) lo han eliminado en sus vuelos, debido a la protesta de viajeros sensibles. En este capítulo de horrores cabría mencionar también la costumbre de comer peces vivos practicada por algunos presuntos *gourmets* japoneses, pero quizá ya es hora de abandonar este desagradable tema.

El vegetarianismo

Desde hace ya 3.000 años hay una tradición muy larga y respetable, la del vegetarianismo, que se opone a que matemos animales para comerlos bajo ninguna circunstancia.

Entre los griegos fueron Pitágoras y Empédocles —probablemente influidos por ideas provenientes de la reforma de Zaratustra en Irán— los primeros en manifestarse a favor del respeto a los animales y del vegetarianismo. Esta tradición perduró casi mil años.

En su final se inserta, por ejemplo, el libro de Porfirio (del siglo III) titulado *Sobre la abstinencia de animales* (*Perì apokhês empsýkhōn*). Porfirio defiende que: (1) el régimen alimenticio carnívoro es superfluo (pues se puede vivir bien sólo de vegetales), costoso y nocivo para la salud; (2) la ingestión de carne constituye un grave delito, porque requiere dar muerte a animales inocentes, por lo que con el consumo de la carne se sufre un gran perjuicio moral. Los animales tienen vida, sensación y memoria, y, por tanto, inteligencia. Están emparentados con nosotros, y ese vínculo de parentesco no se rompe porque algunos sean feroces.

> «Si algunos animales son feroces deben ser eliminados como tales, del mismo modo que los hombres que sean de esa condición, y no hay que desistir de nuestra actitud para con los demás animales más dóciles, pero a ninguno de ellos hay que comérselo, como tampoco a los hombres injustos» ...«El que ama al género no odiará a la especie, sino más bien cuanto mayor sea su afecto al género animal, tanto más también conservará un sentimiento de justicia para con los humanes ...La renuncia a comer un ser sensitivo conlleva también la renuncia a cometer injusticia por la comida... La justicia, que se fundamenta en la ausencia de daño, debe hacerse extensiva también a los animales» [III, 26].

De todos modos, la exigencia del vegetarianismo —según Porfirio— se limita a los filósofos o reflexivos, y no puede imponerse a todos los humanos.

Por la misma época Mani (sin duda la personalidad religiosa más vigorosa, creativa e influyente del siglo III) sostuvo el respeto moral a los animales e impuso el vegetarianismo estricto a los maniqueos «elegidos», aunque los meros auditores podían comer carne. Los maniqueos detestaban la caza. Pensaban que las partículas de luz y bien se concentraban en los seres vivos. Prohibían comer carne y eran los vegetarianos más estrictos de la Antigüedad.

Otros pensadores antiguos (como Plutarco y Séneca) y modernos (como Bernard Shaw, León Tolstói y Gandhi) han predicado también el vegetarianismo por razones morales. En Inglaterra, los primeros socialistas y las sufragistas solían ser vegetarianos.

Hay muchas cosas que decir a favor del vegetarianismo: puede ser bueno para la salud; aprovecha mejor los recursos de la tierra (la conversión de plantas en carne es poco eficiente; comiendo los vegetales directamente se puede alimentar a más gente); elimina radicalmente los sufrimientos animales ligados a la ganadería industrial, así como la necesidad de nuevos pastos; y muestra el máximo respeto por los otros animales, negándose a comerlos, como nos negamos a comer a los otros humanos (con independencia del sabor de su carne asada). Hay pocas cosas que decir en contra: las dietas vegetarianas a veces son unilaterales y descompensadas, por lo que la salud puede resentirse; la comida de unos animales por otros es un rasgo de las cadenas tróficas de la naturaleza, que como tal no tiene nada de moral ni inmoral; y si no fueran comidos por los humanos, los animales de granja o no existirían, o serían comidos por otros predadores. El vegetarianismo es un ideal elevado, pero no es una consecuencia necesaria de nuestras intuiciones y argumentos morales. De todos modos, mucha gente come demasiada carne, y tanto la salud humana como la de la biosfera se beneficiarían de una reducción de la carne en nuestra dieta.

Capítulo XV

La tortura como espectáculo

Espectáculos crueles

El adjetivo castellano *cruel* viene del latín *crudelis*, que a su vez procede de *cruor* (sangre derramada). *Crudelis* es el sanguinario, el que hiere hasta vertir sangre, o el que se complace viendo cómo la sangre brota de las heridas. Cualquier otro sentido que pueda haber asumido luego la palabra *crueldad* es metafórico y translaticio. En los anfiteatros de la Roma antigua, gladiadores y animales salvajes se despedazaban mutuamente durante horas, para cruel regocijo de una plebe grosera. En el sentido literal de la palabra, esos espectadores que se complacían viendo derramarse la sangre de gladiadores y animales eran crueles. Su crueldad contrastaba con la sensibilidad más refinada y suave de los griegos clásicos, aficionados al atletismo y al teatro de ideas. Afortunadamente, esa salvajada no ha sobrevivido, pero otras —como las peleas de gallos y las corridas de toros— todavía colean.

Desde la baja Edad Media hasta principios del siglo XVIII toda Europa era sucia, chabacana, supersticiosa y cruel. Las calles estaban llenas de excrementos, las pestes y epidemias diezmaban la población, y las matanzas, torturas y mutilaciones estaban a la orden del día. Desgraciadamente todavía sigue practicándose la tortura, pero mucho menos que antes y, sobre todo, se practica en secreto, se esconde, se niega, no se hace de ella un espectáculo. Esto es nuevo. Durante la mayor parte de la historia la tortura más espeluznante ha sido aplicada rutinariamente y con la mayor naturalidad. Los procedimientos penales tendían a que el condenado no muriese de golpe, sino que su agonía fuese lo más atroz y prolongada posible.

261

Descoyuntar sus miembros y despellejar o quemar viva a la víctima eran prácticas habituales, y no las más crueles. Gran parte de estas truculencias se efectuaban en público, como espectáculo para las masas. De hecho no había espectáculos más populares que las ejecuciones públicas y las quemas de herejes, delincuentes o sediciosos. En comparación, eran escasísimos los espectadores del teatro o los conciertos. Hace menos de dos siglos que estos macabros espectáculos han entrado en decadencia. En Madrid se celebraron ejecuciones públicas hasta 1890, cuando fueron abolidas con gran decepción popular. En Tarazona por la fiesta mayor soltaban a un preso, al que los mozos trataban de apedrear con grandes terrones de tierra y piedras mientras corría. Si lograba sobrevivir, quedaba libre. Posteriormente, el preso se sustituyó por un arlequín, y los terrones y las piedras, por tomates, con lo que la fiesta perdió gran parte de su crueldad, para gran desencanto de los casticistas. Hace menos de un siglo que la tortura nos ha empezado a parecer algo intolerable, que hay que erradicar. A pesar de todos los horrores de nuestro siglo, ha habido un cierto progreso moral.

No sólo la pública tortura de los hombres era un espectáculo popular, sino tambien la de los animales. Aunque menos multitudinaria, también la tortura de osos, toros, gallos, perros y otros animales tenía su público soez y apasionado. Las peleas de gallos y de perros siguen practicándose de forma más o menos legal o clandestina en diversos países. En los siglos XVI y XVII muchos miles de gatos —identificados con el diablo y la brujería— eran quemados vivos en público, en general en cestos sobre el fuego, a la altura justa para alargar al máximo su agonía. Sus gritos agónicos hacían reír a carcajadas al público. En algunas ciudades de Bélgica se arrojaban gatos desde las torres de los ayuntamientos al suelo en las fiestas. En el siglo XIX los gatos de verdad fueron sustituidos por muñecos de trapo con forma de gato, que todavía hoy siguen arrojándose.

En Inglaterra, desde el siglo XII hasta el XVIII, se celebraban frecuentemente espectáculos de *bull-baiting*, en los que los toros eran torturados con ayuda de perros especialmente amaestrados.

También se celebraban torturas públicas de osos o *bear-baitings* (aunque menos frecuentemente, pues los osos eran más escasos, caros y difíciles de conseguir que los toros). También las peleas de perros, de gallos y de ratas eran espectáculos populares.

Desde el siglo XVIII el pensamiento ilustrado inició una reacción contra estos espectáculos degradantes, que fueron prohibidos en Inglaterra en el siglo XIX. De todos modos, justo antes de desaparecer de Gran Bretaña, el gusto por los *bear-baitings* o espectáculos de tortura de osos con perros fue llevado por los ingleses a Pakistán, donde todavía se mantiene y forma ya parte de la tradición popular. Aunque legalmente estén prohibidos, con frecuencia se presentan en los pueblos de Pakistán estos espectáculos, con asistencia de policías y autoridades locales. A los osos se les arrancan previamente las uñas de los pies y manos, así como los dientes de la boca. Sólo pueden defenderse golpeando con el cuerpo. Se los mantiene sujetos por una cadena que atraviesa su sensibilísima nariz. Se suelta a perros (de dos en dos) especialmente entrenados para atacarlos, que se dirigen a morder las partes más blandas y vulnerables del oso (como los ojos, las orejas, los bajos, etc.). La gente se reúne a verlo tras una empalizada redonda con asientos, como en las corridas. Se paga la entrada y se pasan apuestas (sobre si gana el oso o los perros).

En India también hay una casta inferior especializada en tener cautivos y «amaestrados» osos. Con frecuencia se trata de los relativamente menores osos bezudos (*Melanursus ursinus*), que habitan las tierras bajas del este del país, aunque a veces los infortunados son ejemplares de oso pardo (*Ursus arctos*) u oso negro (*Selanarctos thibetanus*), capturados en el Himalaya. Con ellos presentan dolorosos espectáculos de osos danzantes en un número de «circo» primitivo y cruel, con los osos también maltratados y sujetos con cadena por la nariz. Luego pasan la bandeja para recoger la limosna de los espectadores.

En Europa la tradición del espectáculo de un pobre oso mutilado al que se le han quemado los pies para que aprenda a «bailar» afortunadamente ha desaparecido. Sólo ha pervivido en ciertos

263

números de circo tristes y antinaturales. Menos mal que también aquí las cosas cambian. Actualmente el circo más prestigioso es el canadiense Circo del Sol (que cosechó un gran éxito en Madrid y Barcelona en 1998), que ha suprimido del todo los números de animales.

Corridas de toros

En la España del siglo XVII los nobles aburridos, cuando no estaban cazando, entretenían sus ocios alanceando los toros a caballo. El pueblo llano los torturaba a pie. En el Alcázar de Madrid se laceraba y acribillaba a los toros hasta que éstos, desesperados, se lanzaban por un portillo abierto al precipicio posterior, que daba al Campo del Moro, en el que caían y se estrellaban, destrozándose y saltando sus miembros y vísceras por el aire, con gran regocijo de una corte grosera que miraba y aplaudía. Esta costumbre se extendió a otros sitios, con ocasión de visitas reales. Así, el historiador Juan Alvarellos nos describe un despeño de toros celebrado en Lerma en presencia del rey Felipe III: «Consistía esta invención en que cuando el animal estaba desangrándose, acosado por todas partes y buscando salida para huir, abríase de pronto la puerta que había en el pasadizo, debajo del palco regio, y el animal, ávido de libertad, se precipitaba por ella ciegamente. Un sencillo mecanismo le impedía retroceder si se daba cuenta del peligro, y el toro caía rodando por la cuesta, que en aquel sitio ofrece pronunciadísima pendiente. Varios balcones de que, a la parte del campo, estaba provisto el pasadizo, permitían a sus ocupantes contemplar la caída del noble animal que, rodando por el precipicio, iba a parar al Arlanza. Algunos toros llegaban ya muertos, desnucados, otros quedaban moribundos, con los miembros rotos.» A Felipe III le gustaba mucho esta variante de la tauromaquia.

De todos modos —y en contra de lo que ciertos antropólogos de vía estrecha quisieran hacernos creer— la crueldad no era ni es una originalidad étnica o racial de los españoles, sino una característica común a la Europa preilustrada. En Inglaterra, por ejemplo, las fiestas de toros no eran menos crueles que en España. Como Vicky Moore ha documentado, desde el siglo XII hasta el XVIII eran frecuentes los espectáculos de *bull-baiting*, en los que el toro era hostigado, acribillado, atado y mordido por perros (*bull-dogs*) especialmente amaestrados. Esta fiesta se celebraba en un *bull-ring* o plaza de toros circular, con los espectadores situados en gradas alrededor. También había *bull-runnings*, comparables a los encierros de San Fermín y a las torturas callejeras de toros al estilo de Coria. En Stamford (en Lincolnshire) se celebraron hasta bien entrado el siglo XIX.

La tortura de los animales como espectáculo no era privativa de Inglaterra y España. En Roma todavía se celebraban corridas de toros en el siglo XIX. La actual sensibilidad de los ingleses por los animales no es ninguna virtud racial, sino el resultado de un largo proceso de aprendizaje intelectual y moral. No en vano fue Inglaterra la cuna del pensamiento ilustrado, que desde el siglo XVIII inició una reacción contra todo tipo de tortura. Al menos desde la publicación de *Los principios de la moral y la legislación*, de Jeremy Bentham, los intereses de los animales pasaron a ser también objeto de preocupación ética y jurídica, basada en su capacidad de sufrir. Las ideas ilustradas se fueron imponiendo poco a poco. Los espectáculos basados en la crueldad fueron prohibidos en toda Inglaterra en el siglo XIX. La incipiente consideración moral de los animales condujo en 1824 a la fundación de la real sociedad para la prevención de la crueldad hacia los animales (RSPCA, The Royal Society for the Prevention of Cruelty to Animals), la sociedad protectora de animales más antigua del mundo.

La España negra de toreros, borrachos e inquisidores caricaturizada por Goya había perdido todos los trenes de la Ilustración, sobre todo después del ostracismo de afrancesados y liberales, como el mismo Goya, y del restablecimiento del absolutismo más abyecto en la persona del retardado mental Fernando VII, represor de todas las libertades e instaurador de las escuelas taurinas. «¡Vivan las cadenas!» y «Lejos de nosotros, majestad, la funesta manía de pensar», eran frases que caracterizaban una época, la época en que cuajó la corrida de toros actual, surgida de la variedad plebeya o a pie de la tradicional tortura de toros.

La primera plaza de toros fija de Barcelona, El Torín, con capacidad para 13.000 espectadores, fue edificada en La Barceloneta en 1834. Al año siguiente, en 1835, el grosero público asistente, ebrio, irascible y descontento por la mala calidad de la corrida, salió a la calle y protagonizó graves incidentes, tras los cuales se dedicó a quemar todos los conventos e iglesias de Barcelona.

Los toros siempre han sido pacíficos herbívoros, sin la más mínima predisposición a atacar a nadie, por lo que con frecuencia (y a pesar de los puyazos que sufrían) se quedaban quietos y «no cumplían» con las expectativas de la plebe soez que los contemplaba. Como «castigo» se le ponían al toro banderillas de fuego, es decir, cartuchos de pólvora y petardos, que estallaban en su interior, quemándole las carnes y exasperando aún más su dolor. Más tarde las banderillas de fuego fueron suprimidas, sobre todo para no horrorizar a los turistas, a los que se suponía una sensibilidad menos embotada que a los encallecidos aficionados hispanos.

Todavía a principios del siglo XX las corridas eran mucho más violentas que hoy. El público sediento de sangre que acudía a las plazas de toros no se andaba con remilgos y exigía espectáculos de la máxima violencia. Una de las diferencias con la corrida actual estriba en que los caballos de los picadores no llevaban protección. La bravura de las reses se medía por el número de caballos destripados[1]. (Todavía ahora los caballos de los picadores que participan en las corridas tienen las cuerdas vocales cortadas, para que no puedan gritar de dolor.) Había sangre, mugre y tripas por todas partes. Incluso los mismos toreros resultaban cogidos con más frecuencia que ahora, y las consecuencias eran fatales, debido a lo deficiente de la atención médica.

Todavía peores que las corridas regulares son las tradiciones

---

[1] Rafael Núñez, *Tal como éramos: España hace un siglo*, Madrid, Espasa-Calpe, 1998, p. 192.

de tortura pública y callejera de toros por una chusma embrutecida e incontrolada bajo el pretexto de ciertas fiestas locales abundantemente regadas de alcohol y agresividad cobarde. En la fiesta del «toro de la vega», en Tordesillas, casi 20.000 personas se concentran en la margen izquierda del Duero, en el llamado «campo del torneo», para presenciar el martirio del toro, ejecutado por numerosos mozos a pie portadores de largas lanzas y por jinetes provistos de garrochas. Los caballistas hieren al toro a garrochazos mientras van al galope. Cuando el pobre animal huye enloquecido de dolor, los mozos lo esperan para clavarle sus lanzas apoyadas en el suelo. Quien lo acaba de matar solía recibir como premio los testículos de la víctima, que el verdugo triunfante ensartaba en su lanza, aunque ahora el premio se ha cambiado. En las fiestas de San Juan, en Coria, se suelta al toro por las calles del casco antiguo, donde durante horas es atormentado por los mozos del pueblo que lo acribillan con gran cantidad de dardos provistos de alfileres, petardos y a veces incluso banderillas. Cuando el toro ya no puede más, se lo mata de un tiro en la cabeza. Entonces, los mozos borrachos se abalanzan sobre él, pues el primero que agarra al cadáver por los testículos tiene el privilegio de comérselos. Cuando en 1987 el eurodiputado inglés Andrew Pearce criticó como «cruel y sádica» la celebración del toro de Coria, que acababa de presenciar, el presidente de la Junta de Extremadura, Juan Carlos Rodríguez Ibarra, asistió a la feria de Coria y presenció un encierro, calificando las críticas del inglés de «campaña contra Extremadura», en vez de usar su influencia para lograr una Extremadura más civilizada y presentable.

La estructura de la corrida

A diferencia del incontrolado ensañamiento pueblerino en las fiestas a las que acabamos de aludir, gobernadas por el alcohol etílico, las corridas de toros constituyen un espectáculo regulado por un reglamento y presidido por un presidente: más o menos la misma diferencia que había entre las palizas y linchamientos populares y la tortura administrada por la Santa Inquisición, presidida por un Gran Inquisidor.

En la corrida, la tortura del toro empieza ya antes de que el inocente bóvido salga al ruedo. A veces se le untan los ojos de vaselina para dificultar su visión (ya de por sí mala), se introduce algodón de estopa profundamente en su nariz para dificultar su respiración, se le golpean los riñones con sacos terreros para reducir su fuerza, se le liman o afeitan las puntas de las astas, etc. Todo esta «preparación» no está prevista en el reglamento, pero como no se realiza a la vista del público nadie dice nada. Lo que ocurre es que luego, durante la corrida, los toros están tan debilitados que con frecuencia se caen al suelo por sí solos, provocando las protestas de los aficionados. De hecho, los críticos taurinos suelen considerar que el principal problema de las corridas actuales es la inusitada frecuencia con que los toros se caen.

Una vez acabada la «preparación», el toro tiene que salir del toril al ruedo. En realidad, este pacífico herbívoro está asustado y no tiene ningunas ganas de salir al ruedo ni de atacar a nadie. Todo lo que desea es que lo dejen en paz y volver a pastar hierba. Por eso, en el momento de salir, se le clava «la divisa», para que salga disparado por el dolor. Inmediatamente siguen unas faenas de capote, en las cuales el torero da unos pases vistosos al toro, todavía relativamente entero. Es el único momento de la fiesta taurina que una persona sensible puede contemplar sin sentir ganas de vomitar. A partir de ahí empieza el infierno, dividido en tres «tercios».

En el primer tercio o tercio de varas, según el reglamento taurino promulgado bajo Corcuera, «el toro será sometido al castigo apropiado». Resulta sorprendente que una barbaridad de este calibre haya aparecido en el *BOE*. El matador da instrucciones al picador para que «castigue» al toro, es decir, para que le rompa los músculos del cuello y la espalda. El encargado de castigar es el picador, un sádico que normalmente goza de pocas simpatías incluso entre el insensible público taurino. Apalancado en su enorme caballo acorazado, perfora una y otra vez con su vara o pica a su víctima. Busca el sitio de un anterior puyazo y sigue barrenando, es

El toro cae fulminado tras recibir el brutal puyazo trasero del picador. (Fotografía de Luis Magán.)

decir, moviendo circularmente la pica, que penetra hasta 40 cm en el animal, destrozando sus músculos, mientras chorrea sangre. Es sin duda el momento más cruel y repugnante de toda la corrida.

Para que no se piense que estoy cargando las tintas, he aquí cómo describe la actuación del picador en varias corridas importantes el prestigioso crítico taurino de *El País*, Joaquín Vidal. Sobre la feria de Abril de Sevilla de 1996 leemos:

«Los toros de ayer, trastabillantes y moribundos… La verdad es que [el cuarto toro] llevaba en sus carnes un puyazo bestial, fruto de la tropelía del individuo del castoreño que lo envolvió en el percherón y lo quiso convertir en butifarra. La acorazada de picar volvió también por sus fueros y desfogaba su saña carnicera sobre la mustia torada en cuanto la ponían a su alcance.» «Al segundo [toro], un ejemplar de casta y trapío, lo dejó medio muerto el individuo del castoreño. Un solo puyazo bastó. Tras hundir el hierro en un costado, el apocalíptico jinete apalancó allí la vara y, tapando la salida al toro para que no pudiera escapar de la barbarie, cuando lo dejó salir ya iba el animal pidiendo confesión.»

269

¡Vivan los animales!

El torero Ortega Cano finge un pase al toro acribillado, ya inválido e incapaz de mantenerse en pie. (Fotografía de Carles Francesc.)

Sobre corridas en la plaza de Las Ventas (Madrid) en 1997:

«Fue una carnicería. La acorazada de picar se hizo presente y pasó a los toros por las armas. Luego iban los diestros y procedían a acuchillarlos. La barbarie a caballo… La forma de picar que se traen estos impresentables individuos del castoreño [los picadores] no sólo ...priva a los toros de cualquier posibilidad de defensa, sino que se ha convertido en un suceso repulsivo perseguible de oficio. Hay puyazos que son de juzgado de guardia.» «Las cuchilladas tan horrendas ...apuntaban a los bajos, tiraban a degüello. La infamante estocada bastaba para matar al toro, es evidente, mas su forma de morir, entre violentos estertores, retorciendo su anatomía por el barrizal, soltando sangre a caños por los hocicos, obligaba a la gente a volver la cara horrorizada y daban ganas de vomitar.» «El toro era bravo. El toro se había arrancado con prontitud y alegría al caballo… y lo auténticamente maravilloso es que saliera vivo del trance. Porque el individuo del castoreño lo tomó por su cuenta, hizo girar el caballo, lo puso de muralla cerrándole al toro toda posibilidad de escapatoria y le metió un varazo hasta las entrañas. Las tropelías de los picadores se han convertido en norma y no ya el toro sino la fiesta entera es su víctima. Cuando la acorazada de picar se lanza en misión de castigo, que es cada tarde, queda pulverizado el sentido de la lidia: convertido en barbarie el espectáculo.»

En 1998 no habían mejorado las cosas:

«El ruedo de Las Ventas se convirtió de nuevo en un desolladero. El desollado fue el toro, que hacía quinto. El desollador, un individuo del castoreño que marró el puyazo y le abrió en la piel, tejido celular y aponeurosis un ojal de lo menos medio metro… [Es costumbre] de la acorazada de picar clavarles trasero la puya y, ya hundida, rebañarles las entrañas. Sacudía al trote cochinero su mansedumbre el toro y el boquete aquel, que mostraba las carnes vivas y sanguinolentas, era un horror.»

«¡Alegría, alegría!», que diría un castizo. Y recuérdese que quien describe la situación es un gran aficionado a los toros.

El gesto amanerado de Finito de Córdoba no esconde el penoso estado del toro, incapaz de mantenerse en pie. (Fotografía de Gorka Lejarcegi.)

271

Después del tercio de varas viene el de banderillas. Al animal descuartizado por el picador todavía se le clavan una serie de harpones (llamados banderillas) en el dorso, para que siga sangrando y la tortura no se acabe tan pronto. El torero Chamaco (después de una discusión que tuve con él en la TV valenciana en 1995) me dijo que las banderillas, además de una tortura para los toros, son un gran peligro para los toreros, y que él preferiría que se suprimiesen de la corrida. De hecho, en la feria de San Isidro de 1995 el torero mexicano Armillita sufrió un percance muy grave al golpearse la tráquea con una banderilla. El torero Javier Vázquez perdió la vista en el ojo izquierdo al ser herido por una banderilla al entrar a matar el segundo toro en una corrida en Villanueva de Perales (Madrid) en 1996.

No sigamos con detalles escabrosos. En cualquier caso, en el último tercio llega por fin el momento de matar al toro, que si se hace bien, de una estocada limpia que le alcance el corazón, será el único momento de piedad de la corrida, poniendo fin al sufrimiento del animal. Por desgracia, los «matadores» suelen ser unos carniceros patosos, que con frecuencia fallan sus estocadas, teniendo que repetir una y otra vez la introducción del estoque (una espada de un metro) y perforando los pulmones del toro, que se van encharcando de sangre. Si el torero sigue sin acertar, otro matarife le clavará un cuchillo (la puntilla) tantas veces como sea necesario. Finalmente, se arrancarán apéndices (orejas o rabo) del animal agonizante o (con un poco de suerte) del cadáver fresco como trofeos para los matadores. Atado por los cuernos y tirado por los caballos, lo que queda del toro será arrastrado fuera de la plaza.

A favor y en contra de la tauromaquia

Los ilustrados siempre estuvieron en contra de la tortura pública de animales, y en la mayoría de países los espectáculos basados en ella fueron abolidas, aunque no así en España, ni en México, Colombia, Ecuador y Perú, a donde las llevaron los conquistadores españoles. A principios del siglo pasado O'Higgins, el ilustrado libertador de Chile, abolió a la vez la esclavitud, las corridas de toros y las peleas de gallos, como prácticas igualmente brutales e intolerables. En la España de finales del siglo XIX los progresistas y republicanos de entonces solicitaron varias veces en las Cortes la suspensión de las corridas de toros, por ser un espectáculo bárbaro, indigno de un pueblo civilizado. Las corridas —decían— constituyen el equivalente del circo romano, un elemento embrutecedor de las masas analfabetas. Obviamente, no tuvieron éxito.

Durante nuestro siglo gran parte de los científicos, intelectuales y escritores españoles han tomado partido contra la tauromaquia. Desde Santiago Ramón y Cajal («Me enorgullezco de no haber figurado nunca entre la clientela de las corridas de toros») hasta José Ferrater Mora («Estoy definitivamente en contra de las corridas de toros y he hecho lo posible para que mi opinión al respecto conste claramente»), pasando por José Luis Aranguren, Félix Rodríguez de la Fuente o escritores como Manuel Vicent y Rosa Montero, las críticas al cutrerío taurino no han faltado.

Sin embargo, el españolismo casticista ha nublado la visión de otros autores, como mi admirado José Ortega y Gasset. Ortega era acusado por los curas de ser extranjerizante, por introducir ideas filosóficas no escolásticas en España: «Yo, de quien gentes más o menos tonsuradas dicen que soy el extranjerizante.» Él se defendía subrayando su españolidad castiza: «Un español que lleve en las venas la tradición nacional ...un español de cepa.» En ese contexto, se las daba de gran experto en tauromaquia: «Nadie en el mundo sabe más que yo [de arte taurino]», «yo no acepto conversación sobre el toreo si se usa esa palabra en el restringido y anginoso sentido actual.» Otras veces parece como si le diera vergüenza que se lo considerase un aficionado a los toros. «Yo no soy un "aficionado a los toros". Después de mi adolescencia son contadísimas las corridas de toros a las que he asistido.» [2] O todavía: «Existe la muy esparcida leyenda de que soy muy aficionado a las corridas de

---

[2] *La caza y los toros*, Madrid, Espasa Calpe, 1962, pp. 141, 149, 140 y 126.

toros, la cual no es exacta. Desde hace más de cuarenta años, yo apenas he asistido a las corridas.» [3] Ferrater Mora pensaba que, si Ortega hubiese vivido más años, habría cambiado su posición casticista y adoptado una actitud más crítica. En 1991 se celebró en San Sebastián un acto en defensa de las corridas de toros, en el que participó Fernando Savater, que usó el siguiente argumento en su favor: «Se puede criticar la crueldad de los toros, que es evidente, pero no tenemos que olvidar que todo es cruel. En cualquier aspecto de nuestra vida aparece el sufrimiento. Si no, que se lo pregunten a los atletas que se privan de muchas cosas para poder batir récords o mejorar sus marcas. Incluso el amor es cruel y la enseñanza, porque a qué niño le gusta aprender a leer o a escribir si no es por obligación de sus padres.» [4] Realmente, este argumento de que «todo es cruel», y, por tanto, no se puede criticar ninguna crueldad, y esa comparación del calvario del toro al que descuartizan vivo en la plaza con el esfuerzo voluntario de los atletas que se entrenan o la enseñanza de la lectura a los niños no está a la altura de la habitual finura de Savater.

Durante toda la dictadura de Franco, las corridas de toros fueron exaltadas como fiesta nacional. El caudillo mismo presidía muchas de las que se celebraban en Madrid. Los noticiarios de Radio Nacional de España casi sólo informaban de toros y fútbol. Aunque los socialistas llegaron al poder en España con un discurso regeneracionista y prometiendo la modernización del país, su sector más populista se decantó enseguida por la línea de Fernando VII, reavivando y fomentando no sólo el cutrerío taurino oficial, sino incluso las tradiciones locales más bestiales y embrutecedoras. Alfonso Guerra, siendo vicepresidente del Gobierno, llevaba ostentosamente a su hijo de corta edad a las corridas, a pesar de que la asistencia a corridas de toros y combates de boxeo estaba prohibida a los menores de catorce años desde 1929. El ministro del Interior Corcuera —el de la «patada en la puerta»— era un

---

[3] *Obras completas*, tomo IX, cap. VII, Madrid, Alianza Editorial, 1965

[4] Entrevista en *El Mundo*, de Euskadi, 2 de agosto de 1991.

gran aficionado a los toros, igual que su enemigo, el banderillero Jon Idígoras, de Herri Batasuna. Corcuera impuso en 1992 un nuevo Reglamento de Espectáculos Taurinos que volvía a admitir la presencia de menores de catorce años en las corridas de toros, como en los peores tiempos anteriores, e incluso recomendaba el establecimiento de «escuelas taurinas para la juventud», como si no hubiera llovido nada desde la oscura época de Fernando VII. (En 1998 la Generalitat restableció en Cataluña la prohibición de que menores de catorce años asistan a corridas de toros o combates de boxeo.) Menos mal que el nuevo secretario del PSOE, elegido en 1997, Joaquín Almunia, «detesta los toros porque no soporta ni las espadas ni la sangre». En cualquier caso, no es que los otros políticos españoles recientes (con la honrosa excepción de la catalana Pilar Rahola) se hayan lucido más que los del PSOE en este asunto.

Las encuestas muestran que a la mayoría de los ciudadanos españoles no les gustan las corridas de toros. Según el sondeo Gallup de octubre de 1993, la gran mayoría de los españoles dice no tener ningún gusto ni interés por las corridas de toros. En una encuesta realizada por el semanario *El Vicent* entre los estudiantes de la Universidad de Alicante en 1998, el 87 por 100 se declaró contrario a las corridas de toros. Los políticos no hacen ningún caso a las personas sensibles; prefieren seguir la corriente al poderoso grupo de presión de los empresarios taurinos, que mueve miles de millones de pesetas embruteciendo a las masas, que a los bienintencionados activistas que recogen firmas o hacen manifestaciones en contra. Así, los dos millones y medio de firmas de todo el mundo pidiendo la abolición de las corridas de toros, hechas públicas en Barcelona en 1992, con ocasión de los Juegos Olímpicos, fueron silenciadas e ignoradas al igual que el millón y medio de firmas pidiendo la abolición de las fiestas crueles, presentadas en 1993 en el Ministerio del Interior de Madrid. Las manifestaciones en contra fueron siempre ignoradas, cuando no reprimidas con violencia por la autoridad. Cuando en 1996, en plena plaza de toros de Valencia, unos jóvenes muy bien educados y respetuosos desplegaron una pancarta con el subversivo eslogan de que «la tortura no es arte ni cultura», la Guardia Civil intervino de inmediato para sacarlos a golpes.

A pesar de todo, la conciencia del carácter indeseable de este tipo de espectáculos es innegable. En Francia se tolera que en las plazas de toros antiguas del sur del país se sigan celebrando corridas, pero está prohibido construir plazas nuevas o celebrar corridas en otros lugares o en plazas portátiles. En España, similar legislación fue introducida en Cataluña y Baleares en 1992. La comunidad de Canarias ha prohibido definitivamente las corridas, aunque mantiene la vergonzosa autorización de las peleas de gallos. Varios municipios de la Costa Brava, empezando por Tossa de Mar, se han declarado antitaurinos. En 1998 el alcalde de Coslada (Madrid) anunció la eliminación de los espectáculos taurinos a partir de este año.

Desde la época de Franco, Radio Nacional de España ha estado siempre consagrada a propagar las corridas, con informativos especiales como «Clarín». La parquedad de noticias sobre Latinoamérica siempre ha contrastado con el grotesco lujo de detalles sobre cualquier manifestación taurina de allende el océano. Se nos mantiene en la ignorancia de los desarrollos económicos, sociales, culturales o científicos que allá puedan ocurrir, pero se nos informa hasta la saciedad de cualquier rabo o oreja que allí se corte.

TVE, con el dinero de todos los contribuyentes españoles, promociona la carnicería taurina en sus emisiones internacionales. En Amsterdam y otras ciudades europeas varias empresas locales de televisión por cable se han dado de baja de los servicios de TVE internacional, ante las protestas de los espectadores que, «zapeando», se encontraban cada dos por tres con el sangriento espectáculo. Según una de las quejas, TVE retransmite «tardes enteras cómo los toros son torturados y finalmente matados entre grandes aplausos». Miles de hispanohablantes se han quedado sin televisión en español. TVE incluso ha creado en 1998 un nuevo canal temático de televisión dedicado exclusivamente a transmitir corridas de toros por Vía Digital. Y eso que, como señala Juan Cueto, «las transmisiones televisivas sólo sirven para amplificar la crueldad del espectáculo taurino. Lo que las cámaras añaden a la fiesta es el pormenor sangriento, el detalle macabro, el primer plano agónico del bicho, la brutal imagen de las heridas abiertas, la insistencia morosa en el arte de hundir la estocada hasta la empuñadura, la innecesaria repetición letal, la moviola del apuñalamiento».

Argumentos en la polémica

Cuando empecé a participar en algunos debates de radio o televisión en torno a las corridas me quedé sorprendido por la inanidad de los «argumentos» (o, más bien, exabruptos) de sus defensores. Luego he aprendido que esos «argumentos» siempre son los mismos, sin la más mínima variación. Helos aquí:

(1) *También hay otras salvajadas.* Ése es el primer «argumento» que sueltan siempre los taurinos. No defienden la corrida, ni niegan que sea una salvajada cruel, pero insisten en que no es la única crueldad que se practica en este mundo. A continuación aluden a la matanza de los judíos por los nazis, o a la de los tutsis en Ruanda, o a los niños que mueren de hambre. Obviamente, todas esas cosas son horribles, y aún más lamentables que las corridas de toros, pero no tienen nada que ver con el asunto. Es como si un acusado de asesinato se defendiese diciendo que más gente mataron Hitler o Stalin. Probablemente sería cierto, pero no vendría a cuento, ni nada cambiaría en la calificación de su posible crimen.

(2) *La corrida es tradicional.* Una vez señalada la irrelevancia del hecho de que también hay otras salvajadas, siempre algún antropólogo posmoderno de medio pelo se lanza a la defensa directa de la corrida con la presunta justificación de que es tradicional. En otros sitios será cruel, pero no en España, pues aquí es tradicional y todo lo tradicional está bien por definición. En el mundo —dicen— no existe objetividad ninguna, nada es verdad ni mentira, nada duele o da gusto, todo depende exclusivamente de las tradiciones de cada tribu. El toreo es una tradición de la tribu española y, por tanto, no se puede criticar sin traicionar a las esencias de la tribu. Es curioso que todavía se escuchen entre nosotros llamadas al etno-

277

centrismo acrítico y troglodita, invitándonos a cerrar filas en defensa de los aspectos más siniestros de nuestra tradición colectiva, como si lo tradicional y étnico estuviera por encima de toda crítica y racionalidad. Por muy tradicional que fuese, la costumbre china de atar y tullir los pies de las mujeres era una salvajada, y afortunadamente acabó siendo criticada y suprimida. También es una salvajada la costumbre de numerosas tribus africanas de cortar el clítoris a las muchachas cuando alcanzan la pubertad, así como otras prácticas crueles y degradantes aplicadas a hombres, mujeres o animales. La quema de herejes fue largo tiempo tradicional, y el terrorismo es tradicional entre los terroristas. Aceptar ciegamente todos los componentes de la tradición es negar la posibilidad misma del progreso de la cultura. Por eso los antropólogos de vía estrecha, que nunca aportan nada a la teoría antropológica ni a los estudios de campo, pero defienden en las tertulias cualquier salvajada tradicional, nunca pueden entender el esencial aspecto diacrónico de la antropología cultural. La cultura no es una realidad estática, sino dinámica, y cambia constantemente, sometida a diversas influencias, entre las que se encuentra precisamente la crítica racional. Una vez desinflado el argumento de la tradición, los posmodernos de medio pelo todavía intentan una última línea de defensa con frases altisonantes, hueras y ayunas de significado, como que las corridas de toros son «ritos iniciáticos». Todos los ritos iniciáticos marcan el tránsito o iniciación a algo, a un estado distinto al anterior, por ejemplo, desde la pubertad a la edad adulta, o bien marcan la introducción en alguna sociedad secreta o de otro tipo. Cuando uno pregunta a qué inician las corridas de toros, cuál es el nuevo estado o sociedad al que conducen, no se recibe respuesta alguna.

(3) Los toros no sufren. Esto nunca lo dicen los toreros, porque saben que es totalmente falso, pero lo suelen soltar ciertos taurinos ignorantes. Los neurólogos no sólo saben que el toro es capaz de sufrir, puesto que las estructuras neurales de su diencéfalo y de su sistema límbico son semejantes a las nuestras, sino que a veces lo usan como modelo en estudios sobre el dolor. De hecho, todos los centros del dolor y los mecanismos neurales de transmisión del

dolor, incluidos los neurotransmisores, son prácticamente idénticos en todos los mamíferos, por lo que no vale la pena insistir más en lo obvio.

(4) Los toros sí sufren, pero antes lo pasan bien. Aunque algunos toros viven en corrales miserables, casi hundidos en sus propios excrementos, junto a lugares de entreno o capea, es cierto que otros gozan de una vida natural, correteando a sus anchas en extensas dehesas. Esos toros viven mucho mejor que la mayoría de las vacas, y sobre todo que las pobres víctimas de los establos intensivos de concentración, sin duda alguna. Pero, ¿en qué sentido el vivir una vida natural es un crimen que tenga que ser pagado con una extrema tortura al final? No hay más que imaginar que alguien quisiera aplicarnos a nosotros mismos el argumento, para caer en la cuenta de su vacuidad. Al final, este argumento se reduce al primero. Se trata de justificar la salvajada de la tortura final del toro aludiendo a la otra salvajada de la tortura inicial de las vacas en los establos de concentración.

(5) Sin corridas, los toros de lidia y las dehesas en que se crían desaparecerían. Esto sería cierto si la hipotética supresión de las corridas de toros fuese acompañada por la transformación de las dehesas ganaderas en explotaciones agrícolas de otro tipo, lo cual sería del todo indeseable. Las dehesas son espacios naturales privilegiados, esenciales para la supervivencia de valiosas comunidades de plantas, aves y mamíferos. El día que las corridas se supriman, esa prohibición (si se hace bien) deberá ir imprescindiblemente acompañada de la transformación de las actuales dehesas ganaderas en parques naturales protegidos, donde sigan viviendo los actuales toros de lidia y los otros animales que las habitan. Podrían tener una cierta explotación turística e incluso ganadera extensiva, y sus dueños deberían ser adecuadamente compensados por la expropiación de sus tierras o por la restricción de su uso.

(6) Las corridas dan de comer a cierta gente. Claro. También la mafia, el narcotráfico, el secuestro y el terrorismo dan de comer a cierta gente. Es pintoresco defender la tortura porque da de comer al verdugo. Todo el mundo tiene que comer, pero hay muchas mane-

ras de ganarse la vida sin torturar a nadie. En vez de las escuelas taurinas, lo que necesitamos son escuelas de reconversión profesional de picadores y toreros en ciudadanos útiles.

El emblema de la España negra

Toda Europa fue durante mucho tiempo un mundo sucio, cruel, oscuro y grosero, donde animales humanos y no humanos eran maltratados sin ningún tipo de miramiento. Esa Europa negra dejó de serlo gracias al esfuerzo de racionalización de las ideas y suavización de las costumbres que fue la Ilustración. La España negra posterior es el resultado de la ausencia de Ilustración en nuestra historia. A partir del siglo XVII se inició lo que Ortega y Gasset llamó la tibetanización de España, es decir, el aislamiento de nuestro país de los vientos ilustrados que soplaban en el resto de Europa. No sólo seguíamos haciendo filosofía escolástica ramplona, y no participábamos en la gran aventura de la ciencia moderna, sino que tampoco la nueva sensibilidad moral hacía mella entre nosotros. En esa España sumida en el oscurantismo y la chabacanería fue extendiéndose y estilizándose la variedad plebeya (a pie) de la tortura pública de los toros, hasta dar lugar a la actual corrida, con su ridícula cursilería, sus gestos amanerados y, sobre todo, su abyecta y anacrónica crueldad. Afortunadamente, y aunque sea con retraso, España ya se ha incorporado política y económicamente al carro europeo y empieza a hacer suyos los valores de la Ilustración. Sin embargo, la España negra todavía colea, y todavía encuentra intelectuales casticistas dispuestos a jalear lo más cutre y cruel de la tradición carpetovetónica en nombre de un nacionalismo trasnochado y hortera, defendido con chulería numantina frente a las críticas del resto del mundo, rechazadas como presuntos atentados a nuestro sacrosanto patrimonio étnico-cultural, aunque ya vimos que la crueldad con los toros no tiene nada de específicamente hispano, y sí mucho de simplemente rancio, atrasado y anacrónico.

Muchos españoles estamos cansados de la permanente propaganda oficial de esta presunta fiesta nacional. A muchos nos molesta que se identifique al pueblo español con el hortera mundillo taurino, con su cursilería supersticiosa, su sensibilidad embotada y su retórica ramplona y achulada. *Spain is different*, pero no tanto. Un número enorme y creciente de españoles, ante el espectáculo taurino, sentimos asco, sonrojo, vergüenza, repugnancia estética e indignación moral. Como en 1998 escribía el catedrático de Historia económica Carlos Barciela: «Me parece un abuso intolerable que los aficionados a las corridas de toros sigan llamando a este espectáculo 'fiesta nacional'. Somos millones los españoles que no nos identificamos, en manera alguna, con dicha 'fiesta'. Sería de agradecer, de entrada, que fueran menos pretenciosos y que se limitaran a hablar exclusivamente en su nombre. Para muchísimos españoles (tal vez la mayoría) las corridas de toros son un espectáculo deplorable.»[5]

Ya no hay quien pare la decadencia de la España negra, aunque el cerrar filas de los castizos en su defensa pueda frenar el proceso. Al final, tanto las corridas de toros regladas como las fiestas bestiales incontroladas serán prohibidas, los televisores hispanos dejarán de chorrear sangre, las plazas de toros serán derribadas (excepto las que tengan algún interés artístico, como la de Ronda o la Maestranza de Sevilla), las dehesas ganaderas serán convertidas en parques naturales y los picadores, toreros y demás ralea recibirán una beca para que aprendan un oficio con el que ganarse la vida honradamente. Cuanto antes llegue ese día, tanto mejor.

---

[5] *El Vicent,* 11 de marzo de 1998.

Capítulo XVI

Matar por diversión

Los humanes son primates típicos, omnívoros oportunistas cuya dieta básicamente vegetariana solía ser complementada con la captura de pequeñas presas animales, como revela su dentadura y su intestino. Sin embargo, al final del Paleolítico se hizo predominantemente cazador e inventó armas y estrategias que le permitían incrementar su eficacia cinegética, quizá motivado por el clima frío de la última glaciación, cuando abundaban los grandes animales y escaseaban las frutas. También ahora los esquimales, adaptados al frío ártico, son los humanes más cazadores y carnívoros.

La caza tuvo sentido durante ese período final del Paleolítico, pues representaba la única posibilidad de supervivencia para los humanes en las zonas frías del planeta, así como un valioso complemento de su dieta vegetal en los demás sitios. Ahora la caza sólo conserva su sentido entre los escasos pueblos primitivos que han permanecido anclados en modos de vida pretéritos y tienen que cazar para comer. Desde la revolución del Neolítico, la caza ha perdido su función como fuente de alimentos. La agricultura y la ganadería proporcionan a los humanes la nutrición que necesitan de un modo mucho más cómodo y seguro.

La revolución del Neolítico acabó conduciendo a la sedentarización, urbanización y civilización, con la subsiguiente división social en clases especializadas, entre ellas la casta guerrera, especializada en el combate armado. Aunque la mayoría de la población había abandonado la caza, la casta guerrera la seguía practicando, ya no por motivos alimentarios, sino por ostentación y diversión. Desde luego, el principal timbre de gloria de los guerreros consistía en matar a muchos enemigos humanos. Las cerámicas mochicas y los tejidos de Paracas representan a los orgullosos guerreros amerindios luciendo al cinto las cabezas trofeo de sus víctimas, mientras los bajorrelieves asirios nos muestran a sus reyes seguidos de columnas de prisioneros mutilados o ejecutados. De hecho, los reyes asirios se pasaban la vida guerreando y sembrando de pánico el Oriente Medio con sus continuas matanzas. Para descansar, importaban leones de África y los mataban a lanzazos desde sus bien protegidos carros de combate. Aunque la guerra siguió siendo la actividad gloriosa por excelencia, en los aburridos intervalos de paz la agresividad podía explayarse en continuas cacerías, también formas prestigiosas de violencia. Los reyes europeos se hacían retratar como guerreros o cazadores. En la Europa medieval y moderna la caza fue siempre un privilegio aristocrático. Gracias a ello se han conservado ciertos grandes cotos de caza, que ahora se han convertido en parques nacionales, como el Coto Doñana. Sin embargo, el 4 de agosto de 1789 la Asamblea Nacional francesa decidió la abolición del derecho exclusivo de caza de los nobles. A partir de entonces cualquiera podía cazar y el cazador pasaba a ser propietario de cuanto mataba. Durante el siglo siguiente lo mismo ocurrió en Italia y en España. En los países latinos de Europa la generalización del derecho a cazar tuvo un efecto desvastador sobre la naturaleza. Ecosistemas y poblaciones animales que habían aguantado bien las raras cacerías de unos pocos aristócratas colapsaron ante la presión cinegética indiscriminada y generalizada. En cualquier caso, la caza ya no es un privilegio aristocrático.

Aunque en los años noventa ha habido una tendencia a la baja en el número de cazadores, en Francia sigue habiendo 1.600.000 cazadores (llegó a haber más de 2 millones), en Italia 1.400.000 y en España 1.200.000, aproximadamente. Cada cazador gasta de promedio algo más de mil euros al año, lo que significa que la caza mueve unos 1.700 millones de euros anuales en Francia, y unos 1.300 millones en España.

En España, en cuanto llega el otoño, un ejército de más de un millón de cazadores armados y motorizados se lanzan a la guerra contra la naturaleza. Los escopeteros dan gusto al dedo y ahogan sus complejos en sangre. La gran película de Carlos Saura *La caza* es un estudio penetrante de toda la agresividad y la mala leche contenida del cazador, a punto de estallar en cualquier momento. La complicidad creada por la matanza conjunta es un campo de cultivo para todo tipo de corruptelas. En su película *La escopeta nacional*, Luis G. Berlanga caricaturizó la corte de los milagros franquista, en cuyas cacerías se fraguaban todo tipo de enchufes y chanchullos, por no hablar de las más recientes monterías de los financieros felones, o de los encuentros venatorios entre gasolineros fraudulentos e inspectores corruptos.

La caza deportiva

La caza deportiva consiste en matar animales salvajes por «deporte», por diversión, por el gusto de matar. No se trata de matar para defenderse, de matar para aprender, ni siquiera de matar para comer. Se trata simplemente del placer de matar a una criatura salvaje sin necesidad alguna, por el mero placer de la matanza.

El ganadero puede aducir que él mata a animales que ya previamente le pertenecían, que eran *sus* animales, sus esclavos, que él los había alimentado, a veces incluso que se trataba de animales que sin su protección y cuidados habrían sido incapaces de sobrevivir en la dura naturaleza salvaje. Esta justificación es harto dudosa, pero, incluso si fuera aceptable, no se aplicaría en absoluto al caso cinegético, excepto en los casos en que los animales (faisanes, por ejemplo) son criados en factorías, transportados en camiones y soltados artificialmente delante de los escopeteros. De todos modos, a esos extremos sólo se llega cuando los propios cazadores han exterminado previamente la fauna silvestre. A diferencia del doméstico, el animal auténticamente silvestre o salvaje no debe su existencia ni su pervivencia al agente humano; es autosuficiente, libre, autónomo. Es un ciudadano independiente de la república de la naturaleza, que nada debe al humán y nada le solicita.

Matar gratuitamente a un animal salvaje, es decir, cazarlo, es una inmoralidad sin justificación posible, una completa falta de respeto y consideración al animal matado, a su vida y sus intereses. Me refiero a la caza «deportiva», no a la caza de subsistencia con arco y flechas por parte de tribus primitivas. Desde un punto de vista legal, sólo la caza furtiva es criminal. Pero desde un punto de vista moral, toda caza «deportiva» es deplorable y merecería estar prohibida.

Dentro de la inmoralidad genérica de la caza es posible establecer graduaciones o niveles de gravedad, según el tipo de presa y según los métodos y circunstancias de la captura. Uno de los factores a tener en cuenta es la escasez o abundancia relativa del tipo de animal cazado. Desde este punto de vista, la gravedad moral de la caza es máxima si se trata de un animal escaso o en peligro de extinción, pues entonces puede constituir una contribución al genocidio. Es mucho peor cazar a un lince que a un conejo, o a un urogallo que a una paloma.

La gravedad depende también del grado de proximidad filogenética de la presa. Desde este punto de vista (que es el nuestro, relativo a nosotros), lo peor sería la caza de humanos, practicada en el pasado por diversas culturas. Luego vendría el asesinato de los hominoideos (chimpancés, gorilas, orangutanes). Seguirían los otros primates, mamíferos como los elefantes, los delfines y las ballenas, las aves y reptiles, etc. En efecto, la consideración moral en que tenemos a los animales depende de nuestra empatía y compasión, es decir, de nuestra capacidad de ponernos imaginativamente en su lugar y de padecer con sus padecimientos, de com-padecerlos. A su vez, esta empatía y compasión depende de alguna manera de la proximidad filogenética de los animales sobre los que se ejercita. Cuanto más próximos a nosotros, más fáciles nos resultan de entender, de ponernos en su lugar y de padecer con ellos. Es mucho más fácil entender a un perro (mamífero como nosotros) que a un pez, y más fácil entender a un pez (vertebrado como nosotros) que a una esponja. En este sentido, compadecemos a unos animales más que a otros, porque los entendemos mejor y nos podemos poner más fácilmente en su lugar y sufrir con ellos.

La gravedad depende también de la inteligencia o capacidad de conciencia del animal. Tendemos a considerar más a los animales inteligentes y sensibles, provistos de marcadas personalidades individuales, y que viven plenamente vidas ricas, llenas de aventuras y experiencias interesantes. De ahí la merecida popularidad de animales como los gorilas y los chimpancés, o los osos y los elefantes, o los delfines y las ballenas. En ellos no sólo apreciamos a la especie, sino que cada individuo singular parece tener un valor único e irrepetible. En los peces, sin embargo, parece como si un individuo fuera reemplazable por otro, por lo que lo importante fuera la conservación de los números de las poblaciones más que el destino de los individuos.

Obviamente, en todas estas apreciaciones hay mucho de subjetivo. Todos los animales merecen consideración moral, pero de hecho a unos los consideramos más que a otros. En cualquier caso, todos los animales salvajes merecen el mínimo respeto de no ser asesinados por capricho y de no ser empujados a la extinción, es decir, de no ser cazados ni privados de sus hábitats naturales. Todos los animales salvajes, que no nos deben nada y que nada nos piden, tienen al menos derecho a que los dejemos en paz.

Como es lógico, la caza que se limita a matar de un tiro certero a un animal abundante en lugares no protegidos y en épocas que no se interfieren con la reproduccción, dentro de la normativa legal, siempre es mucho menos grave y deplorable que la caza furtiva, la caza en un parque natural o en período de veda, y las formas crueles de caza, como los cepos, los venenos y las ligas.

Formas crueles de caza

El mal moral que consiste en el sufrimiento provocado por una interferencia humana innecesaria se manifiesta de modo lamentable en las formas crueles de caza, en las que no sólo se mata al animal, sino además se lo somete a tortura previa. Es el caso del trampeo o uso de trampas, cepos y lazos metálicos para capturar animales salvajes, en que las presas quedan permanentemente heridas o mutiladas o agonizan lentamente. Los cepos son como las minas antipersonales, que matan o mutilan por igual a beligerantes e inocentes, a animales perseguidos y a otros que pasan por allí por casualidad.

El trampeo se empleó sin ningún tipo de escrúpulo durante mucho tiempo en Europa, sobre todo para el exterminio de los predadores. En Norteamérica muchos tramperos se hicieron ricos capturando por este procedimiento enormes cantidades de animales (castores, martas, visones, nutrias, mapaches, zarigüeyas y mofetas), cuyas pieles vendían a los peleteros. Cuando las poblaciones de estos animales descendieron dramáticamente, el negocio perdió gran parte de su interés. Actualmente esos cepos están prohibidos en la Unión Europea y en diversos estados (aunque no en todos) de Estados Unidos. En España los alimañeros eran especialistas en la colocación de tales cepos y lazos. Tanto la legislación europea como la ley española de Conservación de los Espacios Naturales y de la Flora y Fauna de 1989 prohíben terminantemente el uso de cepos, lazos, ligas de pegamento y veneno para la captura de animales. Sin embargo, esa prohibición con frecuencia se queda en papel mojado. Tanto en España como en Italia siguen colocándose cepos y lazos en muchos cotos de caza con total impunidad. Los dientes de hierro oxidado del cepo se cierran sobre la pata del zorro o de cualquier otro animal que pase por allí (incluso animales en peligro de extinción, como los linces o los osos, o animales domésticos que van de paseo con sus dueños). El animal, asustado, trata de escapar y tira con fuerza. Se desgarra la piel y los tendones y se fractura los huesos. Tras una larga y horrible agonía, muere desangrado. Otras veces se automutila, arrancando a mordiscos su maltrecho miembro y escapando con tres patas y un muñón gangrenado e infectado, condenado a una vida corta, dolorosa y miserable.

Charles Darwin, escribiendo en 1863, cuando ya la Ilustración había acabado con muchas de las bolsas de crueldad en Inglaterra, lamentaba que todavía no se hubieran prohibido los cepos: «Los casos de brutalidad frente a caballos, burros y otros largos cuadrúpedos son ahora mucho menos frecuentes de lo que eran hace algún tiempo. Esto se debe sin duda tanto al progreso del humanitarismo como a la protección de esos animales por la ley. Un caballero inglés no se rebajaría a causar ni un momento de dolor innecesario a una criatura viva y trataría instintivamente de poner fin a cualquier tal sufrimiento que tuviera delante. Sin embargo, es un hecho que cada guarda de caza en este país acepta un sistema que condena a miles de animales a una agonía aguda, de ocho o diez horas de duración, antes de que la muerte le ponga fin. Me refiero a la colocación de cepos de acero para capturar alimañas. La dentadura de acero se cierra con un muelle tan fuerte, que un lápiz que yo introduje en ella fue quebrado y profundamente horadado por la violencia del golpe. El cierre debe ser lo suficientemente firme como para evitar que se escapen animales pequeños, como urracas o armiños. Por ello, cuando un gato o un conejo es atrapado, su miembro es cortado hasta el hueso y triturado. Un guarda de caza humanitario me dijo: "Sé lo que deben de sentir, pues una vez me pillé un dedo yo mismo". Los animales pequeños a veces tienen la fortuna de ser matados en el acto. Si tratamos de entender los sufrimientos de un gato o de otro animal atrapado tenemos que imaginarnos lo que sería tener un miembro nuestro estrujado durante toda una larga noche entre los dientes de hierro de un cepo, y con la agonía incrementada por los constantes intentos de escapar. Pocos humanos podrían soportar durante cinco minutos la visión de un animal atrapado tratando de liberarse con un miembro machacado y desgarrado. Sin embargo, en las fincas bien cuidadas de este reino cada noche hay animales que permanecen así. No es posible exagerar el sufrimiento que tales animales padecen, ni su dolor agudo, enloquecido por la sed y por los vanos intentos de escapar. Las corridas de toros y las peleas de gallos han sido correctamente prohibidas por la ley. Espero que nunca se pueda decir que los miembros del Parlamento británico se abstendrían de promulgar leyes para proteger a los animales, si tales leyes se interfirieran con sus deportes de caza. Algunos que reflexionan sobre este tema por primera vez se asombrarán de que tal crueldad haya podido seguir estando permitida en estos días de civilización. Sin duda ninguna, si personas educadas vieran con sus propios ojos lo que ocurre bajo su autorización, el sistema habría sido eliminado hace tiempo.»[1]

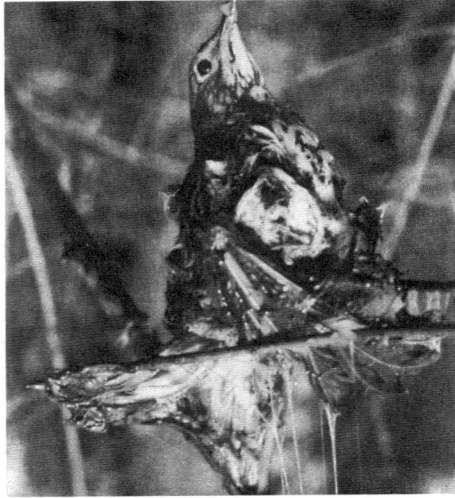

Zorzal atrapado en una rama con liga, de la que queda colgado. El ave morirá tras una lenta agonía. (Fotografía de E. Carrera, cortesía de la revista ADDA.*)*

Los venenos, a pesar de estar prohibidos en España desde hace más de treinta años, siguen siendo habituales en muchas fincas cinegéticas, cuyos dueños carecen del más mínimo conocimiento o sensibilidad hacia la naturaleza. Confunden los ricos y diversos bosques y montes que administran con fábricas monótonas de animales de caza, de las que pretenden eliminar toda competición por parte de los predadores y omnívoros. A ese efecto ellos o sus alimañeros colocan cebos de carne impregnada de venenos tales como la estricnina, la 4-aminopirina o la warfarina. En 1989 un millón de

---

[1] Charles Darwin, «Vermin and traps», en *Gardeners' Chronicle and Agricultural Gazette*, n. 35, 29-8-1863, pp. 821-822. Reimpreso en *The Collected Papers of Charles Darwin*, ed. B. y P. H. Burrett, The University of Chicago Press, 1977, vol. 2, pp. 83-84.

huevos envenenados fueron colocados en los campos del país. La muerte por estricnina o cualquiera de los otros venenos resulta larga y muy dolorosa. Además, el veneno persiste en el cadáver del animal envenenado, que a su vez envenena al carroñero o carnívoro que se lo come, iniciando así una cadena de dolor y muerte. Los cebos envenenados son como las minas antipersonales o los cepos: ciegos e indiscriminados. Matan a cualquiera, por ejemplo a algunos de los últimos ejemplares (menos de 600) de águila imperial que quedan en el mundo. Los latifundios cinegéticos suelen estar pésimamente gestionados por individuos ignorantes y codiciosos, que en su afán de eliminar a todo bicho viviente que pudiera competir con su presa causan estragos entre las especies protegidas. Ya Félix Rodríguez de la Fuente clamaba en vano por la eliminación de esa práctica nefasta que, a pesar de estar prohibida, continúa con casi completa impunidad hasta nuestros días.

Aunque la caza de aves insectívoras está prohibida en España desde 1902, sigue practicándose en cantidades ingentes. Y a pesar de que la cruel caza con liga está prohibida por diversas leyes euro-

A pesar de estar prohibida, la caza con redes sigue siendo practicada y causando estragos entre los pájaros. (Fotografía de Álvaro Silva.)

291

peas y españolas sigue siendo autorizada o practicada sin autorización en diversas regiones de España (como Cataluña, Valencia y Andalucía) y de Italia (como la Toscana). En España cada año más de 20 millones de aves protegidas son atrapadas con liga, cepos, redes y lazos. Incluso las aves insectívoras, tan beneficiosas para la agricultura, acaban siendo masacradas y vendidas en los bares como pajaritos fritos, a veces condimentados con sus propios insecticidas. Alrededor de 250.000 individuos se dedican en España a esta caza prohibida y cobarde, defendida únicamente por el criterio descerebrado de la tradicionalidad. Muchos de estos paseriformes son atraídos mediante un reclamo a las ramas de un arbusto cubiertas de liga (pegamento), donde se pegan sin remedio, con sus plumas destrozadas y su corazón a punto de estallar. Unos acaban en la sartén. Otros mueren abandonados entre dolores terribles. Otros acaban sus días condenados a cadena perpetua en una jaula. Los más infelices son cegados. Es el caso de la caza con cimbel, en la que se agujerean los ojos de las palomas con alfileres, para que sus gritos sirvan de reclamo. Hasta mediados de siglo era habitual en muchos sitios la práctica de cegar a los canarios aplicándoles agujas al rojo en los ojos, con el fin de evitar que cualquier distracción visual perjudicara a su bello canto y para que cantasen también de noche. En España esta práctica fue prohibida legalmente por real orden del 31 de julio de 1928, la primera ley española de protección de las aves.

Caza furtiva

Conforme la destrucción de la naturaleza ha ido alcanzando cotas cada vez más preocupantes, los Estados (aunque tarde y mal) han ido tomando medidas para proteger algo de nuestro patrimonio natural antes de la catástrofe ecológica definitiva. Así, diversas especies en peligro de extinción han sido protegidas por la ley y excluidas de la caza, y algunos ecosistemas únicos han sido declarados reservas naturales o parques nacionales. La caza furtiva es la caza prohibida por la ley, sobre todo la caza de especies protegidas o en lugares reservados o en épocas de veda o reproducción.

La caza furtiva es un crimen odioso, que con frecuencia constituye una contribución al genocidio, a la extinción de una especie o a la destrucción de la biodiversidad y la desertización de comunidades biológicas de gran riqueza y variedad. La caza abusiva practicada por los árabes cuando empezaron a disponer de automóviles ha convertido en desiertos estériles amplias zonas del Oriente Medio y del norte de África, antes habitadas por una rica fauna silvestre.

En España la caza furtiva ha puesto en peligro y al borde de la extinción a osos, linces, lobos, quebrantahuesos, urogallos, avutardas y otros animales emblemáticos de la fauna ibérica. El lince ibérico *(Lynx pardina)* sólo existe en la nuestra Península. Se trata de una especie en peligro de extinción, pues ya quedan menos de mil ejemplares. Muchos de ellos se crían en el Coto Doñana y, cuando salen fuera, los matan los cazadores furtivos, a pesar de estar estrictamente prohibido. En la década de los ochenta los cazadores furtivos han acabado con 22 de los aproximadamente 65 osos que quedan en la cordillera Cantábrica. En Asturias hay un conocido grupo de furtivos pertenecientes al colectivo minero de Narcea, que cazan urogallos, osos y cuanto se les ponga delante. Amenazan (y a veces han llegado a matar) a los guardas forestales de la reserva natural de Muniellos, sometidos a todo tipo de agresiones y amenazas de los furtivos y carentes de apoyo de la administración. Mientras los guardas realizan su trabajo con frecuencia de un modo voluntario y fuera de las horas de trabajo, sin ayuda ninguna, los furtivos disponen de todo tipo de medios y complicidades, movilizan focos de luz de gran potencia, grabadoras para localizar urogallos, armas muy modernas e incluso helicópteros.

Por desgracia se puede constatar que el furtivismo sigue vivo y coleando en España, tanto entre el cutrerío popular como entre los potentados y enchufados. En 1995 dos españoles (uno de ellos diplomático) fueron detenidos en el parque nacional de Narata, en Uzbekistán, por practicar la caza furtiva de una rara especie de carneros en peligro de extinción, cuya caza está terminantemente prohibida. En 1997 Francisco («Francis») Franco, nieto mayor del caudillo y cazador empedernido y compulsivo, fue arrestado y condenado por cazar furtivamente en la reserva de El Pardo. En el mismo año los guardas del parque nacional de los Picos de Europa sorprendieron al agresivo director del programa matutino de la COPE, Antonio Herrero, y al director de la RENFE, Miguel Corsini, cazando furtivamente en el parque nacional, y los denunciaron ante el juzgado. La denuncia fue luego archivada por presiones políticas, al no personarse en la causa el abogado del Estado. El Ministerio del Medio Ambiente desautorizó a los guardas que habían cumplido con su deber, destituyó al director del parque y protegió a los furtivos. Todo un espectáculo. En medio de tanta irresponsabilidad, hay que resaltar la difícil y positiva labor de los guardas de parques nacionales, del servicio SEPRONA de la Guardia Civil y de organizaciones no gubernamentales de vigilantes voluntarios, como el FAPAS en Asturias.

Consecuencias laterales indeseables

Además de su inmoralidad intrínseca, la caza deportiva tiene numerosas consecuencais laterales indeseables tanto sobre el medio ambiente como sobre la calidad de vida del resto de los ciudadanos. Por ejemplo, la actividad cinegética produce diversos tipos de contaminación. Los disparos de los rifles y escopetas de los cazadores —como señala Joaquín Araujo— rasgan el paisaje sonoro, interrumpen los cantos de la naturaleza y constituyen una contaminación acústica que se extiende a varios kilómetros a la redonda. La contaminación visual la producen los montones de cartuchos (centenares de millones de cartuchos), plásticos y basuras que los cazadores dejan por todas partes como testimonio de su paso, ensuciando la belleza de la naturaleza.

Más grave es la contaminación por plomo que producen sus perdigones en los sitios de caza intensiva, como las lagunas en que abundan las aves acuáticas. El plomo puro es sumamente tóxico, y las 5.000 toneladas de plomo (en forma de perdigones) que los cazadores arrojan cada año en nuestros bosques, prados, ríos y lagunas están envenenando el medio natural de este país. Algunos Estados ya han prohibido el plomo en la caza (como se ha prohibido en la gasolina, las cañerías, etc.). Grupos de naturalistas y la diputada Pilar Rahola han pedido al gobierno que tome medidas para impedirlo, aunque por ahora sin resultados.

Las fincas de caza con frecuencia son cercadas con vallas y alambradas, afeando el paisaje e incrementando los accidentes de animales heridos o muertos por los alambres. En las vallas se quedan algunos animales enganchados, muriendo miserablemente desangrados o de hambre. Otros (incluso animales protegidos) caen en trampas que los monteros instalan bajo las mismas vallas. La colocación de mallas cinegéticas mediante excavadoras produce en la tierra una herida de hasta cinco metros de anchura. La apertura de rayas de disparo de hasta cuarenta metros de anchura añade sus feas cicatrices al paisaje. A esto se une la proliferación de pistas y carriles destinados a vehículos todoterreno, que permiten el acceso a lugares naturales previamente escondidos y preservados y los echan a perder. Lo más grave de todo es el aislamiento genético que las vallas producen entre las poblaciones, impidiendo que se intercambien los genes entre las poblaciones de la misma especie y favoreciendo así el empobrecimiento genético e incluso la aparición de plagas, malformaciones y enfermedades entre los animales.

Los cazadores y dueños de fincas cinegéticas no vacilan en exterminar poblaciones autóctonas y sustituirlas por otras importadas, rompiendo completamente el equilibrio ecológico. Quizá el ejemplo más espectacular haya sido el desastre provocado en Australia. Los ingleses introdujeron los conejos (*Orictolagus cuniculus*) allí en 1858 para poder practicar la caza. Al carecer de predadores específicos, los conejos se multiplicaron explosivamente y en los años veinte ya habían arruinado amplias regiones de Australia. En 1950 se introdujo artificialmente la terrible enfermedad de la mixomatosis, que provocó en tres años la muerte del 90 por 100 de los conejos, pero los que lograron sobrevivir formaron una población más resistente a la enfermedad, que volvió a multiplicarse de nuevo. Actualmente hay unos 200 millones de conejos en Australia. Mientras tanto, la enfermedad se había exportado inadvertidamente a otras partes del mundo, causando estragos entre la fauna de todo el mundo, y en especial sobre la mediterránea. Hacia 1860 se liberaron en las cercanías de Melbourne ejemplares de zorro (*Vulpes vulpes*) traídos desde Europa por los ingleses para practicar su tradicional caza del zorro. Actualmente hay entre 2 y 5 millones de zorros en Australia. El zorro es responsable de la extinción de nueve pequeños marsupiales y amenaza a otros 30. De todos modos, los científicos temen que si se logra la erradicación del zorro, la población de conejos se dispare. Pero si se elimina primero a los conejos, los zorros ejercerán una mayor presión sobre los marsupiales autóctonos. Todo el equilibrio de la fauna australiana ha quedado fatalmente roto por las manipulaciones ineptas de los cazadores.

Pisoteando los derechos del no cazador

Aunque el otoño es una estación de singular belleza en el campo, a la mayoría de los ciudadanos de los países de la Europa latina les resulta imposible gozarlo. En cuanto llega el otoño, miles de coches armados de escopetas recorren las carreteras, como divisiones blindadas en guerra contra la naturaleza. La fauna es masacrada. Los animales supervivientes se esconden aterrorizados. Los niños ya no podrán descubrirlos, ni los estudiosos observarlos, ni los aficionados fotografiarlos, ni los ciudadanos sensibles sentirse en el paraíso terrenal. No importa. La guerra es la guerra. ¡Todo el poder al ejército de los cazadores!

Los continuos disparos de los cazadores retumban por doquier a varios kilómetros a la redonda, molestando e importunando a muchos ciudadanos que precisamente han ido al campo para gozar de su paz y sosiego. Los jilgueros contribuyen con su melodioso canto a la belleza del paisaje sonoro y a la felicidad de paseantes y excursionistas. ¿Por qué tienen que pertenecer a los pocos sádicos que los cazan a traición con cola, y los fríen o encierran? Aquí, como en tantos otros casos, los derechos de los no cazadores son pisoteados sin contemplaciones por esos individuos armados que prefieren el ruido ensordecedor de los disparos al suave canto de los jilgueros.

Todavía peor lo tienen los ciudadanos curiosos que quisieran gozar de la visión de los animales en libertad. Los petirrojos alegran la vista de todos, pero con frecuencia no se ven, pues han sido masacrados. En general, los cazadores hacen invisibles a los animales. A unos los matan y a otros los espantan. Actúan siempre como si los animales les perteneciesen. De hecho, los animales salvajes no pertenecen a nadie, se pertenecen a sí mismos. Pero, incluso admitiendo —por mor del argumento— que perteneciesen a los humanes, nos pertenecerían a todos (niños y adultos, mujeres y hombres, naturalistas y fotógrafos, excursionistas y contemplativos) y no sólo a los cazadores. El instinto matarife no confiere especiales derechos. Antes de matar, deberían pedirnos permiso a los demás. Aunque los no cazadores somos mayoría en todas partes estamos desorganizados, mientras que los cazadores forman un poderoso *lobby* con dinero, armas e influencia política, y hacen de su capa un sayo.

Aunque menos de un 3 por 100 de los españoles son cazadores, la ley les entrega el 90 por 100 del territorio nacional para que explayen sus instintos matarifes, con total desprecio de los deseos e intereses de los demás. La situación es parecida en Francia e Italia. Se permite que los cazadores invadan legalmente la propiedad de los demás, los asusten con sus tiros y amenazas, y a veces incluso los maten. En Italia los cazadores matan cada año a unas treinta personas por error (colegas, parientes, paseantes), y lo mismo pasa en Francia y en España. En Lleida un joven cazador mató a su madre, confundiéndola con un jabalí. En la provincia de Girona en los últimos años los cazadores han matado —confundiéndolos cada vez con un jabalí— a buscadores de setas, a recolectores de leña, a mujeres y a turistas, además de matar repetidamente a sus propios compañeros de caza. Y siempre matan con impunidad.

La escritora Rosa Regàs ha expresado su indignación, que muchos comparten: «Ya es raro que seres humanos normales encuentren placer en disparar a los animales que habitan en el bosque o en las praderas ...esos sujetos... actúan con excesiva impunidad. Llegan con sus coches al amanecer, los conocemos por las basuras que vierten donde aparcan, sin preocuparse de los arbustos que machacan para hacerse un sitio. Durante todo el día retumban los disparos en los valles con una persistencia que ha desalojado los caminos de paseantes: aterrados de que se les confunda con un conejo, permanecen recluidos. A nadie le gusta pasear lanzando al aire un lamento a voz en grito: «¿No disparen, por favor, somos humanos, no disparen!» Entran en las propiedades sin pedir permiso, ¡y ay de quien ose protestar!: responden con el insulto blandiendo el arma. Hacerlos salir de nuestra casa es poco menos que imposible. Si alguna vez se avienen a ello es siempre mascullando amenazas que un día se harán realidad. Patean las viñas, pisan los sembrados, se meten en los jardines y matan impunemente. No hace falta recordar las dos muertes de hace un par de años, una en Sant Feliu de Guixols, la otra en Celrà, cuyos autores adujeron que habían confundido con un urogallo a la mujer que leía el periódico a menos de 10 metros de la puerta de su casa: el juez decretó la libertad sin fianza y más tarde el sobreseimiento de la causa… Temo a los cazadores como al granizo en mayo: me han matado ya tres perros y varios gatos, me han destrozado la puerta. Me revuelve el estómago verlos desde mi ventana con su prepotencia al hombro recorriendo mis dos hectáreas, y en vano he acudido a las autoridades a denunciar su comportamiento… Un amanecer los vi cerca de la huerta. Cuando bajé a pedirles que se fueran se habían subido a un olivo a coger aceitunas y, sin moverse, se rieron de mi furor. Vencida, me metí en la casa y lloré de rabia.» [2]

Aunque la ley española prevé la obligatoriedad del examen de cazador, muchas autonomías no lo han implantado. De hecho, incluso en aquellas como Cataluña, donde el examen ya existe,

---

[2] *El País*, 21 de febrero de 1994.

muchos cazadores siguen sin distinguir las especies y disparan contra todo lo que se mueve, incluidos paseantes, buscadores de setas y turistas francesas. Pero los cazadores parecen tener una bula especial para matar, y sus crímenes gozan de total impunidad, pues la excusa de que creían que el asesinado era un jabalí es usualmente aceptada como buena por jueces que quizá son ellos mismos cazadores.

En España era proverbial la afición cinegética del caudillo Franco. Incluso una vez restablecida la democracia, los políticos autoritarios han solido ser grandes cazadores. Manuel Fraga, que ya había cazado urogallos en la época de Franco, en 1983, siendo entonces presidente del Grupo Popular, se ausentó de los debates parlamentarios sobre los presupuestos generales del Estado durante una semana para ir a Yugoslavia a cazar un oso. Desde entonces ha seguido cazando. Todavía en 1997 el ya anciano Fraga volvió a los Ancares en busca de un corzo previamente localizado y no paró hasta abatirlo. Francisco Álvarez Cascos, vicepresidente del gobierno del PP, pasa cuantos fines de semana puede pescando salmones o abatiendo rebecos, como si su agresividad no le permitiera vivir sin matar. Quizá esta tradición explica algo de la impunidad de que gozan los cazadores.

Muchos consideran que el principal problema social de Estados Unidos es su elevada criminalidad, propiciada por la demencial abundancia y circulación de las armas de fuego por todo el país. Incluso los niños en edad escolar se matan unos a otros frecuentemente con las pistolas y rifles de sus padres. Sin embargo, todos los intentos legislativos de poner coto a esa situación se estrellan con la oposición de la National Rifle Association (NRA), un grupo de presión tremendo fundado en 1871 y dedicado desde entonces a la defensa a ultranza de la caza y de las armas de fuego. La segunda enmienda a la Constitución norteamericana, que establece «el derecho del pueblo a tener y llevar armas», había sido introducida pensando en asegurar que los estados federados pudieran tener sus propias milicias. Sin embargo, la NRA, basándose en ella, bloquea todos los intentos de prohibir o limitar la venta de armas, haciendo que su más de un millón de miembros inunden el Congreso con cartas, llamadas y telegramas de protesta cada vez que se presenta una nueva iniciativa legislativa contra las armas de fuego. La NRA también contribuye generosamente a financiar la campaña electoral de todos los congresistas y senadores que votan en contra o se ausentan en tales votaciones. Como el número de cazadores en Estados Unidos disminuye a un ritmo del 5 por 100 anual, la industria de armas de fuego trata de fomentar el uso de esas armas por parte de mujeres y adolescentes, con cierto éxito. La consecuencia de todo ello es que, por promover y defender la caza, es decir, por divertirse matando animales no humanos, esos sectores acaban fomentando la tenencia de armas y, en definitiva, la criminalidad y el asesinato de humanes.

Leyes, prohibiciones, reacción de los cazadores

La moral es fruto de las reflexiones y sentimientos de los hombres, y varía a través del tiempo como cualquier otro aspecto de la cultura. Hoy nos parece abominable lo que hasta hace dos siglos todo el mundo consideraba normal: la esclavitud o la tortura, por ejemplo. A la inversa, hoy aceptamos con permisividad conductas sexuales que otrora provocaban escándalo o persecución. Aunque algunos cambios se producen de un modo suave, otros suscitan oposición y conflictos. En el siglo pasado la abolición de la esclavitud condujo a la guerra civil en Estados Unidos. La posible limitación o abolición de la caza en diversos países choca también con apasionadas resistencias.

Actualmente un número creciente de personas reflexivas y sensibles consideran moralmente intolerable la práctica de la caza deportiva. En algunos países los que así piensan ya son mayoría y empiezan a ocupar posiciones de gobierno, con lo que la impunidad de los cazadores va poniéndose en entredicho.

En Suiza algunos cantones, como el de Ginebra, ya han prohibido la caza en referéndum. En Italia en 1990 un referéndum para limitar considerablemente la caza fracasó por falta de quórum: la participación se quedó en el 43 por 100 de los votantes inscritos, cuando llegar al 50 por 100 habría sido necesario para la validez del referéndum. Italia tiene 1.400.000 cazadores asociados, que matan todo tipo de animales, incluyendo muchos millones de pájaros. En Brescia y otras partes del norte de Italia los cazan con liga (pegamento) y con trampas que les rompen las patas. En la Toscana los cazan con reclamo. En primavera atrapan vivos a algunos pájaros con redes. Como sólo los machos sirven y no se distinguen bien, les rajan a todos el vientre con una navaja de afeitar. A los machos los vuelven a coser; a las hembras las dejan morir. Luego los mantienen hasta el otoño encerrados en sótanos húmedos y oscuros, para que piensen que aún es invierno, y los sacan en la temporada de caza en otoño, con lo que las pobres aves piensan que es primavera y cantan, atrayendo a nuevas víctimas hacia los cazadores agazapados. Para cazar un pajarito de 10 gramos emplean de promedio más de treinta gramos de plomo. Un tercio de las aves migratorias que atraviesan Italia en su camino hacia África mueren cazadas. La Unión Europea ha prohibido la caza de aves migratorias e Italia ya ha sido condenada dos veces por el tribunal europeo de Luxemburgo, pero las conexiones de los cazadores con los políticos corruptos del país hacen difícil cualquier solución.

En Gran Bretaña la caza del zorro y del ciervo con jaurías de perros, en que los animales son perseguidos hasta el agotamiento, ha sido siempre una de las señas de identidad de la aristocracia rural inglesa. En 1997 el Britain's National Trust, la autoridad que regula la actividad en gran parte de la campiña inglesa y en todos los terrenos del Estado, decidió prohibir la caza del venado, después que una comisión científica revelara los altísimos niveles de estrés que sufren los ciervos durante la cacería [3]. Ello causó sensación, aunque las encuestas revelan que un 83 por 100 de los ingleses se opone a que se maten ciervos como deporte. Todavía más polémica resultó la aprobación por gran mayoría de la Cámara de

[3] Georgia Mason, en *Nature,* 391,1998, p. 22.

los Comunes, en noviembre de 1997, a iniciativa del nuevo gobierno laborista de Tony Blair, de una ley prohibiendo la caza del zorro en todo el país. Las reacciones de los cazadores no se han hecho esperar. En marzo de 1998, unos 200.000 cazadores de las zonas rurales de Inglaterra, muchos de ellos ataviados con las casacas rojas y los bombines negros típicos de los jinetes que participan en la tradicional caza del zorro, clamaron en Londres contra el gobierno laborista y sus planes de prohibir esta práctica venatoria. De todos modos, no es probable que el gobierno se deje impresionar por esa manifestación, pues las encuestas dicen que el 75 por 100 de los ingleses quieren abolir ya la caza del zorro. Sin embargo, para que la ley entrase en vigor, tendría que ser aprobada todavía por la Cámara de los Lores, donde es probable que quede empantanada, dadas las aficiones de sus miembros hereditarios, provenientes en gran parte de la aristocracia rural. Diversas iniciativas tendentes a limitar la caza con perros en Gran Bretaña se han estrellado contra la resistencia de los lores hereditarios.

En Francia en febrero de 1998 una manifestación de 130.000 cazadores, acompañados de perros y jabalíes, desfilaron por las calles de París en protesta contra las directivas de la Unión Europea que prohíben la caza de aves migratorias y protegen ciertos espacios naturales, y para pedir la cabeza de la ministra del Medio Ambiente, la ecologista Dominique Voynet. Los organizadores de la movilización utilizaron más de dos mil autocares. Incluso han fundado un partido político (Chasse, Pêche, Nature, Tradition) con un único punto en su programa electoral: la defensa de la caza. Los votos de ese partido resultaron decisivos en la elección de ciertos presidentes de consejos regionales. En junio de 1998 todos los grupos parlamentarios franceses (excepto los Verdes), olvidando la legalidad, la moralidad y la ecología, cerraron filas en la búsqueda desesperada del voto de los cazadores, apoyando una proposición de ley inspirada por su *lobby,* que contraviene todas las directivas comunitarias sobre la caza y amplía vergonzosamente el período de caza de las aves migratorias.

Un problema similar se ha suscitado en España con la caza en contrapasa, que se realiza en primavera, cuando las aves migratorias regresan a reproducirse al norte de Europa, siguiendo la llamada ancestral del amor y de la vida. Estas aves protegidas son entonces abatidas a traición en el País Vasco y Navarra a tiros y con redes, profanando así el ciclo sagrado de la reproducción. Con ello se echan por tierra los esfuerzos conservacionistas de otros países. El PNV ha defendido tal salvajada por ser tradicional (todas las salvajadas son tradicionales allí donde se practican) y consiguió que el Parlamento español aprobase una ley que la tolera, a pesar de estar explícitamente prohibida por la normativa de la Unión Europea.

No está prohibido cazar las aves migratorias cuando vienen desde el norte, después de haberse reproducido. Esos ejemplares atraviesan numerosas líneas de tiro, donde son diezmados sin piedad. Los que logran superar todos los obstáculos descansan en las

Cazador de contrapasa, matando a las aves que van a reproducirse. De paso, contamina el aire con sus disparos y el suelo con sus cartuchos, plomo y desechos. (Revista Ecología y Vida.)

dehesas de la Península Ibérica. Al inicio de la primavera sienten la llamada de la vida, y emprenden un largo viaje a sus lugares de cría en el norte a reproducirse. Son los portadores de la supervivencia de las poblaciones, los garantes de la continuidad de la especie. Y son estos supervivientes que vuelven en primavera a procrear a sus lugares de origen los que, según la legislación europea, merecen respeto y protección. Sin embargo, son cazados en su vuelo migratorio a contrapasa en el País Vasco y Navarra, así como en ciertas zonas de Francia e Italia. Preguntado un cazador vasco por la razón de tanto interés en exterminar a esas pobres aves que van a procrear y de tanta insistencia en pedir que se levante la prohibición de la contrapasa, toda la razón que pudo dar fue: «Es por poder cazar unos pocos días más al año.» Parece que la pasión de matar sin parar se haya convertido para algunos en una droga adictiva. En el propio País Vasco los no cazadores y los amantes de la naturaleza se han manifestado con frecuencia contra la acción de los cazadores, pero el PNV y el gobierno vasco han tomado partido por la fracción más violenta y destructiva de su sociedad.

Excusas de los cazadores

A primera vista, el matar animales superiores por mera diversión no parece una actividad defendible. ¿Qué aducen los cazadores en su defensa?

Algunos señalan su aspecto deportivo: la caza sería un deporte más, una forma de ejercitarse físicamente. A esto se puede replicar, de entrada, que el ejercicio físico no requiere matar a nadie. Pero es que, además, la deportividad brilla por su ausencia en la mayor parte de las manifestaciones de la caza actual. En Alemania, el cazador se sienta en un sillón instalado en una caseta elevada en un claro del bosque, con una botella de aguardiente a mano y espera con la escopeta apoyada en la repisa a que aparezcan los ciervos sobre los que va a disparar. En Andalucía y Extremadura se ha extendido la llamada caza de corral. Los venados, alimentados artificialmente y negativamente seleccionados por los cazadores, constituyen un ganado torpe y degenerado. Los monteros sueltan a los perros por un lado de la finca vallada y los venados huyen hacia las vallas, donde no tienen escapatoria y son acorralados y acribillados a tiros. De todos modos, los cazadores son tan torpes, que los animales casi siempre quedan sólo malheridos por sus tiros, por lo que los venados son luego rematados a palos y cuchilladas en escenas repugnantes. Estos «mataderos con alambradas» (en expresión de Manuel Vicent) no son precisamente campos de deportes. Los personajes torpes y llenos de achaques que pagan 10.000 euros por un puesto de tiro en una montería de caza mayor, e incluso los que pagan mucho más por disparar a un magnífico y raro animal en África o Rusia (que en realidad es siempre abatido por el disparo del cazador profesional que les acompaña) no tienen precisamente un aspecto deportivo. Como comenta Joaquín Araujo, «sentarse en un puesto a fusilar perdices o venados que otros te ponen delante nada tiene de práctica deportiva».

A veces los cazadores aducen como excusa que la caza ejerce una función reguladora de poblaciones o ecosistemas en desequilibrio. Pero el ecosistema se autorregula mucho mejor mediante la acción de los predadores, que mantienen sanas las poblaciones, eliminando a los individuos más defectuosos o enfermos. Los cazadores, por el contrario, en busca de trofeos matan a los mejor dotados, contribuyendo así a que degenere la población. Además, son ellos los que constantemente destruyen el equilibrio ecológico, con sus alambradas, su exterminio de los predadores y sus sueltas de animales importados. Y si realmente hay que regular artificialmente la población en algún caso, lo adecuado es que lo hagan profesionales expertos y responsables, no individuos de escasa habilidad y dudosa catadura moral, cegados por la pasión desordenada de matar.

Muchos cazadores dicen que lo que les gusta no es tanto matar como corretear por el campo, al aire libre y en contacto con la naturaleza. Si son sinceros y consecuentes, acaban colgando las armas, y trocándolas por los prismáticos o la cámara fotográfica. Varios de los cazadores más famosos ya lo han hecho, incluso entre nosotros.

Jorge de Pallejá, curtido en los safaris y la caza mayor, ha descrito su propio itinerario moral en el libro *No matar: la opción de un cazador*. De hecho la caza fotográfica reúne con creces todos los aspectos positivos de la caza (ejercicio físico, habilidad y conocimiento de la naturaleza, ocupación al aire libre en medio del campo, etcétera) sin ninguno de sus sórdidos elementos de sangre, dolor y muerte. Un animal magnífico bien fotografiado es un trofeo preferible desde todos los puntos de vista a un cadáver disecado; claro que es mucho más difícil de obtener y escapa a la mediocre habilidad del matarife que sólo sabe apretar el gatillo cuando algo se mueve.

A José Ortega y Gasset, habitualmente tan fino y brillante, le sale a veces la veta de señorito madrileño pedante y achulado, por ejemplo, cuando critica ásperamente a los holandeses por hacer algo tan falto de elegancia como andar en bicicleta, o a los ingleses por haber inventado «esta repipez de la caza fotográfica» (p. 78). Ortega no ignora la dudosa moralidad de la caza: «Pertenece al buen cazador un fondo inquieto de conciencia ante la muerte que va a dar al encantador animal. No tiene una última y consolidada seguridad de que su conducta sea correcta... En esa desazón trasparece el carácter general problemático, equívoco, que tiene nuestra relación con los animales.» A veces evoca «el adarme de sospecha criminosa que araña la conciencia del cazador». Sin embargo, en su intento de halagar al conde de Yebes, cuyo libro de caza prologa, Ortega se abandona a una ampulosa retórica de la sangre: «...si la sangre insiste en presentarse, si fluye abundante ...embriaga, exalta, frenetiza al animal y al hombre. Los romanos iban al circo como a la taberna y lo mismo hace el público de las corridas de toros: la sangre de los gladiadores, de las fieras, del toro opera como droga estupefaciente. Asimismo, la guerra es siempre, a la vez, orgía. La sangre tiene un poder orgiástico sin par.» Tras varias páginas más de similar retórica, viene la crítica a la caza fotográfica: «La actividad del Kodak se comprende ante la novia floreciente, la torre gótica, el portero de fútbol o la pelambre de Einstein; pero es por demás inadecuada frente al compadre jabalí que hoza en la espesura. El amaneramiento consiste en que se trata de igual a igual con la bestia, y me parece más auténticamente refinado y certero el hecho perenne de la caza deportiva, que, aceptando la desigualdad inevitable, la regula y estiliza.» En efecto, «en el hecho universal de la caza se manifiesta ...la jerarquía inexorable entre los seres vivientes. Todo animal está en relación de superioridad o inferioridad con respecto a otro.» [4] Dejando de lado la zafiedad e imprecisión de todo este discurso, lo que no nos dice Ortega es por qué «la desigualdad inevitable» requiere que el superior jerárquico mate al inferior. La aceptación generalizada de tan absurda máxima traería consecuencias obviamente inaceptables.

Pesca

En España en los últimos años ha ido descendiendo el número de cazadores, al tiempo que aumentaba el de pescadores de caña, al menos según se desprende del número de licencias concedidas. Obviamente, estamos más emparentados con los mamíferos que con los peces, y podemos entender mejor y compadecer más a los mamíferos, e incluso a las aves, que a los peces. Por eso normalmente la pesca nos indigna moralmente menos que la caza. El tema requeriría mucha más atención de la que aquí le puedo prestar. Baste con decir que los ríos españoles han sido objeto de una explotación aún más bárbara que los ecosistemas terrestres, en la que no han faltado desde las explosiones subacuáticas hasta todo tipo de destrucciones y contaminaciones, pasando por una pesca abusiva. De hecho, la mayoría de los ríos españoles ya no son ecosistemas vivos que produzcan peces y cangrejos de río. Casi todas las truchas, salmones y tencas que se pescan en ellos proceden de piscifactorías.

Aunque sea de pasada, y respecto a la pesca marina, no podemos dejar de mencionar ciertos tipos de pesca masiva e indiscrimi-

---

[4] Todas las citas son de José Ortega y Gasset: *La caza y los toros*, Madrid, Espasa-Calpe, 1962, pp. 70-82.

nada, como las redes de deriva de varios kilómetros de longitud, que esquilman los mares, agotan las poblaciones de peces y arrasan de paso a todo tipo de criaturas (incluidos mamíferos inteligentes como los delfines), sin provecho para nadie. Estas prácticas son moralmente intolerables, aparte de ecológicamente desastrosas y económicamente suicidas. En general la pesca en el mundo debe ser drásticamente reducida, tanto por razones morales y ecológicas como por razones económicas de sostenibilidad a largo plazo de la propia actividad. Hay que reducir y limitar severamente la pesca, sus artes y sus capturas, aunque ello pueda ser parcialmente compensado con una moderada piscicultura. El pescado será algo más caro, pero en un mundo en el que cada vez hay más gente y menos peces es lógico que así sea.

Tenencia de animales silvestres y exóticos

Algunos animales, como los perros o los caballos, han sido seleccionados genéticamente por nuestros antepasados humanos a través de muchas generaciones a fin de producir ejemplares especialmente adaptados a convivir con nosotros como nuestros esclavos, servidores, acompañantes y amigos. En cierto modo han interiorizado ese papel y esa relación con nosotros. Completamente distinto es el caso de los animales salvajes, totalmente inadaptados a la cautividad, que resulta terrorífica y antinatural para ellos.

A pesar de estar prohibido por convenios internacionales como el CITES, el comercio de animales silvestres y exóticos sigue poniendo en peligro la existencia misma de especies de animales salvajes, y sigue produciendo una vida horrible y absurda para los pocos ejemplares que sobreviven al proceso de captura y transporte y llegan a las tiendas de animales exóticos y a las casas de ciudadanos horteras, que declaran que «les gustan» los loros o las tortugas, por ejemplo. Arrancados de su hábitat natural, y trasladados a un medio que no tiene nada que ver con el suyo, privados de la compañía de sus semejantes, impedidos de volar, correr o nadar, esos animales se tornan desgraciados, histéricos y caricaturas de sí mismos. Ningún mono debería arrancarse a la selva, ningún ave debería permanecer encerrada en una jaula, ninguna tortuga debería acabar en una bañera. Las tiendas de animales exóticos deberían ser clausuradas y el comercio en tales especies severamente castigado.

El CITES fue ratificado por España en 1985. Aun despúes de ratificado, y en contra de sus prescripciones, en España han seguido proliferando los parques-safaris de dudosa legalidad y el comercio prohibido de productos de piel de cocodrilo, caimán y serpiente. De todos modos, hay que aplaudir la acción de los servicios aduaneros y de policía de algunos aeropuertos españoles, que han decomisado importantes cantidades de productos animales prohibidos, importados ilegalmente de países donde la naturaleza es impunemente saqueada, habiendo frenado así la tendencia a convertir España en plataforma europea del tráfico criminal con especies protegidas.

Un caso especialmente trágico es el de la caza furtiva de especies salvajes para satisfacer los deseos suntuarios o los prejuicios falsos de ciertos consumidores frívolos e ignorantes, pero adinerados y sin escrúpulos. Me refiero la absurda creencia de los chinos de que el cuerno de rinocerente tiene propiedades afrodisíacas, que ha llevado a los rinocerentes al borde de la extinción; al comercio con el marfil, que ha diezmado dramáticamente las poblaciones de elefantes africanos; al mal gusto irresponsable de las señoras que se compran carteras de piel de cocodrilo o caimán, o abrigos de pieles de animales salvajes, que han causado verdaderos estragos. Afortunadamente, las medidas legales tomadas por los países avanzados, junto con la mayor sensibilidad de la opinión pública por estas cuestiones ha conducido a una reducción de tales prácticas. Desde luego, muchos otros peligros antropógenos acechan a los animales salvajes, como el vertido en las aguas fluviales y oceánicas de insecticidas, detergentes no biodegradables, productos químicos peligrosos y plásticos de todo tipo, que provocan una enorme y dolorosa mortandad entre los animales marinos, pero esto ya no tiene nada que ver con la caza.

Capítulo XVII

Derechos de los animales

Carácter convencional de todos los derechos

Los filósofos griegos del siglo V antes de nuestra era establecieron una importante distinción entre las propiedades naturales
(*phýsei*) y las convencionales (*nómō*). Las propiedades naturales se
tienen con independencia de nuestros acuerdos o convenciones.
Las propiedades convencionales se tienen o se dejan de tener,
según lo que acordemos o convengamos. El río (algo natural) pasa
por donde pasa, pero la frontera (algo convencional) pasa por donde los gobiernos respectivos acuerden. La propiedad de ser un
humán (y no un elefante), o de ser mujer, o madre, o de ojos verdes, son propiedades naturales. La propiedad de tener la ciudadanía
española, de tener la obligación de hacer el servicio militar o de ser
Miss Universo son propiedades convencionales. Una vaca sagrada
es vaca por naturaleza y sagrada por convención. La misma diferencia se aprecia entre tener un hígado y tener un derecho, entre
pubertad y mayoría legal de edad, entre ser hombre y ser alcalde.
En general los derechos y las obligaciones tienen carácter convencional y no natural. Y los derechos de los que los tienen son el
reflejo de las obligaciones de los demás de respetarlos.

Los animales tenemos derechos en un sentido muy distinto de
aquel en que tenemos ojos, agallas o vesícula biliar. La cuestión de los
derechos que tengamos es una cuestión convencional, que sólo se
plantea en el seno de una sociedad organizada políticamente y pro-
vista de un ordenamiento jurídico. La fuente de los derechos es el
Derecho, y no hay más Derecho que el positivo (es decir, la legislación vigente). Por tanto, qué derechos tengamos los hombres o las

311

mujeres, los payos o los gitanos, los mamíferos o las aves, depende exclusivamente de la legislación vigente en el momento y lugar en que se plantea la pregunta. Los derechos de los animales no los revela la ciencia ni la autopsia, sino la ley del país (la ley actual o, al menos, la ley que nosotros quisiéramos ver promulgada, aunque aún no lo esté).

Las leyes del país no tienen nada que ver con las llamadas leyes de la naturaleza. Estas últimas son algo así como regularidades fácticas, mientras que las primeras son expresiones convencionales de la voluntad del legislador.

Los derechos, intermediarios entre los sentimientos y las leyes

El Derecho positivo (del latín *positum*, puesto) se opone al presunto Derecho natural como lo puesto (por la voluntad del legislador) se opone a lo encontrado (en la naturaleza o en la mente divina). El único Derecho existente es el Derecho positivo. El Derecho natural tiene carácter mitológico. Pero algunos mitos (como los derechos naturales) pueden resultar útiles como intermediarios entre dos realidades: nuestros sentimientos morales y la legislación positiva. El Derecho positivo va cambiando, sometido a todo tipo de presiones. Una de estas presiones es la presión moral que ejercemos, reclamando la puesta al día de las leyes, para adecuarla a los cambios producidos en la sensibilidad moral desde su promulgación.

Decir que algún grupo (humano o animal) tiene derechos no reconocidos por la ley a ciertas libertades o beneficios es una *façon de parler* que equivale a demandar la reforma de la ley para que incorpore como normas obligaciones legales de respetar tales libertades o proporcionar tales beneficios. Cuando reivindicamos los derechos de los animales estamos pidiendo cambios en la legislación y en las costumbres. Y precisamente las emociones morales, la consideración moral y la comunión con la naturaleza son algunos de los factores que actúan como disparadores (*triggers*) del cambio jurídico.

A veces protestamos porque la legislación vigente no reconoce ciertos derechos. Eso es una manera oblicua de decir que no estamos de acuerdo con la legislación vigente y que propugnamos su cambio en el sentido de incorporar ciertas garantías hasta ahora no reconocidas jurídicamente. Los seres humanos constituimos una especie animal, y los derechos humanos son un caso especial de los derechos de los animales. Los derechos de los animales (incluidos los nuestros) no dependen de las leyes de la naturaleza (o de un mítico Derecho natural), sino de las leyes del Estado. Por eso, si no estamos de acuerdo con esas leyes, si pretendemos cambiarlas, introduciendo nuevas garantías para ciertos grupos de animales hasta ahora desamparados, una manera de expresarlo consiste en decir que esos animales tienen unos derechos que claman por su reconocimiento jurídico.

Una de las razones que nos impulsan a propugnar la introducción en la legislación de nuevos derechos es el cambio en nuestras intuiciones y sentimientos morales. Que esas intuiciones y sentimientos evolucionan con el tiempo es un hecho incontrovertible. En estadios primitivos de desarrollo moral, los sentimientos de respeto, simpatía y solidaridad, y, consiguientemente, la consideración moral, se limitan al grupo inmediato al que uno mismo pertenece. Con los demás todo está permitido. El torturar a los prisioneros del grupo vecino ha sido en muchas culturas una diversión popular, en la que participaba con buena conciencia toda la población. Los mismos que manifestaban ternura y cuidado entre los miembros del propio grupo mostraban una crueldad implacable con los extraños. Ese círculo moral de respeto y solidaridad ha ido ensanchándose a lo largo del progreso moral, pasando a abarcar a otros grupos cada vez más amplios. Muchas veces ha costado dar el salto a otra nación, a otra religión, a otra raza, a otra especie, pero, una vez dado el salto moral, el cambio legislativo ha seguido con más o menos prontitud.

Todavía en 1857 el Tribunal Supremo de Estados Unidos dictaminaba que «los negros son seres de una categoría inferior ...e inferior en tal medida que no tienen ningún derecho que el hombre

313

blanco esté obligado a respetar». Un siglo más tarde, el Tribunal Supremo cambiaría totalmente su doctrina al respecto. Es de esperar que en otro siglo más también resulte chocante la actual desprotección legal de los animales no humanos.

Durante el siglo pasado los australianos cazaban aborígenes con la misma buena conciencia con que ahora cazan canguros. Cuando las intuiciones morales de la minoría que consideraba que eso era una barbaridad se fueron extendiendo se cambió la legislación y se reconoció a los aborígenes todos los derechos de que ahora disfrutan. Las intuiciones que cambiaron no fueron las de los aborígenes, sino las de los blancos, que eran los que tenían la capacidad legislativa. Ahora hay una minoría creciente en Australia cuyas intuiciones morales son incompatibles con la caza de canguros. Cuando esas intuiciones se hayan extendido suficientemente se cambiará la legislación y se reconocerá a los canguros sus derechos a la vida y al hábitat. Varios filósofos australianos piensan que sus bisnietos encontrarán tan incompresible la actitud de los actuales australianos frente a los canguros como éstos encuentran incomprensible la de sus bisabuelos para con los aborígenes. Desde luego, si eso llega a ser así, no serán las intuiciones de los canguros las que habrán cambiado, sino las de los humanes, que son los que pueden legislar.

Tanto la legislación como las costumbres y las valoraciones son información cultural. Reivindicar los derechos de los animales es fomentar un cambio en nuestra cultura. Este cambio corresponde a la expansión del círculo de la solidaridad y la compasión del que ya hablaba Darwin. Como herramienta retórica para impulsar dichos cambios la jerga de los derechos suele ser bastante eficaz. Una manera de oponerse a la esclavitud de los negros en el siglo XIX consistía en proclamar que todos los humanes —incluidos los negros— tienen derecho a la libertad. Una manera de promover que las mujeres del siglo XX pudieran votar en las elecciones era proclamar que las mujeres tienen derecho al voto. Una manera de oponerse a las corridas de toros o a la producción de *foie gras* consiste en decir que todos los animales —incluidos los toros y los gansos— tienen derecho a no ser torturados.

El cambio de nuestros sentimientos morales de empatía y compasión conduce al cambio de nuestra consideración moral de otros grupos, lo cual a su vez (a través de la postulación de derechos para esos grupos) conduce a la reforma de la legislación. El cambio de nuestros sentimientos es progresivo si implica una extensión creciente del círculo de la compasión y la consideración moral, lo cual a su vez presiona al cambio progresivo de la legislación. Obviamente, la consideración moral no es la única presión a que se ve sometido el proceso legislativo. Las inercias de la tradición, los intereses individuales y corporativos, los grupos de presión propiamente dichos y otros muchos factores ejercen también presión. Pero las escasas medidas legislativas que en los últimos años se han promulgado en algunos países en defensa de los animales han tenido su punto de partida en el progreso moral (es decir, en la extensión del campo de la compasión y la consideración moral) de muchos humanos concretos, que han presionado a los políticos para conseguir alguna protección legal de los animales.

Historia de los derechos humanos

Desde que surgieron las primeras civilizaciones, los humanos articularon normas y leyes que regulaban su vida social, a veces grabadas en piedra para público conocimiento. Para los pensadores griegos del siglo V antes de nuestra era, que habían viajado por diversos países y se habían percatado del relativismo de las leyes locales, estaba claro su carácter convencional. Sin embargo, y posteriormente, los estoicos contrapusieron las leyes convencionales de los Estados (variables y relativas) a la ley universal de la naturaleza, a la que cada uno tendría acceso a través de su conciencia, y que serviría de patrón para juzgar las leyes locales. En palabras de Cicerón: «La verdadera ley es una recta razón, conforme a la naturaleza, general para todos, constante y eterna ...Tal ley, no es lícito suprimirla, ni derogarla parcialmente, ni abrogarla por entero, ni podemos quedar exentos de ella por voluntad del senado o del pueblo ...ni puede ser distinta en Roma y en Atenas, hoy y mañana, sino que habrá siempre una misma ley para todos los pueblos y momentos, perdurable e inmutable.»[1]

Esta presunta ley natural era un mito, pero un mito útil, pues podía servir para criticar las leyes locales y promover su cambio. Decir que había que cambiar la ley local para que coincidiese mejor con nuestros sentimientos parecía un poco frívolo. Era más solemne y eficaz decir que había que cambiar la ley local para que coincidiese con la ley universal de la naturaleza.

La doctrina moderna del derecho natural tuvo su origen en el siglo XVII, en parte como un desarrollo del Derecho romano de gentes y con la esperanza puesta en que contribuyese a mitigar los horrores de las continuas guerras religiosas que asolaban Europa. Las dos obras más famosas que la desarrollaron fueron *De jure belli ac pacis* (Sobre el derecho de guerra y paz), de Hugo Grotius, publicada en 1625, y *De jure naturae et gentium* (Sobre el derecho natural y de gentes), de Samuel von Pufendorf, publicada en 1672.

La doctrina de los derechos humanos surgió como un desarrollo de la teoría del Derecho natural, y encontró su primera formulación moderna en John Locke, sobre todo en su obra *Two Treatises of Government*, publicada en 1690. En ella defiende Locke la tesis de que ya antes de la constitución del Estado, los humanes gozaban de tres derechos humanos naturales: a la vida, a la libertad y a la propiedad. Las ideas de Locke tuvieron un gran influjo en el pensamiento ilustrado y en las revoluciones políticas del siglo XVIII. La Revolución americana culminó en 1776 con la Declaration of Independence, que reconoce como derechos humanos inalienables el derecho a la vida, a la libertad y a la búsqueda de la felicidad. La Revolución francesa culminó en 1789 con la Déclaration des droits de l'hommme et du citoyen, que proclama como derechos naturales e imprescriptibles el derecho a la libertad, a la propiedad, a la seguridad y a la resistencia a la opresión. En 1791 Tom Paine publicó la obra clásica *The Rights of Man*, en que defendía la

---

[1] Cicerón, *De republica*, libro III, 22, 23.

Revolución francesa y los derechos humanos frente a las críticas de Edmund Burke.

En el siglo XX, la retórica ilustrada de los derechos humanos ha jugado un papel muy positivo tras la segunda guerra mundial, en parte como reacción a los excesos del nazismo. En 1948 la Asamblea General de las Naciones Unidas adoptó la Declaración Universal de los derechos humanos, que proclama el derecho de cada humán a la vida, la libertad y la seguridad personal. En especial, su artículo 5 especifica que «nadie será sometido a tortura, o a tratamiento o castigo cruel, inhumano o degradante». En 1950 se promulgó la Convención Europea para la protección de los derechos humanos y las libertades fundamentales. En 1976 las Naciones Unidas adoptaron el Convenio internacional sobre los derechos políticos y civiles, que trataba de precisar un poco más la declaración un tanto vaga de 1948.

En cualquier caso, los derechos no son algo absoluto, pues se limitan unos a otros. De hecho, a todos los derechos —incluso al derecho a la vida y a la libertad— suelen admitirse legalmente ciertas excepciones y limitaciones. El convenio internacional de la ONU sobre derechos civiles y políticos de 1976 sólo establece de un modo absoluto el derecho a no ser torturado. Todos los demás son sometidos a cualificaciones.

En el pensamiento ético encontramos intentos de justificación de los derechos humanos en términos de la teoría del contrato social (Locke, Rousseau, Rawls) o en términos de la teoría de la utilidad (Mill, Hare). Otros piensan que no requieren justificación. También encontramos críticas bien fundadas de la idea misma de derechos humanos, derechos de los animales, o cualquier otro tipo de presuntos derechos naturales. Ya Bentham había rechazado como sinsentido la noción de ley natural, y como sinsentido sobre zancos (*nonsense upon stilts*) la de derechos naturales.

Aunque la noción de derechos humanos es conceptualmente algo oscura, y en todo caso remite a una cuestión prescriptiva y no descriptiva, sin embargo, hay que decir a su favor que su uso ha jugado un papel progresivo y progresista desde el siglo XVIII, sirviendo para denunciar todo tipo de abusos y situaciones que repugnan a nuestros sentimientos morales. Los presuntos derechos humanos proporcionan un marco de referencia moral universal desde el cual criticar las legislaciones concretas de los Estados y pedir su cambio, incorporándolos a la legislación. Tienen un gran valor retórico, práctico, propagandístico y persuasivo, lo cual no es poco en temas de este tipo.

Derechos de los animales

Un derecho es un permiso, libertad o beneficio, que los demás (especificados por la ley) tienen la obligación legal de respetar o proporcionar. ¿Quién o qué puede tener derechos? Cualquier agente capaz de gozar de una libertad e incluso cualquier entidad capaz de ser beneficiada. Obviamente, los animales somos agentes y podemos ser beneficiados, por lo que somos sujetos potenciales de derechos. Cuando se plantea la pregunta de a qué o a quién convenga otorgar derechos (o, lo que es lo mismo, de respecto a qué o a quién convenga imponer a otros obligaciones legales), se obtienen respuestas[2] tales como la capacidad de elegir, la capacidad de sufrir, el tener intereses, el tener un cierto nivel de excelencia, etc. La *capacidad de elegir* incluye entre los portadores de derechos a los humanes en buen uso de sus facultades mentales y a algunos animales, pero excluye a los bebés, a los comatosos, a ciertos retardados mentales y a muchos animales inferiores. La *capacidad de sufrir* incluye a todos los animales con sistema nervioso, pero excluye a los humanos comatosos. El *tener intereses* incluye, además de a los animales, a los fetos, a los hongos y a las plantas. La *excelencia ontológica* (medida en términos de complejidad, o información acumulada, o de un destino evolutivo antiguo y todavía en marcha, etcétera) incluye también a las especies y los ecosistemas, y de

---

[2] Véase Brenda Almond: «Rights», en Peter Singer (ed.): *A Companion to Ethics*, Oxford, Blackwell, 1991, p. 264.

modo eminente a la biosfera entera. Parece que es función de la empatía de la persona que enjuicia lo amplio o estrecho que se trace el círculo de las criaturas dignas de ser consideradas como merecedoras o portadoras de derechos. En la medida en que reconocemos derechos a ciertas criaturas aceptamos la obligación de respetarlos en nuestro trato con ellas.

La discusión de los derechos de los animales plantea los mismos problemas que la de los derechos humanos. En realidad, se trata de la misma discusión, a dos niveles distintos de generalidad. El concepto de derechos siempre es problemático, tanto en el caso humano como en el de los otros animales. Lo que no es admisible es aceptar acríticamente la noción de derecho humano, al tiempo que se rechaza dogmáticamente la de derecho animal, como si sólo esta última tuviera problemas conceptuales. A veces, haciendo un juego de palabras superficial basado en la correlación lingüística entre *obligación* (o *deber*) y *derecho* se dice que quien no tiene obligaciones no tiene derechos. Así, Fernando Savater: «Cuando se habla de que los animales tienen derechos se supone que entonces también deberían tener deberes... es una idea peregrina.»[3] Este juego de palabras de que, puesto que los animales no tienen obligaciones tampoco pueden tener derechos no prueba nada. Es como si se argumentase, basándose en la correlación lingüística entre *hijo* y *padre*, que quien no tiene hijos tampoco puede tener padres.

Desde el punto de vista de la concepción positivista del Derecho la noción de derechos de los animales no presenta problemas específicos (distintos de los genéricos de la noción de derecho), como han señalado, entre otros, Ángel Pelayo y Jorge Riechmann, siguiendo los rigurosos análisis del gran teórico jurídico Hans Kelsen (1881-1973). Según Kelsen[4], la noción jurídica fundamental es la de obligación, y la de derecho es una mera noción auxiliar para describir ciertas situaciones. El derecho que alguien o algo tiene es

---

[3] Entrevista en *El Mundo* de Euskadi, 2 de agosto de 1991.

[4] Véase Hans Kelsen: *Reine Rechtslehre*. Hay traducción al español, *Teoría pura del derecho*, México, Porrúa/UNAM, 1991.

un mero reflejo de la obligación jurídica que tienen otros respecto a él. Para que alguien o algo tenga derechos no es en absoluto necesario que *él* tenga obligaciones; lo que es necesario es que *otros* tengan obligaciones respecto a él. Así, los infantes, que carecen de obligaciones, tienen derechos, al menos en la medida en que otros (por ejemplo, los adultos o los padres) tengan obligaciones respecto a ellos. Y en la medida en que los ganaderos suecos tengan la obligación de sacar sus vacas a pastar o pasear, las vacas suecas tienen derecho a ser sacadas de paseo. Kelsen desmonta con lógica implacable las objeciones a la posibilidad de que animales no humanos (o incluso plantas u objetos inanimados) puedan ser portadores de derechos. Cualquiera que pretenda defender con un poco de seriedad la tesis de que puede haber derechos humanos, pero no derechos de otros animales, debería antes responder a los lúcidos análisis y convincentes argumentos de Kelsen.

La plasmación de los derechos de los animales

Como era de esperar, en el pasado los defensores de la consideración moral de los animales eran también partidarios de concederles derechos. «No son hombres mediocres, sino grandes y sabios, Pitágoras y Empédocles, los que declaran que es una misma la naturaleza de todos los seres animados, y reclaman que se amenace con penas implacables a los que hagan daño a un animal, pues es un crimen el dañar a un bruto.» (Cicerón, *De republica*, libro III, 19.) La idea de que el Derecho natural es común a los humanes y a los otros animales se encuentra también en el *Digesto* (1, 1, 1, 3), que lo define como aquel que «la naturaleza enseñó a todos los animales, pues este derecho no es propio del género humano, sino de todos los animales que viven en la tierra y en el mar, y también de las aves».

En el presente, algunos moralistas, como Tom Regan en *The Case for Animal Rights* (1983), defienden una teoría absoluta de los derechos de los animales: todos los mamíferos de más de un año serían sujetos de una vida (en sentido biográfico) y tendrían valor intrínseco (*inherent value*). Todos los seres con valor intrínseco tienen derechos morales, en especial el derecho a ser tratados con respeto, y lo tienen de igual modo. En cualquier caso, todos podemos estar de acuerdo con la conclusión (de que los mamíferos merecen ser tratados con respeto), incluso si no acabamos de entender eso de los valores intrínsecos.

En nuestro tiempo cada vez más gente siente indignación moral por el trato cruel al que algunos de nuestros congéneres someten a animales sensibles sin necesidad alguna. Cada vez más humanes sentimos compasión por esas víctimas inocentes, nos solidarizamos con ellas y exigimos que se introduzcan en la legislación que regula nuestra sociedad normas que impidan tales actos de crueldad. Esta reivindicación puede ser expresada diciendo que todos los animales sensibles (capaces de sufrir) tienen derechos inalienables a ser tratados con respeto y a no ser torturados ni sometidos a crueldad. En este sentido político, todas las personas de sensibilidad moral no embotada reclamarán que los animales tengan derechos que no puedan ser pisoteados.

La Liga Internacional de los Derechos del Animal adoptó en 1977 y proclamó en 1978 la siguiente Declaración Universal de los Derechos del Animal, posteriormente aprobada por la Unesco y por la ONU. He aquí el texto completo de esta declaración:

«Artículo 1. Todos los animales nacen iguales ante la vida y tienen los mismos derechos a la existencia.

Artículo 2. a) Todo animal tiene derecho al respeto. b) El humán, en tanto que especie animal, no puede atribuirse el derecho de exterminar a otros animales, o de explotarlos violando ese derecho. Tiene la obligación de poner sus conocimientos al servicio de los animales. c) Todos los animales tienen derecho a la atención, a los cuidados y a la protección del humán.

Artículo 3. a) Ningún animal será sometido a malos tratos ni a actos de crueldad. b) Si es necesaria la muerte de un animal, ésta debe ser instantánea, indolora y no generadora de angustia.

Artículo 4. a) Todo animal perteneciente a una especie salvaje tiene derecho a vivir libremente en su propio ambiente natural, terrestre, aéreo o acuático y a reproducirse. b) Toda privación de libertad, incluso aquella que tenga fines educativos, es contraria a este derecho.

Artículo 5. a) Todo animal perteneciente a una especie que viva tradicionalmente en el entorno del humán tiene derecho a vivir y crecer al ritmo y en las condiciones de vida y libertad que sean propias de su especie. b) Toda modificación de dicho ritmo o dichas condiciones que fuera impuesta por el humán con fines mercantiles es contraria a este derecho.

Artículo 6. a) Todo animal que el humán ha escogido como compañero tiene derecho a que la duración de su vida sea conforme a su longevidad natural. b) El abandono de un animal es un acto cruel y degradante.

Artículo 7. Todo animal de trabajo tiene derecho a una limitación razonable del tiempo e intensidad del trabajo, a una alimentación reparadora y al reposo.

Artículo 8. a) La experimentación animal que implique un sufrimiento físico o psicológico es incompatible con los derechos del animal, tanto si se trata de experimentos médicos, científicos, comerciales o de cualquier otra forma de experimentación. b) Las técnicas alternativas deben ser utilizadas y desarrolladas.

Artículo 9. Cuando un animal es criado para la alimentación debe ser nutrido, instalado y transportado, así como sacrificado, sin que ello resulte para él motivo de ansiedad o dolor.

Artículo 10. a) Ningún animal debe ser explotado para esparcimiento del humán. b) Las exhibiciones de animales y los espectáculos que se sirvan de animales son incompatibles con la dignidad del animal.

Artículo 11. Todo acto que implique la muerte de un animal sin necesidad es un biocidio, es decir, un crimen contra la vida.

Artículo 12. a) Todo acto que implique la muerte de un gran número de animales salvajes es un genocidio, es decir, un crimen contra la especie. b) La contaminación y la destrucción del ambiente natural conducen al genocidio.

Artículo 13. a) Un animal muerto debe ser tratado con respeto. b) Las escenas de violencia en las que los animales son víctimas deben ser prohibidas en el cine y la televisión, salvo si ellas tienen como fin el dar muestra de los atentados contra los derechos del animal.

Artículo 14. a) Los organismos de protección y salvaguarda de los animales deben estar representados a nivel gubernamental. b) Los derechos del animal deben ser defendidos por la ley como lo son los derechos del hombre.»

Quizá todavía pasará bastante tiempo antes que los derechos de todos los animales sean adecuadamente reconocidos y protegidos. Por ello, a algunos pensadores y expertos les ha parecido conveniente promover con más urgencia el reconocimiento legal de al menos los derechos más básicos de los animales más próximos a nosotros, los hominoides, que formaríamos la «comunidad de iguales». Naturalmente, nadie pretende que todos los hominoides seamos iguales en todo o que se conceda el derecho de voto a los orangutanes. De lo que se trata es de considerarnos todos como iguales en los derechos fundamentales a la vida, la libertad y la ausencia de tortura. Jane Goodall, la gran investigadora de los chimpancés en libertad; el filósofo Peter Singer, Paola Cavalieri y otros autores lanzaron en 1993 el Great Ape Project (proyecto de los grandes hominoides o proyecto gran simio), que incluye una declaración de derechos de los hominoides a la que se han adherido muchísimas personas y organizaciones de todo el mundo en los últimos años. He aquí la declaración:

«Pedimos la extensión de la comunidad de iguales para que incluya a todos los grandes hominoides: humanes, chimpancés, bonobos, gorilas y orangutanes. La "comunidad de iguales" es la comunidad moral dentro de la cual aceptamos ciertos principios morales básicos o derechos como reguladores de nuestras relaciones mutuas y exigibles por ley. Entre estos principios o derechos se encuentran los siguientes:

1. *El derecho a la vida*. Han de protegerse las vidas de los

miembros de la comunidad de iguales. No está permitido matar a miembros de la comunidad de iguales excepto en ciertas circunstancias estrictamente definidas, como la defensa propia.

2. *La protección de la libertad individual.* No está permitido privar de su libertad a los miembros de la comunidad de iguales; si se los encarcela sin juicio legal tienen derecho a ser liberados de inmediato. La detención de quienes no han cometido ningún delito, o de quienes no tienen responsabilidad jurídica, sólo debe permitirse si puede probarse que es por su propio bien, o que es necesaria para proteger al resto de los integrantes de la comunidad de iguales de uno de sus miembros que claramente sería un peligro para los demás en libertad. En tales casos, los miembros de la comunidad de iguales tienen derecho a apelar ante un tribunal, bien directamente o bien —si carecen de la capacidad relevante— a través de un abogado.

3. *La prohibición de la tortura.* Infligir deliberadamente un dolor severo a un miembro de la comunidad de iguales, tanto si es por diversión como si se alegan supuestos beneficios para otros, se considera tortura y está prohibido.»

Es difícil leer esta declaración sin estar inmediatamente de acuerdo con ella. Su puesta en práctica efectiva pondría fin a la escandalosa y cruel injusticia cometida por nuestra especie contra nuestros más próximos parientes. De todos modos, es evidente que toda división tajante entre los animales es artificial. Las capacidades psicológicas de los animales forman un continuo, y todos —aunque en medida diferente— merecen algún tipo de respeto, consideración moral y protección legal. En cualquier caso, puestos a empezar por algún lado, parece oportuno empezar por los primates más parecidos a nosotros, los hominoides.

A veces se oye que lo importante son los derechos humanos, y que la preocupación por los derechos de los otros animales podría hacernos olvidar los de nuestros congéneres. Esta observación está desenfocada. Por un lado, la preocupación por los derechos humanos siempre ha acompañado a la más general por los derechos de los animales. Henry David Thoreau (1817-1862), el famoso precursor del ecologismo y la protección de la naturaleza en Norteamérica, fue también un decidido adversario de la esclavitud, por cuya abolición luchó y escribió, así como un promotor de los derechos individuales, la resistencia pasiva de los ciudadanos y la desobediencia civil frente al Estado opresor. Henry Berg (1813-1888), el gran impulsor de la protección de los animales en Estados Unidos y creador de la Sociedad para la Prevención de la Crueldad con los Animales, fue también el fundador de la Society for the Prevention of Cruelty to Children (Sociedad para la Prevención de la Crueldad con los Niños, SPCC). Y personajes como Albert Schweitzer o Gandhi compaginaron siempre la compasión por los animales con el hondo compromiso en favor de sus semejantes. Por otro lado, no hay que olvidar que nosotros somos hominoides, como los chimpancés, bonobos y demás. Si los derechos básicos de todos los hominoides que recoge la declaración de 1993 fuesen respetados, automáticamente quedarían asegurados los derechos humanos a la vida, a la libertad individual y a la ausencia de tortura, lo cual no sería flaco progreso en este mundo cruel y violento en que vivimos.

Capítulo XVIII

Extinción de las especies

¿Qué es una especie?

La diversidad de la vida no constituye un continuo amorfo de variaciones graduales, sino un mosaico de grupos discontinuos. Esos grupos discontinuos son las especies, al menos en el caso de los organismos con reproducción sexual biparental (como son en general los animales). Por ello, la fabulosa biodiversidad de nuestro planeta se manifiesta ante todo en la sorprendente multiplicidad de sus especies. La aventura de la vida va abriendo caminos en el desierto de la materia inerte, caminos que acaban bifurcándose o hundiéndose en la arena. Cada especie es una senda de la evolución, un premio en la lotería de la supervivencia, un canal por el que fluyen los genes, un tesoro único de información acumulada, un libro irrepetible en la gran biblioteca de la vida.

Richard Dawkins introdujo la metáfora de los organismos individuales como vehículos en los que los genes viajan a través del tiempo. Puesto que los individuos duran poco, los genes tienen que cambiar frecuentemente de vehículo, lo que hacen cada vez que el organismo que los porta se entrecruza con otro, recombinándose entonces los genes y pasando a los descendientes. Cada animal individual tiene su propio genoma, el conjunto de sus genes, presentes en los cromosomas de los núcleos de sus células. Cada vez que el animal se reproduce, baraja y recombina sus genes y los mezcla con los de otro animal de la misma especie y de sexo opuesto. De vez en cuando (aunque rara vez) se produce una mutación, un error de copia en el mecanismo usualmente perfecto de la duplicación del DNA, que produce un gen distinto. Si esa mutación se produce en la línea germinal (en las células que producen los gametos), entonces puede pasar a la descendencia. Así los genes de los diversos animales se van intercambiando y mezclando a través de la reproducción. Pero los animales de una especie sólo se reproducen con otros animales de sexo opuesto de esa misma especie. Los genes circulan dentro de la especie, pero no salen de ella. La especie entera tiene su acervo génico, que es el conjunto de sus genes, distribuidos en los genomas de sus miembros. Los genes circulan a través del tiempo dentro de los tubos o gusanos espaciotemporales que son las especies. Dentro del tubo o acervo génico de una especie las novedades (mutaciones) se difunden, los genes se recombinan y barajan, las frecuencias de los alelos (genes alternativos) varían, y ciertos genes desaparecen, pues la selección natural elimina a sus portadores. Por eso hablamos de la evolución de las especies, porque el acervo génico de una especie no es algo estático, sino que está sometido a cambios en el tiempo.

Cada animal es miembro de una especie y eventualmente intercambia genes con otros animales coespecíficos, cruzándose con ellos. Sin embargo, en condiciones naturales, no intercambia genes con animales de otras especies. Cada especie es como un mercado genético libre dentro de sus propias fronteras, pero completamente cerrado a las importaciones genéticas del exterior, absolutamente aislado de las otras especies. Las especies se han adaptado a ciertos nichos específicos (a modos de vida que explotan ciertas oportunidades que ofrece la naturaleza). Además, y como consecuencia de su participación en un acervo génico común, del que derivan su genoma, los animales de la misma especie suelen presentar múltiples características morfológicas y conductuales comunes, que sirven de síntomas diagnósticos para la identificación de sus miembros como pertenecientes a esa especie y no a otra. Sin embargo, a veces hay especies escondidas (criptoespecies o *sibling species*), poblaciones a primera vista idénticas morfológicamente, pero reproductivamente aisladas (por ejemplo, por diferencias en el período de celo o por esterilidad poszigótica). Otras veces, poblaciones con obvias diferencias morfológicas se reproducen entre sí (especies polimorfas).

Las especies son las unidades naturales de clasificación de los organismos sexuales. Las especies son entidades realmente existentes en la naturaleza, y no meros constructos o artefactos conceptuales de los científicos. En eso se distinguen de los taxones de más alto nivel en la jerarquía taxonómica, como las familias, las clases o los filos. La pregunta de si los crustáceos constituyen un filo, o un subfilo, o una clase no admite una contestación unívoca impuesta por la naturaleza, y depende en gran parte de las preferencias subjetivas del clasificador. En el caso de los primates catarrinos, la usual división de las pocas especies de hominoides en tres familias distintas (hilobátidos, póngidos y homínidos), mientras que las muchas especies de cercopitecoides se amontonan en una sola familia (cercopitécidos), refleja mucho más nuestro propio sesgo de clasificadores que rasgo alguno de la realidad natural. Sin embargo, la división sincrónica (en un momento dado) de los animales en especies es un rasgo objetivo de la naturaleza y no depende del gusto del clasificador. No hay dudas respecto a las especies de primates platirrinos que habitan Suramérica, pero sí las hay respecto a cómo agruparlas en familias. Cuando el famoso ornitólogo Ernst Mayr clasificó las aves de las montañas Arfak de Nueva Guinea con criterios científicos descubrió las mismas especies a las que ya los nativos habían dado nombres en sus propias lenguas.

La especie suele definirse como una población o conjunto de poblaciones que se entrecruzan entre sí y están reproductivamente aisladas de las demás en condiciones naturales. Ello implica la posesión de un acervo génico compartido y cohesionado, separado de los acervos génicos de otras especies por mecanismos de aislamiento genético insalvables. Este carácter cerrado del acervo génico de la especie, unido a su evolución a través del tiempo, es lo que confiere a la especie su trayectoria o destino evolutivo propio y único. De hecho, como Michael Ghiselin, David Hull y otros han subrayado, una especie no es una clase abstracta de individuos iguales respecto a ciertas características definitorias, sino más bien un individuo disperso, que evoluciona a través del tiempo de un modo imprevisible, una entidad histórica que admite descripción y delimitación, pero no definición.

Hay que distinguir una especie concreta, que es una entidad histórica determinada, un taxón individual, de la categoría de especie, que es el concepto que se aplica a todas las especies concretas. La definición de la categoría de especie aquí antes indicada corresponde al llamado concepto biológico de especie, defendido por Ernst Mayr y la mayoría de los biólogos evolucionistas. Esta concepción funciona muy bien cuando se aplica a organismos con reproducción sexual biparental que conviven en el mismo país y la misma época, pero tiene problemas cuando se trata de extrapolar. En primer lugar, no es aplicable a los organismos que se reproducen asexualmente (como las bacterias), aunque eso no es un problema para la clasificación de los animales, ya que casi todos tienen reproducción sexual biparental, con la excepción de unos pocos ácaros (quelicerados), tardígrados, copépodos y braquiópodos (crustáceos), algunos insectos e incluso algunos lagartos, que se reproducen por partenogénesis (hembras que se reproducen a partir de óvulos sin fecundar) o son hermafroditas. En general, en estas excepciones se trata de regresiones desde un estadio reciente de reproducción sexual. Desde luego, los casos de reproducción asexual son mucho más frecuentes entre las plantas, los hongos y los protistas, y son la regla absoluta entre los procarios. En las plantas se da además con frecuencia la hibridación entre especies (o, mejor dicho, semiespecies) del mismo género, por ejemplo del género *Quercus* (robles), lo cual plantea también problemas para el concepto de especie, pero la hibridación entre animales es muy rara en la naturaleza.

Las principales discusiones y perplejidades respecto a la clasificación de los animales en especies provienen de la extrapolación espacial o temporal. A veces hay dudas sobre si clasificar como especies distintas a poblaciones similares, pero geográficamente aisladas, que de hecho no se cruzan por ese aislamiento. La dificultad más grave se refiere a la delimitación de las especies en el tiempo. El problema de las cronoespecies es el problema de cómo dividir linajes continuos de poblaciones reproductoras en especies distintas a lo largo del tiempo. Si se tata de comparar poblaciones de épocas distintas no tiene sentido preguntarse si se entrecruzan entre sí o no: claro que no. Los paleontólogos gustan de dar nombres específicos distintos (por ejemplo, *Homo habilis*, *Homo erectus*, *Homo sapiens*) a poblaciones de un linaje continuo, estableciendo divisiones arbitrarias en el tiempo, según la impresión subjetiva que ciertos rasgos morfológicos de los fósiles producen en el taxónomo. No existe un criterio objetivo para distinguir especies fósiles y, desde luego, el concepto biológico de especie no lo aporta.

En raras ocasiones, una nueva especie se forma de golpe, por poliploidía (cambio del número de cromosomas en el núcleo) o hibridación. Más frecuentemente dos nuevas especies surgen lentamente por especiación alopátrida, es decir, por aislamiento geográfico. Cuando dos poblaciones de animales de la misma especie que antes estaban en contacto reproductivo quedan aisladas por algún cambio geológico o climático empiezan a diverger. La selección inicial de genes puede ya ser algo distinta por azar (deriva genética). Sobre todo, las mutaciones que se producen en una población ya no se difunden en la otra. Al cabo del tiempo, los cambios genéticos se acumulan y las poblaciones divergen tanto que, aun cuando el obstáculo físico desaparezca y vuelvan a reunirse, ya no se mezclan. Se han transformado en dos especies distintas. Pero en el interregno hay un período de divergencia progresiva en el que no está claro si se trata ya de dos especies distintas o todavía no. A pesar de todos estos problemas, y si nos limitamos a los animales actuales, el concepto biológico de especie funciona muy bien en la inmensa mayoría de los casos.

Biodiversidad

¿Cómo medir la fascinante biodiversidad de la naturaleza? Hay diversas medidas, pero la primera y más importante es por el número de especies. ¿Cuántas especies hay? No lo sabemos, pues la riqueza de la naturaleza parece sobrepasar a la capacidad investigadora de la comunidad científica. Hasta ahora los biólogos y naturalistas han logrado descubrir, describir, clasificar y nombrar a algo más de un millón de especies animales distintas (especies vivas, no fósiles). La mayor parte (unas 750.000) de las especies animales descritas son insectos. Otros grupos con gran diversidad son los quelicerados (con unas 75.000 especies), los crustáceos (con 45.000), los moluscos (con 50.000) y los craniados (con 45.000).

Aunque parece que casi todas las especies de mamíferos y aves han sido ya descritas (no todas, pues cada año se descubre alguna nueva), la inmensa mayoría de los insectos y del resto de los animales siguen en el anonimato, sobre todo en los bosques tropicales, los fondos marinos y otros medios poco investigados, pero de extraordinaria biodiversidad. E. O. Wilson encontró en un solo árbol de la Amazonia tantas especies distintas de hormigas como en todas las islas Británicas. Los estudios de campo de Terry L. Erwin en el dosel de la selva amazónica (es decir, en las copas de sus árboles) han mostrado la inesperada variedad de organismos de ese medio. Recogiendo de un modo ordenado todos los insectos que se encuentran en unos pocos metros cuadrados del dosel resulta que la gran mayoría pertenecen a especies desconocidas. Extrapolando los resultados, Erwin llegó a la conclusión de que en la Tierra hay entre 30 y 50 millones de especies. Aunque sólo se han descrito un millón y medio de especies de organismos, se calcula que en total habrá en la biosfera entre 5 y 50 millones de especies. Muchas (quizá la mayoría) de estas especies nunca llegarán a ser conocidas, pues habitan en espacios naturales sometidos a un proceso de destrucción antropógena constante, por lo que es probable que tales hábitats desaparezcan antes de que los científicos hayan tenido tiempo de enterarse siquiera de la riqueza que encerraban. Con cada área costera arruinada o con cada bosque tropical quemado y roturado no sólo desaparecen los árboles y el paisaje, sino también la multitud de especies locales (endemismos) que lo habitan y de la mayoría de las cuales no tenemos ni tendremos nunca noticia de su existencia.

La evolución de la vida sobre el escenario de la Tierra es un drama que se desarrolla en el tiempo a través de muchos actos, en los que unos actores suceden a otros. Las especies son entidades vivas, históricas, que empiezan o nacen, evolucionan y acaban. La vida media de una especie parece ser de entre uno y unos pocos millones de años. Cada año se acaban algunas especies, bien muriendo de extinción, bien bifurcándose en dos nuevas especies. Aunque la biodiversidad actual es asombrosa, no es más que el frente de la gran ola de la evolución biológica, en la que ya se han ahogado la mayor parte de las especies que en el mundo han sido. La evolución es un experimento constante e inmisericorde, donde la mayoría de los ensayos son eliminados de inmediato y los más exitosos sólo sobreviven provisionalmente. Las especies vivientes actuales son menos de un 1 por 100 de las especies que han existido a lo largo de la historia de nuestro planeta. Más del 99 por 100 de las especies que ha habido han desaparecido.

La extinción natural de las especies

Una especie se extingue cuando el número de sus miembros disminuye hasta cero, es decir, cuando muere el último de sus miembros. La extinción natural de especies es un proceso habitual. La vida se renueva y cada año alguna especie desaparece. De todos modos, la historia de la Tierra está llena de cataclismos tremendos de todo tipo: impactos de asteroides o cometas, plumas de magma que llegan a la corteza terrestre y producen extraordinaria actividad volcánica, choques de unos continentes con otros, variaciones en la cantidad de energía recibida del sol, inversiones del campo magnético terrestre, cambios climáticos radicales, subidas y bajadas de los océanos, sequías, incendios e inundaciones, etc. Algunos seres vivos generan también a veces catástrofes para los demás. Las cianobacterias llenaron los mares y la atmósfera de oxígeno, venenoso y letal para la mayoría de los organismos anaerobios entonces existentes. Los primeros predadores del Cámbrico acabaron con los pacíficos organismos ediacarenses. Y seguramente muchas especies habrán caído víctimas de epidemias e infecciones. Todas estas catástrofes astronómicas, geológicas, climáticas y biógenas, aisladamente o en conjunción, han conducido repetidamente a episodios de extinción masiva. Las causas suelen escapársenos, pero la noticia de la catástrofe queda claramente inscrita en el registro fósil. Excavando los estratos, nos encontramos con ciertas líneas por encima de las cuales desaparecen por completo numerosos tipos de fósiles abundantes por debajo de ella. Dichas líneas (en realidad, superficies) marcan el lugar y momento de una extinción masiva.

David Raup y otros expertos han estimado que la mayor extinción de todos los tiempos tuvo lugar a finales del período Pérmico, hace unos 230 millones de años, cuando desaparecieron el 96 por 100 de todas las especies marinas. Calificada como «la madre de todas las extinciones», esa gigantesca extinción, que afectó a innumerables especies y eliminó a muchos grandes grupos de animales, marca no sólo el paso del período Pérmico al Triásico, sino incluso el final de toda una era, la Paleozoica, y el inicio del Mesozoico. El Mesozoico duró entre hace 230 y hace 65 millones de años. La era mesozoica se llama popularmente la edad de los dinosaurios, por estar caracterizada por el desarrollo de los mayores animales terrestres que haya conocido la Tierra. Algunos de ellos alcanzaron su máximo esplendor en el período Jurásico (popularizado por la película de Steven Spielberg), aunque el más famoso, el terrible predador *Tyrannosaurus rex,* vivió en el siguiente y último período, el Cretácico. De pronto, hace 65 millones de años, algo tremendo ocurrió. Todos los grandes craniados en tierra, mar y aire (todos los dinosaurios, plesiosaurios y pterosaurios) desaparecieron, la mayor parte del plancton y de los habitantes de los atolones coralinos se extinguieron y toda la vida del planeta quedó trastocada, abriéndose así nuevas oportunidades para los supervivientes, como los mamíferos, aves e insectos. La discontinuidad en el registro fósil marca el tránsito de la era Mesozoica a la Cenozoica, en la que ahora seguimos viviendo. ¿Qué ocurrió hace 65 millones de años, para provocar tan masiva extinción? Hubo dos grandes cataclismos. Por un lado, un gran asteroide colisionó con la tierra cerca de la península de Yucatán, en el Caribe. Por otro, una pluma de magma indujo una enorme actividad volcánica en el Decán (India) y el océano Índico. Cualquiera de los dos eventos, o ambos combinados, pudieron arrojar tanto polvo a la atmósfera como para hacerla opaca durante varios meses, impidiendo la función clorofílica de las plantas y bajando la temperatura, iniciando así una cadena de catástrofes biológicas. Quizá fue eso lo que ocurrió, o quizá los factores determinantes fueron otros. Lo único seguro es la extinción masiva.

Una especie representa la experiencia exitosa allegada por millones de individuos a lo largo de millones de años de enfrentamiento común a los constantes retos del siempre cambiante y peligroso entorno. Cada especie es un tesoro de sabiduría biológica, el registro único e irrepetible de una información valiosísima, acumulada por la evolución a lo largo de millones de años. La extinción de una especie constituye una pérdida irreparable, una catástrofe sin paliativos. De todos modos, las extinciones naturales no producen indignación moral, pues no tienen nada que ver con la moral, con la acción deliberada. No tiene sentido pedirle cuentas ni responsabilidades a un asteroide que impacta sobre la Tierra como ciego juguete de la curvatura gravitatoria del espacio-tiempo. Tampoco vamos a echarle culpas a un volcán. Lo que provoca la indignación moral no es la extinción en sí, sino el genocidio, un mal moral tremendo y un crimen que sólo los humanos somos capaces de cometer.

El genocidio

El horror del crimen cometido por Hitler contra los judíos sobrepasa en mucho al que nos produce una serie de asesinatos individuales, por crueles que fueran. Hitler pretendía acabar con todos los judíos, no dejar ni uno, exterminarlos. Aunque en general sin pretenderlo, los humanos con frecuencia hemos actuado como pistoleros borrachos y hemos cometido crímenes de genocidio contra otras especies a las que hemos llevado a la extinción.

La destrucción de los ecosistemas y la extinción de las especies plantea una problemática distinta y de una importancia ética y ontológica aún mayor que la muerte de los animales concretos. La destrucción de los ecosistemas conlleva la de los animales que los componen, y la extinción de las especies implica obviamente la desaparición definitiva de sus miembros. Una conciencia moral a la altura de nuestro tiempo no puede por menos de postular que los ecosistemas y las especies son portadores de derechos, es decir, que merecen protección legislativa frente a las tendencias más vandálicas e irresponsables de la propia humanidad.

El genocidio es el asesinato de un *génos*, palabra griega traducible por género o especie. Todas las especies (consideradas como individuos) nacen y mueren. La extinción natural de una especie es un proceso físico moralmente neutral. Lo que es un mal moral es la extinción prematura y artificialmente provocada de una especie. Como acabamos de ver, siempre ha habido extinciones naturales. Lo nuevo y moralmente alarmante es que nuestra interferencia esté provocando la extinción prematura de múltiples especies, que —sin nuestra intervención— seguirían floreciendo y enriqueciendo la biosfera. El genocidio consiste en una interferencia humana que conduce a un género o especie al borde de la extinción, o a la extinción definitiva.

Cuando una especie se extingue, una información —la contenida en su acervo génico— única, irrepetible e irrecuperable (dada su extrema improbabilidad) se pierde para siempre. El universo entero se hace más pobre, pierde forma, información. Se trata siempre de una pérdida ontológica, aunque no siempre de un mal moral. La extinción natural de una especie (como la muerte natural de un humán que ha alcanzado mucha sabiduría, o el final no violento de una cultura) es una pérdida lamentable de información, pero moralmente es irrelevante. Sólo el genocidio (como el homicidio y el etnocidio) constituye un mal moral.

La mayor parte de los genocidios se perpetran en la oscuridad de la ignorancia. No nos enteramos de que suceden ni sabemos cuándo o cómo sucedieron. Hoy mismo, cada día que pasa, la roturación de los bosques tropicales o la destrucción de los arrecifes coralinos está provocando la extinción silenciosa de múltiples especies sin nombre, de las que ni siquiera tenemos noticia. A veces, excepcionalmente, estamos bien informados del escenario del crimen, del día y la hora. Recordemos, a título de mero ejemplo, los casos del alca gigante y de la paloma viajera.

El alca gigante o pingüino del norte (*Pinguinus impennis*, de la familia de los álcidos) se extinguió en 1844. De plumaje muy tupido, negro de cabeza y dorso, y blanco de vientre, su total adaptación al medio marino le hizo perder la capacidad de volar. Aunque no emparentado con los pingüinos del sur (de la familia de los esfeníscidos), el alca gigante había adoptado soluciones similares a sus problemas de supervivencia, en un caso claro de convergencia. Sólo se acercaba a tierra a anidar, y vivía la mayor parte del tiempo en el agua, sumergiéndose hasta 75 metros de profundidad. En islotes solitarios formaba grandes colonias de cría. La mayor de las conocidas, en la isla de Funk (en Terranova) albergaba unas 100.000 parejas reproductoras en el siglo XVII, poco después de ser descubierta. Los marineros galeses ya conocían esta ave como *pengwyn* y ése fue el nombre que dieron a las aves de forma parecida que luego encontraron en el hemisferio sur.

Su vulnerabilidad frente a los predadores terrestres llevó al pingüino del norte a situar sus colonias en islotes rocosos remotos y aislados. Esta ave incubaba un único huevo de gran tamaño. Los hombres fueron exterminándola poco a poco en el Mediterráneo y el Atlántico oriental. En el siglo XVII ya sólo quedaba en Terranova e Islandia. Centenares de barcos de pesca y mercantes atracaban en la colonia de Funk para llenar sus bodegas de huevos y carne fresca de alca. La explotación fue creciendo. Cada año decenas de personas se instalaban en el islote durante varias semanas y mataban todas las aves que podían. Hacia 1770 se empezaron a organizar enormes matanzas con la única finalidad de obtener plumas para la industria colchonera. Los montones de cadáveres se usaban como combustible. En 1800 la colonia de la isla de Funk había desaparecido.

En vista de que cada vez era más difícil encontrar pingüinos del norte se organizaron expediciones para conseguir ejemplares para los coleccionistas. Al final sólo quedaban algunos localizados en el islote de Eldey, junto a Islandia, donde una erupción volcánica mató a la mayoría. Los coleccionistas se llevaron a los restantes. El 3 de junio de 1844, por la tarde, tres hombres desembarcaron en Eldey para capturar ejemplares de encargo. Mataron a los dos componentes de la última pareja que quedaba y tomaron también su último huevo. La especie estaba extinguida, el crimen de genocidio consumado. Una historia evolutiva exitosa, iniciada millones de años atrás, quedaba violentamente truncada. Y los islotes rocosos que habían sido un glorioso hervidero de vida permanecían como fríos y desolados recordatorios de la infamia.

La paloma viajera (*Ectopistes migratorius*) acabó de extinguirse en 1914, cuando el último ejemplar sobreviviente, llamado Marta, expiró en el zoo de Cincinnati. Cien años antes era el ave más abundante del mundo. Este fascinante y prolífico colúmbido, de espalda azul y pecho rojo, formaba inmensas bandadas de cientos y hasta miles de millones de individuos (según estimaciones de los ornitólogos presentes, J. Audubon y A. Wilson), que anidaban en los enormes bosques del este norteamericano. La reducción de estos bosques y, sobre todo, la caza y carnicería implacable a que fueron sometidas, acabó en pocos decenios con ellas. Los cazadores quemaban la hierba bajo sus nidos para asfixiarlas, les arrojaban grano empapado con alcohol, para rematarlas luego a palos, e incluso les disparaban con cañones. Primero desaparecieron las palomas viajeras de los estados del este de Estados Unidos, pero siguieron siendo cazadas en el interior, hasta quedar reducidas a Michigan, desde donde un solo cazador expidió tres millones de aves muertas en 1878. A finales del siglo XIX ya quedaban tan pocas, que dejaron de ser cazadas. Pero ya era demasiado tarde. Las poblaciones no lograron recuperarse, y desaparecieron en pocos años. Sólo quedaron algunos ejemplares en un par de zoos. Ya vimos que el último de ellos murió en 1914.

Otras especies animales sólo se han salvado en el último momento de caer en el abismo de la extinción, pero sus números han sido diezmados, con lo que su viabilidad y su diversidad genética han disminuido dramáticamente. Los bisontes (*Bison bison*) no han desaparecido de Norteamérica, pero sus números se han reducido de 30 o 40 millones a unos 25.000, y sus inmensas manadas —que hacían temblar la tierra— se han transformado en pequeños grupos endogámicos, dispersos en reservas distintas. Los leopardos (*Panthera pardus*) han estado a punto de extinguirse. Durante varios años se han estado cazando 60.000 leopardos al año para fabricar abrigos de su piel. Un solo abrigo requería matar a 12 leopardos. Afortunadamente, en el último minuto se produjo una reacción en contra en Europa y Norteamérica, despertada por una activa campaña a favor de estos magníficos félidos. Obviamente, a quien mejor le sienta una piel de leopardo es al leopardo. Llevar un abrigo de piel de leopardo sólo testifica de mal gusto y la falta de sensibilidad de quien se lo pone. Cuando el asunto se aireó, enseguida se pasó de moda. De no haber sido así, la especie ya estaría extinguida. De todos modos, quedó considerablemente reducida. De hecho, casi todos los grandes felinos (leopardos en África, tigres en Asia, jaguares en América, etc.) están en peligro de extinción debido a la caza furtiva y a la destrucción de sus hábitats.

La situación en los mares no es más halagüeña que en el aire o en tierra firme. De los 250.000 ejemplares de ballena azul (*Balaenoptera musculus*, el más grande animal que nunca haya existido) que surcaban los océanos, ya sólo quedan unos 1.000. Todas las ballenas (animales extremadamente inteligentes y bien adaptados a su medio) han visto reducirse sus números dramáticamente y están en peligro de extinción, por lo que la Comisión Ballenera Internacional ha prohibido su captura, a pesar de lo cual Noruega y Japón ignoran esa prohibición y siguen cazándolas impunemente.

El tema de la extinción de especies sigue siendo de extrema gravedad, y desde luego no todas las extinciones afectan a animales grandes, famosos, hermosos y bien documentados. Cada día que pasa se extinguen nuevas especies animales en nuestro planeta, aunque se trate de minúsculos crustáceos de lejanos mares contaminados, o de gusanos ignotos de marismas desecadas, o de exóticos insectos de selvas tropicales recién roturadas, de los que nadie habla. Pero cada vez que una especie desaparece, la biosfera entera recibe un golpe irreparable. Es difícil concebir mayor mal ontológico que la extinción y mayor crimen moral que el genocidio.

Empobrecimiento genético

Una población, e incluso una especie entera, no sólo está expuesta al riesgo de desaparición por la reducción del número de sus ejemplares vivos, sino también por el empobrecimiento de su acervo génico, es decir, por la disminución de su variedad genética. Cada especie es la realización o ejecución de una cierta fórmula vital, de un cierto programa de supervivencia y reproducción. La fórmula es ligeramente distinta en cada individuo. Cada gen aparece de diversas maneras alternativas (los diversos alelos) en el acervo génico. Cuanta mayor sea la variedad genética, por un lado, tanto menor será la probabilidad de que dos alelos deletéreos coincidan y, por otro, tanto mayores recursos tendrá la población para reaccionar a nuevos cambios o retos del entorno. Aunque la mayoría de la población sucumba a un cambio climático o a una nueva infección u otro peligro, si la variedad genética es grande, siempre habrá individuos con combinaciones genéticas adaptadas a las nuevas circunstancias, que serán los que sobrevivan y se reproduzcan. En eso consiste la evolución por selección natural.

Cuando el tamaño de las poblaciones se reduce considerablemente, o cuando la población queda fragmentada en subpoblaciones pequeñas aisladas entre sí, de tal modo que se interrumpe el flujo de genes entre ellas, se puede producir un grave deterioro de la variedad genética. La deriva genética (es decir, la selección aleatoria de combinaciones génicas) tiene mayor impacto en las poblaciones pequeñas y aisladas, y su efecto se ve amplificado por la endogamia. La endogamia o apareamiento entre individuos estrechamente emparentados (de especies habitualmente exógamas) suele disminuir la eficacia reproductora y puede conducir a la depresión endogámica, es decir, a la acumulación de alelos deletéreos en homozigosis. En cada lugar del genoma correspondiente a un gen determinado puede haber diversos genes alternativos o alelos. Cada animal tiene dos genes en cada lugar genómico, uno procedente del padre y el otro de la madre. Si ambos genes son iguales, se da la homozigosis en ese lugar; si son alelos diferentes, la heterozigosis. Los genes deletéreos normalmente son recesivos, de tal modo que no se manifiestan en heterozigosis. Mientras permanecen diluidos en una gran población con mucha variedad genética, es poco probable que coincidan dos tales alelos recesivos en homozigosis. Pero en el caso de las poblaciones pequeñas y aisladas la varidad genética queda reducida, y la deriva genética, agravada por la endogamia, puede conducir a la acumulación de los genes deletéreos en homozigosis y, por tanto, a la manifestación de sus negativas consecuencias.

Se ha comprobado que las poblaciones cautivas de craniados padecen depresión endogámica de diversa gravedad. También en la naturaleza salvaje se da el fenómeno. Stephen O'Brien y otros han estudiado exhaustivamente al guepardo (*Acynonix jubatus*) y han constatado que su variedad genética es preocupantemente pequeña, aunque el tamaño de su población no preocupa. Extrapolando los datos hacia atrás, se ha llegado a la conclusión de que los guepardos estuvieron (por razones que se desconocen) casi a punto de extinguirse hace unos 10.000 años. Superado aquel cuello de botella, las poblaciones volvieron a multiplicarse, pero con una variedad genética muy reducida. Los guepardos actuales tienen una baja tasa de éxito en los apareamientos y una elevada mortalidad infantil, sus espermas son escasos y con frecuencia presentan anormalidades. Su resistencia inmune contra las enfermedades víricas (como la peritonitis felina infecciosa) es menor que en otros félidos. En resumen, y suponiendo que los análisis citados sean correctos, los guepardos estarían en peligro de extinción en el futuro, no por el escaso número de sus ejemplares, sino por la pobreza de su acervo génico. Lo mismo puede decirse de otras especies. Las grandes manadas de bisontes americanos quedaron reducidas a pocos ejemplares. Aunque posteriormente su población se ha incrementado considerablemente, la pérdida de variedad genética es ya irreversible. Lo mismo puede decirse de los osos pardos, linces, etcétera. Recientes estudios de poblaciones de mariposas en Finlandia confirman la importancia de la endogamia en la extinción de poblaciones salvajes [1].

La masacre de las ballenas

Se podrían poner muchos ejemplos de la conducta moralmente indignante e intolerable de los humanos hacia las otras especies animales, a las que con frecuencia conducen al borde del exterminio y, en cualquier caso, a la reducción drástica de sus poblaciones y al empobrecimiento genético irreversible. Voy a limitarme aquí al caso de las ballenas.

Cada especie es como un tejido de ese gran organismo que es la biosfera. Entre sus tejidos más admirables están los cetáceos, mamíferos inteligentes, con enormes cerebros y gran capacidad de aprendizaje e incluso de invención y transmisión de contenidos culturales, como —según vimos— las famosas canciones que cada temporada crean las ballenas yubartas. Las ballenas están perfectamente adaptadas a la vida en el océano, donde prácticamente carecen de enemigos naturales. Además, se trata de criaturas pacíficas e inofensivas, que nunca han representado el más mínimo peligro para nadie. Sin embargo, durante los últimos mil años los humanos les han librado una crecientemente implacable guerra de exterminio.

Desde que los balleneros vascos exterminaron a la ballena franca (o «de los vascos»), *Balaena glacialis,* en las aguas del gol-

---

[1] R. Frankham y K. Ralls, «Inbreeding leads to extinction», *Nature,* 392, 1998, pp. 441-442.

fo de Vizcaya en la Edad Media, una sucesión de balleneros de diversos países ha ido llevando al borde de la extinción a diversas especies de ballenas, empezando por las más lentas y fáciles de cazar y terminando por las más grandes y rápidas, ya en nuestro siglo. La búsqueda del aceite de las ballenas (con el que, por ejemplo, ardían las lámparas domésticas de antaño) era el principal motivo de la persecución a que eran sometidas. Por ello, una vez descubierto el petróleo en Pensilvania en 1859, esta nueva y abundante fuente de grasa y combustible hacía superflua la caza de las ballenas. Sin embargo, lejos de desaparecer, su caza se intensificó. En 1868 el noruego Svend Foyn inventó el arpón con granada explosiva, disparado desde un cañón instalado en la cubierta del barco. Desde entonces, la caza industrial de las ballenas cada vez se hizo más mortífera. En el océano Antártico se instalaron enormes barcos-factorías para descuartizar a los miles de ballenas continuamente aportados por una flotilla de barcos cazadores. En vista del alarmante declive de todas las poblaciones de ballenas, en 1946 se creó la International Whaling Comission (I. W. C.), en teoría para ordenar racionalmente la caza de ballenas y proteger a las especies, aunque en la práctica durante sus primeros años fue simplemente un consorcio de balleneros más preocupados por repartirse el botín del exterminio que por frenarlo. Sin embargo, los alarmados informes a la opinión pública de algunos biólogos y naturalistas empezaron a surgir efecto. Las actitudes del público empezaron a cambiar. En 1972 el Programa Ambiental de las Naciones Unidas aprobó una moción a favor de acabar con la caza comercial de ballenas, aunque tal decisión era todavía imposible de llevar a la práctica, sobre todo por la frontal oposición de la Unión Soviética, convertida ya en la primera potencia ballenera del mundo. Sin embargo, la opinión pública se fue despertando poco a poco. Científicos y divulgadores como el comandante Cousteau, organizaciones ecologistas como Greenpeace, y un gran número de informes, libros, películas documentales y programas de televisión fueron introduciendo el genocidio de las ballenas en la conciencia moral de cada vez más personas. En 1986, la I. W. C. aprobó la moratoria completa sobre la caza comercial de ballenas. Al año siguiente, ésta fue aceptada incluso por Rusia. Desde entonces la caza de ballenas es ilegal en el mundo, aunque una serie de barcos piratas, así como las flotas de Noruega y Japón, han seguido cazándolas. En 1994 la I. W. C. creó un santuario de ballenas alrededor de la Antártida, donde sobrevive el 80 por 100 de la población residual de ballenas del mundo.

La moratoria de 1986 fue aprobada, entre otras razones, porque las poblaciones de la mayor parte de ballenas habían sido casi exterminadas y ya no era rentable perseguir a las pocas que quedaban. Una de las especies más abundantes había sido la ya mencionada ballena franca *(Balaena glacialis)*, a la que los ingleses llamaban la *right whale*, la ballena adecuada (para ser cazada), pues era lenta, confiada y pacífica, y una vez matada, flotaba sin hundirse. De los cientos de miles de ejemplares que surcaban todos los océanos ya sólo quedan unas 300 ballenas francas en el Atlántico (entre las que se cuentan menos de 60 hembras reproductoras) y unas 250 en el Pacífico, y la especie no muestra signo alguno de recuperación a pesar de la moratoria. Los cachalotes fueron también cazados sin piedad, sobre todo los machos, por sus grandes cabezas acolchadas con grasa. Cuando llegó la moratoria, ya casi sólo quedaban hembras. Desde luego, si la moratoria no hubiera sido finalmente establecida, la mayoría de las especies habrían desaparecido ya. Aun así, su destino es incierto.

Las ballenas pueden entrar en nuestra conciencia moral a diversos niveles. En el nivel puramente egoísta, todos podemos lamentar vernos privados del placer de ver el paisaje marino animado por el espectáculo majestuoso de las ballenas saliendo a respirar a la superficie. Incluso desde el punto de vista del interés económico de la propia industria ballenera, habría sido mucho más racional y rentable moderar su caza de tal modo que fuera sostenible a largo plazo, haciéndola compatible con la preservación de nutridas poblaciones de cetáceos. En vez de ello, la irracionalidad de los balleneros condujo a su propia bancarrota. También podría traerse a colación el interés de las generaciones futuras de humanos. Y, naturalmente, la ética de la compasión no puede por menos de condenar la persecución hasta el agotamiento de estas criaturas inteligentes, sensibles e inofensivas, seguida de su arponeo y de la explosión de una bomba dentro de su propio cuerpo, además de la subsiguiente matanza de sus crías. Fácilmente podemos sentir compasión por las ballenas, podemos ponernos en su lugar y compadecerlas, y sentir indignación moral por lo que se les ha estado haciendo.

Más allá del interés humano y de la compasión por la muerte cruel de cada ballena podemos sentir también otro tipo de indignación moral, que va más allá de la compasión, y que es indignación por el empobrecimiento y la mutilación irreversible de la biosfera que representa la extinción o la dramática disminución de las poblaciones de estos animales magníficos. Si encontrásemos cualquier rastro de vida en otro planeta, aunque fuese algo tan primitivo como una bacteria, sin duda lo celebraríamos como un acontecimiento de primer orden y no vacilaríamos en gastar miles de millones de dólares en conocerlo. Pero aquí en la Tierra los océanos estaban habitados por las mayores criaturas que jamás hayan poblado este planeta, poseedoras de los cerebros más grandes, perfectamente adaptadas a su medio, representando una cumbre de la evolución biológica. El destruir tejidos tan valiosos de nuestra biosfera sin motivo ni beneficio comprensible alguno, salvo la miope codicia de unos pocos, es algo lamentable más allá del dolor y la compasión, es una pérdida ontológica. También lamentaríamos que nos cortasen un brazo o una pierna, aunque la operación se realizase con anestesia perfecta y aunque el posoperatorio fuese totalmente indoloro. Más allá de cuestiones de placer y dolor, también valoramos nuestra propia integridad física, y la integridad física y la biodiversidad de la biosfera, de la que formamos parte. Por eso podemos valorar también a los árboles, a los bosques, a los océanos y a los ecosistemas. Esta es la nueva perspectiva que aporta el nivel ecológico de nuestra conciencia moral.

Capítulo XIX

Preocupación por la biosfera

La ecología como ciencia

Sólo en los libros nos encontramos con especies aisladas. En la realidad concreta de los espacios naturales lo que vemos es un paisaje abigarrado de rocas y aguas, aires y suelos, árboles y líquenes, aves y gusanos, flores e insectos, todo interrelacionado e interdependiente. Más lluvia trae más vegetación; por tanto, mayor supervivencia de los herbívoros, multiplicación de los predadores, etc.

El término *ecología* fue introducido por Ernst Haeckel en 1866 para designar el estudio de las interrelaciones de animales y plantas entre ellos y con su entorno físico. Frente al estudio del organismo aislado, la ecología pone el énfasis en la interacción de los diversos organismos que comparten el mismo espacio físico. Temas tales como las cadenas tróficas (quién come a quién), la dependencia de los números de una población respecto a los de otra, la relación de la vegetación con el clima, el suelo, los microorganismos y los fitófagos, el flujo de la energía desde la radiación solar incidente hasta los superpredadores y carroñeros, etc., son típicos de la ecología. A principios del siglo xx cristalizaron las primeras comunidades científicas dedicadas a investigar aspectos parciales de esa problemática: ecología marina, limnología (estudio de los lagos), ecología botánica y biogeografía, ecología de los animales terrestres. En 1913 se inició la publicación del primer *Journal of Ecology* en Gran Bretaña. Nociones de ecología general como las de nicho, sucesión y clímax fueron abriéndose camino de un modo cualitativo. En el período de entreguerras (1920-1939) el estudio ecológico de la dinámica de las poblaciones adquirió rigor cuantitativo en manos de R. Pearl, A. Lotka, Vito Volterra, G. Gause y otros, que formularon ecuaciones precisas que todavía llevan sus nombres. En 1935 Arthur Tansley introdujo el término *ecosistema* para referirse al todo local interrelacionado del que forman parte tanto los organismos como los factores físicos de su ambiente. Según Tansley, los ecosistemas son las unidades básicas de la naturaleza. Posteriormente, diversos ecólogos como G. E. Hutchinson, H. T. Odum, E. P. Odum, Ramón Margalef, Robert MacArthur, L. Slobodkin y otros han tratado de desarrollar una ecología teórica con poder predictivo, aunque no es éste el lugar para analizar hasta qué punto lo hayan conseguido. En cualquier caso, hoy en día la ecología como ciencia de los ecosistemas es una rama bien establecida de la biología. Incluso es una de sus ramas más populares, y varias de sus nociones han pasado a la cultura general.

Cuando analizamos el cuerpo de un animal, podemos considerar juntas todas las células del mismo tipo, como formando sus diversos tejidos: tejido epitelial, tejido óseo, etc. Es lo que hace la histología. También cabe dirigir nuestra atención a los diversos órganos y partes del animal (el ojo, la mano, etc.), cada uno de los cuales combina células de diversos tejidos. Similarmente, a la hora de estudiar la naturaleza viva, podemos analizarla en especies, que son como sus tejidos, o en ecosistemas, comparables a sus órganos o partes. Un ecosistema es un trozo de naturaleza localizado en cierto lugar (el biotopo), sometido a todo tipo de factores físicos, como el clima, la radiación solar, la irrigación, etc., y compuesto fundamentalmente por una comunidad de seres vivos de diversas especies, que comparten ese hábitat e interaccionan entre ellos. Los predadores y sus presas (los leones y las cebras, por ejemplo), aunque pertenecientes a especies diferentes, comparten el mismo biotopo (la sabana del Serengeti, digamos) y forman parte del mismo ecosistema.

Un ecosistema puede estar bien delimitado, como un lago o una isla (con todos sus habitantes), o estarlo menos, como el mar del Norte. Un ecosistema (el del valle de Ordesa, el del mar Adriático) puede ser parte de otro ecosistema mayor (el Pirenaico, el del mar Mediterráneo). Los taxones de organismos de cierto nivel jerárquico siempre están incluidos en otros taxones de nivel superior. La familia de los équidos, por ejemplo, está incluida en el orden de los perisodáctilos, en la clase de los mamíferos, en el filo de los craniados, en el reino de los animales, en el superreino de los eucarios y, finalmente, en la biota, que es el conjunto de todos los seres vivos sin excepción. Así, también, unos ecosistemas están incluidos en otros más amplios. El más inclusivo de todos es la biosfera, que es el ecosistema que incluye a todos los ecosistemas (al menos en nuestro planeta).

El ecocidio de los arrecifes coralinos

Los ecosistemas a veces colapsan o se destruyen de un modo natural, arrastrando consigo a todos sus pobladores. Movimientos tectónicos pueden desplazar el cauce de los ríos, cambios climáticos pueden desecar lagos o inundar ecosistemas secos, la erupción de un volcán puede arrasar toda una isla o un bosque. Ecosistemas más modestos (como el intestino de un rumiante o una charca cualquiera) desaparecen constantemente sin llamar la atención. El colapso natural de un ecosistema, como la muerte natural de un animal, o la extinción natural de una especie, es un fenómeno carente de implicaciones morales. Lo que sí puede producir indignación moral es la destrucción artificial de un ecosistema valioso, provocada por la interferencia humana y que no habría ocurrido sin ella, es decir, el ecocidio. Los numerosos ríos andinos que bajan muertos y llenos de metales pesados hacia la cuenca amazónica fueron en otros tiempo ecosistemas pletóricos de vida. Sus aguas se han usado en los lavaderos de las minas del altiplano y no se han depurado. Su completa degradación biológica es un ecocidio.

El ecocidio, como el homicidio o el genocidio, es un crimen del que hay un culpable, o varios culpables, pues con frecuencia es obra colectiva. El ecocidio de un ecosistema valioso y rico es un mal ontológico y moral en sí mismo. Además, suele implicar la desaparición de muchas criaturas, la miseria y muerte de muchos animales y —a veces— incluso la extinción de especies enteras, endémicas de ese biotopo. Los grandes ecosistemas son los órganos de la biosfera, los depósitos de la biodiversidad del planeta y el escenario en el que el juego de la evolución y de la vida continúa. Por eso no sólo valoramos las especies biológicas, sino también los ecosistemas enteros, y los valoramos tanto más cuanto más ricos son y más biodiversidad encierran, pues de ellos depende la salud de la biosfera.

Los arrecifes coralinos de los mares tropicales son los ecosistemas marinos más valiosos. Los antozoos son unos animales cnidarios que siempre tienen forma de pólipo (no de medusa) y que con frecuencia se juntan en colonias. Muchos de ellos usan el carbono y el calcio disueltos en el agua del mar para construir esqueletos exteriores calcáreos. En los mares tropicales someros estos esqueletos calcáreos se superponen unos a otros, conforme nuevos pólipos vivos van segregando sus propios exoesqueletos sobre los restos de los ya muertos, creándose así las impresionantes estructuras submarinas características de los arrecifes coralinos, que llegan a constituir islas enteras. Este material se acumula a lo largo del tiempo, dando a las colonias de corales sus formas fantasmagóricas y llenas de recovecos, que proporcionan refugio y hábitat a enormes cantidades de variados organismos, desde diversas algas y otros protistos hasta todo tipo de peces, crustáceos y otros animales marinos. Sin duda los arrecifes coralinos son esenciales para la preservación de la riqueza biológica de este planeta.

Hasta ahora, el 10 por 100 de los arrecifes coralinos ya han sido destruidos o irremediablemente dañados por la actividad humana, y la mitad de todos los arrecifes coralinos del mundo están en peligro crítico y pueden morir en los próximos diez o veinte años. En algunas zonas la degradación es espantosa, por ejemplo en Filipinas. Nada menos que el 90 por 100 de los 30.000 km^2 de arrecifes de ese archipiélago están muertos o en situación de gravísimo deterioro. Esos arrecifes están siendo enterrados por toneladas de tierra erosionada arrastrada por las lluvias que caen sobre el suelo desnudo de las selvas tropicales recién taladas, además de ser contaminados por la polución de fábricas, campos de cultivo y desagües incontrolados. Los pescadores de los pueblos costeros arrasan los moluscos, meros y otros grandes peces de los arrecifes. Envenenan los arrecifes con cianida, para capturar más fácilmente a los peces afectados, e incluso dinamitan arrecifes enteros para pescar los peces muertos que flotan en el agua tras la explosión. Los meros y otros grandes peces son localizados por satélite cuando se reúnen para desovar y son exterminados en el momento más crítico de su ciclo reproductivo. El gobierno filipino ha promulgado últimamente algunas tímidas medidas legales para proteger los arrecifes, pero ni siquiera éstas se cumplen, dada la tremenda explosión demográfica del país.

Las selvas tropicales

Los ecosistemas terrestres más valiosos son las selvas húmedas tropicales, concentradas en América Latina, África ecuatorial y el sureste asiático. Aunque cubren menos de un 6 por 100 de la superficie continental, contienen más de la mitad de las especies conocidas de animales y vegetales de la Tierra. Albergan además a millones de especies de insectos y otros organismos que todavía no han sido descubiertas ni descritas, según estimaciones basadas en muestreos.

Las selvas de Asia están siendo sometidas a una tala abusiva devastadora, que está acabando en pocos años con el capital biológico acumulado en bosques primigenios en muchos milenios. Las selvas de África están retrocediendo ante la presión de una población humana en permanente explosión demográfica en busca de combustible y tierras de cultivo. Las de América Latina se destruyen por talas e incendios indiscriminados para crear nuevos pastos para la ganadería. El resultado neto es que cada año se destruyen 20 millones de hectáreas de selva tropical. A este paso, en cuarenta años la selva tropical habrá desaparecido por completo.

La explosión demográfica descontrolada de estos países actúa como un volcán en permanente erupción, cuya lava humana devasta los bosques con la fútil esperanza de encontrar en ellos su sustento. Aunque estos paraísos de la vida albergan una biomasa impresionante, son sumamente frágiles y sus suelos son pobres y ácidos. Una vez destruida, la selva no se regenera. Aunque las cenizas de la quema del bosque fertilizan momentáneamente el suelo y permiten obtener una buena cosecha, la alegría de los colonos dura poco. El suelo de la selva parece fértil porque constantemente recibe nutrientes que caen de los árboles. Los nutrientes están en el dosel de la selva, en la copa de los árboles, no en el suelo. Una vez quemados o talados los árboles, sólo queda un páramo estéril, barrido por las constantes lluvias y no revitalizado por la caída de materiales orgánicos del dosel.

La selva también confunde la codicia de los ricos, como muestra el caso del proyecto Jari del multimillonario Daniel Ludwig. A principios de los años sesenta Ludwig compró 15.000 km^2 de selva en la cuenca del río Jari, un afluente por la izquierda del Amazonas. Allí puso en marcha un proyecto faraónico que implicaba talar enormes extensiones de selva primigenia, para sustituirla por plantaciones de árboles importados (gmelinas, pinos y eucaliptus) de crecimiento rápido para pasta de papel en las tierras más altas y por cultivos de arroz en las tierras bajas, además de desarrollos ganaderos e industriales y una nueva ciudad para los 30.000 empleados. Una gran fábrica de papel fue construida en Japón y traída flotando hasta el Jari. Sin embargo, los árboles importados no crecían tan bien como se había previsto y el gobierno no ayudaba. En 1982 Ludwig, que ya llevaba invertidos mil millones de dólares en el proyecto, vendió su participación, perdiendo novecientos millones de dólares. Los puestos de trabajo se quedaron en sólo 3.000. Lo único que permanece es la enorme herida abierta en la Amazonia, una de tantas. Todavía peor ha sido el impacto de las grandes carreteras que el gobierno brasileño ha construido por medio de la selva y su política de regalar la tierra al que la queme. Las selvas de Borneo han sido víctimas tanto de la presión demográfica de los indígenas como de los grandes incendios provocados y de las gigantescas concesiones de tala otorgadas por el dictador Sukarto a sus parientes y amigotes.

El ecocidio de los bosques tropicales es sin duda un desastre ecológico de primera magnitud y la indiferencia con que tal crimen se contempla tanto por la comunidad internacional como por los gobiernos y las poblaciones de los países afectados es un claro síntoma de la irracionalidad del sistema político actual de Estados nacionales independientes, obviamente anacrónico e ineficaz para enfrentarse a los grandes problemas de nuestro tiempo.

El ecologismo como actitud moral

Así como la ecología es una ciencia, el ecologismo es una actitud moral. El ecologismo consiste en la toma de conciencia de los grandes problemas ecológicos que afectan a nuestro planeta y en la decisión de contribuir a su solución. La sensibilidad ecologista es distinta de la compasión por el sufrimiento de los animales, aunque ambas son compatibles y se complementan. La preocupación porque los plásticos no acaben contaminando las aguas marinas es típicamente ecologista. Pero de hecho una enorme cantidad de peces mueren angustiosamente asfixiados tras la ingestión de plásticos abandonados, lo cual debiera mover a las personas preocupadas por el bienestar de los animales a no despreciar el problema de los plásticos.

Ya que los gobiernos no hacen casi nada para evitar la explosión demográfica, la contaminación atmosférica, el deterioro de la capa de ozono, la polución y esquilmamiento de las aguas fluviales y oceánicas, la destrucción de los ecosistemas más valiosos y la reducción de la biodiversidad de la biosfera, muchos humanos reflexivos y sensibles están alarmados y quieren ayudar a poner coto a esa situación. En los últimos años diversas organizaciones no gubernamentales (ONG) ecologistas han surgido por doquier. Aunque la ignorancia, la demagogia y la manipulación política han afectado a algunos grupos ecologistas, la mayoría de ellos actúan de un modo esclarecido, altruista y desinteresado, constituyendo la genuina vanguardia moral de nuestro tiempo. En ello contrastan positivamente con la irracionalidad, la irresponsabilidad, la cortedad de miras y la falta de sensibilidad de muchos individuos y gobiernos. A pesar de todo, y en gran parte movidos por la presión de los ecologistas de todo el mundo, los gobiernos han ido empezando a tomar nota de la existencia de estos problemas y la comunidad internacional ha organizado conferencias como la de 1992 en Río de Janeiro sobre el desarrollo sostenible, la de 1994 en El Cairo sobre la población mundial y la de 1997 en Kyoto sobre el calentamiento global y el clima.

La sensibilidad ecologista se despertó con escritores como Henry David Thoreau (1817-1862) y científicos como el geólogo John Powell (1834-1902). En los años sesenta la opinión pública tuvo por primera vez noticia del alarmante nivel que había alcanzado ya la destrucción de la naturaleza y la contaminación del medio ambiente. Rachel Carson (1907-1964), en su famoso libro *Silent Sring* («Primavera silenciosa», 1962), alertó con lucidez y pasión sobre los peligros del DDT, que ya estaba afectando al cascarón de los huevos de las aves y a la leche materna humana. Como consecuencia de su libro, el DDT fue prohibido en Estados Unidos en 1972 y en el resto del mundo poco después. Fue uno de los primeros triunfos del movimiento ecologista. Jacques-Yves Cousteau (1910-1997) denunció la contaminación de los mares y popularizó el conocimiento de sus criaturas en innumerables libros, reportajes y programas de televisión. Félix Rodríguez de la Fuente (1928-1980) despertó el interés de los españoles por la fauna salvaje a través de sus publicaciones y de sus programas de televisión, que tuvieron un rotundo y merecido éxito. Otros muchos individuos (aficionados, activistas, voluntarios, científicos, periodistas, intelectuales, mecenas, etc.) han contribuido a la tarea, así como numerosas organizaciones no gubernamentales, desde las globales e internacionales (como el WWF o Greenpeace) hasta las monográficas o locales (como la ACSS — Asociación de Conservación para la Selva Sur de Perú—, el FAPAS en Asturias o los Amigos de la malvasía). En conjunto, el movimiento ecologista y proteccionista ha jugado un papel decisivo en la ampliación de la conciencia moral hacia nuestras responsabilidades con la biosfera y ha contribuido de manera apreciable, aunque insuficiente, a frenar la ominosa catástrofe ecológica que ya asomaba en el horizonte en los años sesenta.

Reservas y parques naturales

El efecto más positivo de la sensibilización ecologista ha consistido en la creación de reservas y parques nacionales extensos y bien protegidos. La explosión demográfica, el progreso económico y la expansión urbana implican la constante destrucción de hábitats naturales, y su sustitución por moles inertes de cemento y asfalto (edificios, aeropuertos, carreteras, autopistas y otras infraestructuras) y por ecosistemas artificiales empobrecidos, como los monocultivos agrícolas y los pastos ganaderos. A esta degradación ambiental se unen los efectos de la contaminación del aire, el suelo, los ríos y los mares, así como la tala de bosques y la caza de animales. Ya que esta orgía destructiva parece de momento imparable, al menos podemos tratar de ponerle coto, de salvar de la quema los ecosistemas más valiosos, las joyas de la corona de la naturaleza, creando reservas y parques nacionales que sean como arcas de Noé donde se salve lo que se pueda de la gloriosa biodiversidad de la Tierra.

En 1872 el Congreso de los Estados Unidos creó por ley el primer parque nacional del mundo, el de Yellowstone, con una superficie de 9.000 km^2 (cinco veces mayor que todos los parques nacionales españoles juntos), para proteger uno de los parajes más hermosos de América. La prohibición total de la caza que ello implicaba no fue bien recibida por tramperos y cazadores, que se negaron a aceptarla. En 1886 el ejército tuvo que asumir el control del parque para proteger a la fauna. Un destacamento de caballería defendió sus límites hasta 1916, cuando se creó el Servicio Nacional de Parques Nacionales, ya provisto de sus propios guardas, los famosos *rangers*. John Muir (1838-1914), explorador, naturalista y escritor, cantó incansablemente la gloria natural del valle californiano de Yosemite, y en 1890 consiguió que el Congreso de Estados Unidos lo declarase parque nacional. A partir de entonces el sistema norteamericano de parques y reservas ha seguido extendiéndose hasta nuestros días, en que cuenta ya con 320.000 km^2 de espacios protegidos.

Las reservas y parques nacionales son como arcas de Noé para salvar algo del naufragio ecológico en que estamos inmersos. Estas reservas son necesarias en todos los países y en todos los mares y océanos. Son especialmente necesarias en los medios sometidos a más sañuda agresión humana, como ocurre con las selvas tropicales. Mientras se frena esa locura destructiva, lo más positivo que se puede hacer es crear grandes reservas naturales donde se preserve al menos algo de la gloria de la selva húmeda tropical, su flora y su fauna. De ahí la importancia de reservas como la del Manu, en Perú, o la Bwindi y Mgahinga, en Uganda (que, entre otras cosas, alberga a la mitad de los gorilas de montaña que quedan en el mundo).

La cuenca del Manu había permanecido secularmente aislada hasta finales del siglo XIX, cuando el barón del caucho Fitzcarraldo forzó el paso que lleva su nombre, haciendo transportar por indios un barco de vapor a través de 12 km. La fiebre del caucho (exudado por el árbol amazónico *Hevea brasiliensis*, una euforbiácea) había llenado la Amazonia de aventureros y recolectores, y el Manu era uno de los pocos lugares sin explotar. Después de varias sangrientas batallas con los indígenas, los hombres de Fitzcarraldo comenzaron a establecerse en la zona, pero la abandonaron de nuevo al morir su patrón ahogado y al desplomarse todo el *boom* del caucho amazónico con la plantación de *hevea* en Asia. Durante medio siglo la zona volvió a quedar vacía y olvidada. Mientras tanto había emigrado a Perú el zoólogo polaco Jan Kalinowski, que acabó estableciéndose en la selva suroriental del país. Su hijo, Celestino Kalinowski, llegó a ser el mejor conocedor de la selva peruana. En 1961 se abrió una pista de aterrizaje a la entrada del valle del Manu, se empezaron a talar árboles y se instaló un aserradero, desde donde se enviaban los troncos por avión hasta Cuzco. Después de haber esquilmado el resto del país, los cazadores y madereros se disponían a acabar con uno de los últimos territorios vírgenes que quedaban. Kalinowski se puso a escribir cartas de alarma al gobierno, sin que le hicieran caso. A todo esto, en 1967 llegó a Perú invitado por el gobierno Iam Grimwood, un naturalista inglés que había colaborado en la creación de los parques nacionales de Kenia. Después de visitar múltiples parajes en Perú, no había encontrado ninguno apropiado. Kalinowski lo invitó a ir al Manu y de inmediato quedó impresionado por la vida salvaje que aún conservaba. Grimwood convenció a Felipe Benavides de que Kalinowski tenía razón y había que proteger al Manu. Un año después, en 1969, toda la cuenca del Manu fue declarada reserva natural, y en 1973, parque nacional; en 1977 fue declarada reserva de la biosfera y en 1987, patrimonio de la humanidad. Se trata del mayor parque nacional tropical (con 18.800 km^2) del mundo.

A pesar de las turbulencias políticas por las que ha atravesado Perú y de la terrible degradación de su selva amazónica, atacada por las talas ilegales, la caza abusiva, los cultivos de coca y otras plagas, la cuenca del Manu se ha salvado de la destrucción. Cuando los biólogos han querido estudiar la conducta de las nutrias gigantes (*Pteronura brasiliensis*), de los caimanes negros (*Melanosuchus niger*), de los guacamayos cabezón (*Ara chloroptera*) y de otros muchos animales en peligro de extinción, es al Manu a donde se han tenido que dirigir. Además, una reserva tan grande y diversa protege a una variedad portentosa de fauna y flora. Por ejemplo, desde el raro gallito de roca (*Rupicola peruviana*) de la selva nubosa hasta el estrafalario shansho o hoatzín (*Opisthocomus hoatzin*) de la selva baja, en el Manu conviven unas mil especies distintas de aves, el doble que en toda Europa. La mejor manera de proteger a los animales consiste en preservar sus hábitats.

Parques nacionales en España

En España la introducción de los parques nacionales fue obra de Pedro Pidal, marqués, senador, alpinista, entusiasta de la montaña y de los animales que la habitan, y que fue evolucionando desde la afición a la caza mayor hasta el ecologismo. Tras su asistencia a diversos congresos internacionales y sus visitas a los parques nacionales americanos, Pidal pasó a impulsar la creación de tales parques en España, destinados a proteger toda la naturaleza (no sólo las especies de caza) y para todos (no sólo para los aristócratas cazadores). Presentado y defendido por Pidal en el Senado, el proyecto de Ley de Parques Nacionales fue aprobado en 1916. Pidal fue nombrado comisario de la nueva Junta Central de Parques Nacionales. En 1918 se crearon los dos primeros, el de Covadonga y el de Ordesa. Enseguida surgieron los conflictos con la población local por la posible restricción de sus prácticas tradicionales de caza y tala. En Ordesa los habitantes de los pueblos vecinos cortaron árboles en el interior del parque como protesta contra la Junta. Los parques entonces creados no tenían el tamaño adecuado para su preservación, y tuvieron que ser posteriormente ampliados (el de Ordesa en 1982 y el de los Picos de Europa en 1995). Mientras el parque de Ordesa presenta un nivel aceptable de protección, el de los Picos de Europa ha estado rodeado de escándalos en los últimos años, pues las autoridades locales, alejadas de cualquier preocupación proteccionista y ansiosas de los sobornos y comisiones que producen las licencias de caza y las grandes obras públicas, han hecho todo lo posible para sabotearlo.

En 1998 había en España 11 parques nacionales, incluido el famoso de Doñana. Entre los latidos más espectaculares de la biosfera se cuentan las migraciones anuales de las aves. Cuando, al final del verano, las noches se van haciendo más largas y más frías, una extraña inquietud se empieza a apoderar de los ánsares y patos salvajes que han criado en el norte de Europa. A principios de otoño, las anátidas abandonan sus lagos, se juntan y, formando bandadas de cientos de miles de individuos, emigran hacia el sur y, concretamente, hacia las marismas del Gualdalquivir, hacia Doña-na, para invernar. Durante los meses de otoño e invierno la maris-ma está tapizada de cientos de miles de gansos y patos que en la primavera siguiente partirán hacia el norte a criar en los miles de lagos y lagunas de la taiga y la tundra euroasiática. Cuando a fines de invierno los ánsares y ánades abandonan Doñana, rumbo al nor-te de Europa, llegan del sur, de África, nuevas bandadas de aves. Son los flamencos, las garzas, las garcillas y las espátulas, que vie-nen a veranear, a hacer sus nidos y a criar en Doñana. ¿Por qué se dirigen tantas aves desde tan lejos, precisamente a Doñana? Esas aves necesitan, sobre todo, tranquilidad y comida. En la zona medi-terránea, estratégicamente situada entre Europa y África, quedan muy pocas zonas tranquilas. De las pocas que quedan, la mayoría son desiertos estériles. La única excepción son las marismas. Las marismas —las zonas pantanosas de aguas someras— registran una fantástica bioproductividad (producción de masa viva por hectá-rea y año). Casi todas las grandes marismas han desaparecido, víc-timas de la especulación incontrolada y el desarrollismo analfabe-to. Queda Doñana. Por eso van allí las aves. Doñana posee además una incomparable variedad de biotopos (dunas, matorral, bosque, marisma de aguas someras y de aguas más profundas, etc.), que facilitan la nidificación de las aves y la protección de los mamífe-ros. Doñana constituye el principal reducto de muchos animales en peligro de extinción, como el águila imperial o el lince ibérico, cuya desaparición definitiva sería una tragedia abrumadora. Pero, además y sobre todo, Doñana es una encrucijada básica para las migraciones orníticas de nuestro planeta. Doñana es un eslabón fundamental de la biosfera. Si ese eslabón se rompe, toda la cadena se viene abajo. Y eso se sabe en el mundo. De ahí que el interés por Doñana sea internacional.

Desde tiempo inmemorial, las marismas del Guadalquivir han sido una gran zona salvaje. Lo que quedaba de ellas fue «descu-bierto» por el mundo científico en 1957, como consecuencia de la expedición británica al coto de Doñana, en la que participaron, entre otros, el famoso biólogo Julian Huxley, Guy Mountfort (cuyo libro *Portrait of a Wilderness* daría a conocer Doñana en toda Europa) y José Antonio Valverde, que a partir de entonces dedicó todos sus esfuerzos a asegurar la supervivencia de Doñana. Ante las amenazas que empezaban a cernirse sobre la marisma, en 1960 José Antonio Valverde y Luc Hoffmann iniciaron una cuestación internacional para recoger dinero con que comprar Doñana y dedicarlo a reserva natural. Como consecuencia de la preocupación Internacional por Doñana se creó el World Wildlife Fund (W. W. F.), que continuó recogiendo fondos para la reserva. En 1963, finalmente, con esos fondos se pudieron comprar 6.700 hectáreas en las que se estableció la actual Estación Biológica de Doñana (del CSIC). En 1969, y debido a la presión internacional, se creó oficialmente el parque nacional de Doñana. De todos modos, cuando la orden apareció en el *Boletín Oficial del Estado,* los límites del parque no eran los apalabrados. Toda la franja costera (en una profundidad de un kilómetro) y la finca de la Punta de las Marismillas entera habían quedado fuera de los límites del parque, libres para la especulación, que provocó enseguida ese gran cáncer de cemento que es la congestionada urbanización de Matalascañas, contruida sobre terrenos que siempre habían sido salvajes. Además, los terrenos del parque (excepto los comprados por el WWF y regalados al Estado) seguían estando en manos privadas. En los últimos años del franquismo, y a pesar de la declaración de parque nacional, dentro de su recinto se siguieron celebrando cacerías (con participación incluso de ministros y de la hija de Franco), se talaron algunos de los bosquecillos que quedaban y se construyeron algunas casas.

Con la llegada de la democracia mejoraron algo las cosas. Una nueva ley, aprobada en 1978, ampliaba el parque y creaba un preparque alrededor. Los directores de la estación biológica de Doñana —los biólogos José Antonio Valverde, José María Castroviejo, Miguel Delibes y Miguel Ferrer— han hecho cuanto han podido por su conservación. Sin embargo, ha continuado la hostilidad contra el parque de algunos y la codicia e irresponsabilidad de otros, agravadas por la desidia y la falta de visión y convicción de las autoridades políticas y administractivas, que han seguido tolerando prácticas intolerables. El corazón de Doñana es el agua. Sin embargo, se ha permitido que se perforasen 500 pozos en su entorno y se transformasen en regadío 10.000 hectáreas de la zona (desastre promovido y financiado con dinero público por el IRYDA), privando así al parque del agua con la que siempre había contado. La urbanización de Matalascañas devora también enormes cantidades de agua subterránea. Además de desecar el parque, esas actuaciones irresponsables lo exponen a los insecticidas. En 1989 murieron 20.000 aves, envenenadas por pesticidas organofosforados. Políticos locales corruptos y especuladores sin escrúpulos pretendieron crear otra enorme urbanización en el entorno de Doñana, «Costa Doñana», aunque luego tuvieron que desistir de su empeño ante el escándalo internacional que ese plan produjo. Una serie de cazadores furtivos y ganaderos de Almonte pretenden no haberse enterado de la existencia del parque y continúan cazando impunemente e introduciendo sus vacas a pastar. En 1990 quemaron el equipo contra incendios del parque, incluidos sus tres vehículos de bomberos. En 1993 toda una chusma de gamberros y ganaderos almonteños penetraron violenta e ilegalmente en el parque con sus vehículos todo terreno, su ganado y sus hogueras, enfrentándose con los guardas. Y cada año, con motivo de la presuntamente piadosa jarana del Rocío, se permite que una multitud de cientos de miles de personas, carruajes y caballos atraviese el parque de parte a parte, dejándolo perdido de ruidos y porquerías, precisamente en la época más delicada de la cría, cuando el parque debería estar cerrado a cal y canto para cumplir su misión proteccionista. Durante muchos años se ha permitido también el embalsamiento de aguas venenosas, cargadas de metales pesados procedentes del lavado de minerales, en una gran balsa artificial situada precisamente en Aznalcóllar, en la cabecera del río Guadiamar, que drena Doñana. Aunque no habían faltado las voces de alarma, nadie hizo caso, hasta que en 1998 se rompió la presa, produciendo una riada tóxica que arruinó gran parte del parque natural septentrional, además de causar daños al acuífero imposibles de evaluar de momento. Un gran esfuerzo de limpieza y una inyección de miles de millones de pesetas palió la magnitud de la catástrofe, pero una visión clara de la misión de Doñana y una voluntad firme y decidida de evitar desaguisados en su entorno (y no digamos en su interior) habría sido más eficaz y más barata.

Cáncer de la biosfera o conciencia de la biosfera

Las células normales tienen mecanismos internos que controlan su reproducción. Cuando estos mecanismos fallan, las células se convierten en cancerosas y empiezan a multiplicarse sin medida. Un cáncer es un grupo de células en explosión demográfica incontrolada. El cáncer crece desordenadamente y pronto ocupa el lugar de otros tejidos, a los que acaba matando. Cuando finalmente varios tejidos han sido dañados, el organismo entero muere, y con él el propio cáncer. La extraordinaria y desordenada explosión demográfica de la humanidad en el último siglo ha conducido a la destrucción de múltiples ecosistemas y a la extinción de muchas especies. La humanidad misma puede ser diagnosticada como el cáncer de la biosfera. Naturalmente, como ocurre con todo cáncer, si esta proliferación y destrucción no es atajada, el organismo entero, la biosfera, tendrá un final ominoso, que será también el final de la humanidad. En realidad, la biosfera misma no está en peligro de muerte. Las bacterias, por ejemplo, seguro que sobrevivirán a cualquier crisis ecológica imaginable e incluso a cualquier guerra nuclear que pudiéramos provocar. Los que estamos en peligro somos nosotros mismos y las especies que más apreciamos.

Algunos humanos ilustrados y bien informados han tomado conciencia de esta enfermedad de la biosfera, la han diagnosticado y han dado la voz de alarma. El cáncer ha progresado ya tanto y el deterioro de la biosfera es tan grave, que acciones quirúrgicas decisivas y urgentes son necesarias para atajarlo. Pero sólo los propios humanos podrían ser capaces de llevar a cabo este cambio de rumbo. No sólo somos la enfermedad de la biosfera; también somos su único posible remedio. En nuestro tiempo la biosfera está sufriendo los continuos golpes y agresiones de una humanidad en proliferación explosiva y en borrachera destructiva, pero, también en nuestro tiempo, la biosfera está despertándose a la conciencia en los cerebros de algunos humanes, que empiezan a asumir el papel de guardianes suyos. En estos momentos hay una carrera entre la creciente destrucción y la creciente conciencia de la biosfera. Del resultado de esta carrera depende nuestro destino y el de la vida en nuestro planeta. En cualquier caso, y nos guste o no, la evolución biológica y cultural nos han conducido a la actual encrucijada. En nuestras manos está asumir nuestro papel de guardianes lúcidos de la biosfera, o abdicar de nuestra responsabilidad y asistir como testigos borrachos al desastre que nosotros mismos estamos provocando.

La ética ecológica todavía es rica en problemas y pobre en soluciones, preñada de intuiciones y ayuna de conceptos suficientemente articulados. A pesar de todo, la urgencia de los problemas requiere reflexión urgente y acción decisiva. Algunos filósofos [1] han propuesto asumir un punto de vista biocéntrico, dando el mismo peso a cualquier tipo de vida en nuestras reflexiones. Pero el biocentrismo conduciría a la conclusión de que lo mejor que le puede pasar a la biosfera es que desaparezca la humanidad, e invitaría a nuestra propia autoinmolación, una perspectiva muy poco atractiva desde otros puntos de vista, empezando por el egoísta, que nunca puede ser olvidado en una ética no basada en la hipocresía. El biocentrismo, como el antropocentrismo o cualquier otra receta simplista, no puede dar cuenta de la complejidad real de nuestros problemas morales, de los diversos niveles de nuestra conciencia moral y de los inevitables conflictos morales. Una conciencia moral madura y equilibrada asume todos los niveles y trata de alcanzar compromisos razonables en la solución de los conflictos morales, no de ignorarlos ni zanjarlos de un modo simplista. De

---

[1] Véase, por ejemplo, Paul Taylor, *Respect for Nature: A Theory of Environmental Ethics,* Princeton University Press, 1986.

todos modos, el más reciente progreso de nuestra conciencia moral estriba en la incorporación del nivel ecológico. Esta incorporación no implica abandonar los otros niveles, sino tenerlos todos en cuenta a la hora de deliberar sobre lo que hacer. De todos modos, y por ahora, el peligro no estriba precisamente en darle demasiada importancia al nivel ecológico de la moral, sino al revés, en no darle ninguna, en ignorarlo en nuestra reflexión moral, en nuestra toma de decisiones. El día en que la mayor parte de los humanes haya alcanzado este nivel moral la destrucción de la biosfera cesará. Ese día probablemente llegará. El peligro es que cuando llegue ya sea demasiado tarde.

El que respetemos a todos los animales no nos impide amarnos aún más a nosotros mismos que a ellos. Sólo nos impide torturarlos y matarlos por mero capricho o diversión, o por ahorrarnos unos centavos. El que respetemos a la biosfera no nos obliga a renunciar al progreso económico. Sólo nos obliga a poner en orden nuestra propia casa, nuestra propia demografía y nuestro propio manejo de los recursos naturales.

Todos los animales navegamos por el espacio en la nave Tierra, compañeros todos de viaje, de fatigas y emociones, linaje bendecido y abrumado por nuestra capacidad compartida de sentir, gozar y sufrir. No hay otros compañeros. No hay otros seres a los que mirar a los ojos. No hay otros ojos. Animales entre animales, gozosamente asumimos nuestra vida y nuestra animalidad. No nos autoengañemos. No nos forjemos consuelos ilusorios. No renunciemos a descubrir ni a entender. No reprimamos nuestro afecto por las criaturas. Nuestra curiosidad y nuestra simpatía se extienden por doquier. No pongamos fronteras a nuestra ansia de conocer, ni diques a nuestra ansia de amar. Sintámonos a gusto en nuestra propia piel, inmersos en la corriente de la vida y en gozosa comunión con el universo entero. Somos epifenómenos de la biosfera, olas en un mar cósmico y vital que nos sobrepasa, del que venimos y al que retornaremos. En la lucidez incandescente de la conciencia cósmica se esconde la promesa de la armonía, la sabiduría y la felicidad.

Glosario

Aerobio. Referente a un organismo o proceso metabólico que utliza oxígeno gaseoso (O_2).

Anaerobio. Referente a un organismo o proceso metábolico que vive o se produce en ausencia de oxígeno gaseoso (O_2).

ATP. Trifosfato de adenosina: $C_{10}H_{14}O_{13}N_5P_3$. Esta molécula constituye la moneda energética de la célula. La energía obtenida de la fotosíntesis o de la respiración se invierte en producir ATP a partir del ADP (difosfato de adenosina). Ese ATP cargado de energía se transporta y se gasta allí donde se necesite. La energía se obtiene al desprenderse el grupo terminal de fosfato, reconvertiéndose el ATP en ADP. El ATP es una fuente de energía inmediata para cualquier reacción bioquímica, para contraer músculos, ensamblar proteínas, etc.

Bilateral. Animal con tejidos diferenciados y órganos, provisto de simetría bilateral, por oposición a los radiados (cnidarios y ctenóforos), que tienen simetría radial. La gran mayoría de los animales son bilaterales.

Biosfera. El máximo ecosistema terrestre, formado por la biota y su entorno físico inmediato, es decir, las zonas del mar, el suelo y la atmósfera que contienen seres vivos. Coincide aproximadamente con la superficie terrestre y sus inmediaciones.

Biota. La parte viva de la biosfera, es decir, el conjunto de todos los seres vivos que pueblan nuestro planeta.

Cámbrico. Período entre el Ediacarense y el Ordoviciano, entre hace 540 y 500 millones de años. Caracterizado por la aparición de una gran variedd de animales con caparazones de formas muy distintas (la «explosión del Cámbrico»). Se conservan muchos fósiles del Cámbrico, sobre todo en los esquistos de Burgess (Canadá) y en Chengjiang (China). Primer período del Paleozoico.

Celoma. Cavidad interna del animal (del griego *koilos*, hueco), formada a partir del mesodermo y rodeada de mesodermo, en que se acomodan sus órganos internos.

Celomado. Animal que posee un celoma. Los animales bilaterales se dividen en celomados (que incluyen a la mayoría de los animales conocidos, como los moluscos, los insectos o los craniados) y acelomados (los carentes de celoma, como los nemertinos y los nematodos).

Cnidarios. Filo de animales radiados. Toma su nombre de sus características células urticarias, llamadas cnidas. Incluye, por ejemplo, los corales y las medusas. En latín, *Cnidaria*.

Craniados. Filo (o, según otros autores, subfilo) de animales bilaterales celomados deuterostomos cordados caracterizados por la posesión de un cerebro encerrado en un cráneo óseo. Los craniados se llaman también vertebrados.

Deuterostomo. Animal celomado en el que el blastoporo (orificio formado por la envaginación de la blástula) se convierte no en la boca, sino en el ano, y en el que la boca se forma secundariamente en el extremo opuesto de la cavidad digestiva. Los equinodermos, cefalocordados y craniados son deuterostomos.

DNA. Ácido desoxirribonucleico, un polímero compuesto por una secuencia de nucleótidos (adenina, timina, citosina y guanina) con el azúcar desoxirribosa. En las células el DNA se dispone en forma de una doble hélice de cadenas complementarias. Esta doble hélice tiene la capacidad de autorreplicarse y de inducir la síntesis del RNA, en presencia de los enzimas apropiados. El DNA es el soporte del código genético. Toda la información genética de un organismo está codificada en su DNA. El DNA es también llamado ADN. (ADN es la versión castellanizada; DNA, la internacional.)

Ediacarense. Período inmediatamente anterior al Cámbrico, entre hace 600 y hace 540 millones de años. Caracterizado por la abundancia de organismos blandos y por los primeros animales conocidos. Se llama así por Ediacara, un lugar de Australia donde se encontraron los primeros fósiles de este período.

Eucario. Organismo compuesto por una o varias células euca-

riotas, es decir, por células provistas de núcleo con cromosomas.
(La palabra procede del término griego *káryon,* núcleo o nuez, elegido por Haeckel para designar el núcleo de la célula eucariota.)
Los protistos, hongos, animales y plantas son eucarios. Los eucarios también son llamados eucariontes o eucariotas.

Fermentación. Tipo de metabolismo anaerobio en el que se
obtiene energía mediante la descomposición de ciertos compuestos
orgánicos en otros más pequeños y con menor energía (los fermen-
tos). En este proceso (a diferencia de la respiración) no hay un
aceptor inorgánico externo de electrones, sino que los compuestos
orgánicos sirven a un tiempo como dadores y aceptores de electrones.

Filo. Categoría taxonómica inferior a la de reino y superior a la
de clase. Los filos son los grandes grupos en que se dividen los reinos. Así, el reino de los animales se divide en diversos filos (como
los moluscos o los equinodermos). Cada filo de animales presenta
un plan corporal diferente de los otros y que sus miembros han
heredado de antepasados comunes. Un filo se divide a su vez en
clases. Los filos también son llamados *filums* o *phyla.*

Genes *hox*. Una clase especial de genes que juegan un papel
importante en el desarrollo embrionario de los animales y que definen las principales divisiones morfológicas de su cuerpo. Es probable que algunos genes *hox* sean comunes a todos o casi todos los
animales.

Genoma. La totalidad del DNA contenido en los cromosomas
de un organismo.

Glucosa. $C_6H_{12}O_6$. Un monosacárido sintetizado en las plantas
como producto de la fotosíntesis.

Holofilético. Un taxón (de categoría superior a especie) es
holofilético si incluye a todos los descencientes de una especie
ancestral común.

Humán (plural: humanes). Miembro de la especie *Homo
sapiens,* hombre o mujer.

Monofilético. Un taxón (de categoría superior a especie) es
monofilético si todos sus miembros descienden de una especie
ancestral común.

Parafilético. Un taxón es parafilético si es monofilético, pero no holofilético, como, por ejemplo, ocurre con la clase de los reptiles. Según la taxonomía cladista, los taxones parafiléticos no son aceptables.

Procario. Organismo formado por una sola célula procariota, es decir, sin núcleo ni cromosomas. Las bacterias y arqueas son procarios. Los procarios también son llamados procariontes o procariotas.

Proteína. Polímero compuesto de una secuencia de aminoácidos (de entre 20 aminoácidos levógiros característicos). La mayoría de las mocromoléculas presentes en los organismos (enzimas, elementos estructurales, anticuerpos, hormonas, etc.) son proteínas.

Protisto. Eucario que no es animal, ni planta, ni hongo. El reino de los protistos abarca sobre todo eucarios unicelulares (como las amebas), pero también incluye algunos eucarios multicelulares (como las algas marinas), aunque sin diferenciación celular en tejidos distintos.

Protostomo. Animal celomado con boca primaria formada en el embrión a partir del blastoporo (orificio formado por la envaginación de la blástula). Los anélidos, moluscos, insectos y crustáceos, por ejemplo, son protostomos. Los animales celomados se dividen en protostomos y deuterostomos. Los protostomos también son llamados proterostomos.

Radiado. Animal con tejidos diferenciados y órganos, provisto de simetría radial, como los ctenóforos y los cnidarios.

Respiración. Tipo de metabolismo en el que se obtiene energía de la degradación oxidativa de compuestos generalmente orgánicos (como la glucosa). En este proceso (a diferencia de la fermentación) hay un aceptor inorgánico externo de electrones, que puede ser el oxígeno gaseoso (O_2), como ocurre en la respiración aerobia, u otro distinto (nitrato, sulfato o CO_2), como ocurre en la respiración anaerobia.

RNA Ácido ribonucleico, un polímero compuesto por una secuencia de nucleótidos (adenina, uracil, citosina y guanina) con el azúcar ribosa, generalmente formada por transcripción a partir del DNA. Es un componente de los ribosomas y participa en la síntesis de las proteínas. El RNA también se conoce como ARN.

Taxón. Grupo de animales reconocido en la taxonomía. Según su categoría taxonómica, un taxón puede ser, por ejemplo, una especie, o un género, o una familia, o un orden, o una clase, o un filo o un reino. Según la taxonomía cladista, un taxón aceptable ha de ser monofilético y holofilético.

Agradecimientos y procedencias

Agradezco al profesor Ricardo Guerrero que haya leído con gran atención los primeros capítulos de esta obra y me haya ayudado a mejorarlos con sus consejos y observaciones. También agradezco al profesor Jordi Sabater Pi sus comentarios sobre el capítulo de los primates.

Aunque el texto de este libro ha sido escrito expresamente para esta edición, algunos de sus capítulos incorporan material o párrafos procedentes de las siguientes publicaciones previas del autor: los libros *Filosofía de la cultura* (Madrid, Alianza Editorial, 1993), *Los derechos de los animales* (Madrid, Editorial Debate, 1995) y *Animales y ciudadanos* (en colaboración con Jorge Riechmann, Madrid, Talasa Ediciones, 1995), así como los artículos «El dolor de los animales», en *Claves de razón práctica* (núm. 31, abril 1993); «El papel de la acción en la economía de la vida», en Manuel Cruz (coord.), *Acción humana,* Barcelona, Editorial Ariel, 1997; «La muerte de los animales» en Carlos Nieto (ed.), *Saber, sentir, pensar,* Madrid, Editorial Debate, 1997; «El nivel ecológico de la conciencia moral», en *Revista de Occidente* (julio-agosto de 1997); «Los animales en la ciudad», en *ADDA defiende los animales,* núm. 18 (marzo de 1998); y varios artículos de prensa en *El País,* tales como «El emblema de la España negra» (12 de septiembre de 1991), «Gemidos en el sótano» (15 de abril de 1998) y «La caza en entredicho» (12 de mayo de 1998), y en *La Vanguardia,* como «Vergüenza torera» (24 de agosto de 1997).

Direcciones

España

En España hay dos grandes organizaciones centradas en la defensa de los animales y la lucha contra la crueldad:

ADDA. Asociación para la defensa de los derechos del animal.
c/ Bailén, 164, local 2.
08037 Barcelona
Tel. 93 459 1601
Fax 93 459 0265
e-mail: adda@intercom.es
Presidente: Manuel Cases

ANDA. Asociación nacional para la defensa de los animales.
Tudescos, 4 - 4º ext. Izq.
28004 Madrid
Tel. 91 522 6975
Fax 91 523 4186
e-mail: rolinda@arrakis.es
Presidenta: Mariana Sanz de Galdeano

También hay otras organizaciones pequeñas dedicadas a la protección de los animales, como, por ejemplo:

ARCADYS. Asociación para el respeto y convivencia con los animales domésticos y salvajes.
C/ Papa Alejandro VI, 4, 1º, desp. 4
46005 Valencia
Tel. 96 373 9105
Presidenta: Emilia Pastor

Asociación Protectora de Animales y Plantas Ferrater Mora
Apartado 367

¡Vivan los animales!

17320 Tossa de Mar
Tel. 919 324 490
Presidenta: Chari Cruz

Las dos organizaciones internacionales más importantes dedicadas a la protección de las especies animales en peligro de extinción, los ecosistemas, la naturaleza y el medio ambiente son el World Wildlife Fund y Greenpeace. Ambas tienen sus correspondientes sociedades en España:

ADENA. Asociación para la defensa de la naturaleza (WWF).
c/ Santa Engracia, 6
28010 Madrid.
Tel. 91 308 2309
Fax 91 308 3293
e-mail: info@wwf.es
Secretario general: Juan Carlos del Olmo

GREENPEACE España.
c/ San Bernardo, 107
28015 Madrid
Tel. 91 444 1400
Fax 91 447 1371
e-mail: informacion@greenpeace.es
Director ejecutivo: Xavier Pastor

Otras asociaciones importantes con metas similares son:

AEDENAT. Asociación ecologista de defensa de la naturaleza.
C/ Marqués de Leganés, 12
28004 Madrid
Tel. 91 522 6426
e-mail: aedenat@nodo50.org

CODA. Coordinadora de organizaciones de defensa ambiental.
Marqués de Leganés, 12
28004 Madrid
Tel. 91- 531 2739
e-mail: coda@nodo50.org

DEPANA. Lliga per a la defensa del patrimoni natural.
c/ Sant Salvador, 97, bajos

Direcciones

08024 Barcelona
Tel. 93 210 4679
Fax 93 285 0426
e-mail: depana@bcn.servicom.es

Sociedad Española de Ornitología (SEO/BirdLife)
Ctra. de Húmera, 63, 1
28224 Pozuelo de Alarcón (Madrid)
Tel. 91 - 351 1045

Algunas asociaciones pequeñas realizan una gran labor en defensa de la naturaleza. Por ejemplo:

AGADEN. Asociación gaditana para la defensa y estudio de la naturaleza.
Plaza San Martín, 3
11005 Cádiz

FAPAS. Fondo asturiano para la defensa de los animales salvajes.
33509 La Pareda
Llanes (Asturias)
Tel. 98 - 540 1264

REVISTAS

La mejor revista sobre la naturaleza y los animales salvajes en España es:

QUERCUS
Camino de Hormigueras, 122 bis, 5º P-1
28031 Madrid
Tel. 91 - 380 3060

Para las aves en España, véase también:

LA GARCILLA. Revista de la Sociedad Española de Ornitología.
Ctra. de Húmera, 63, 1
28224 Pozuelo de Alarcón (Madrid)
Tel. 91 - 351 1045

¡Vivan los animales!

Otras revistas españolas de interés general sobre los problemas de la naturaleza en el mundo son:

ECOLOGÍA Internacional
c/ Santa Leonor, 57. Edificio Diapasón D-1
28037 Madrid
Tel. 91 327 2526
Director: Fernando Pérez Aparicio

NATURA
c/ Islas Marquesas, 28-B
28035 Madrid
Tel. 91 386 5152
Fax 91 386 0265
Editor: Alberto Huerta

GAIA

Dos revistas centradas en los problemas de la crueldad con los animales son:

ADDA defiende a los animales (de ADDA), con documentación abundante y valiosa.
S.O.S. Animales (de ANDA)

México

Organización centrada en la defensa de los animales y la lucha contra la crueldad:

AMEDEA. Asociación Mexicana por los Derechos de los Animales.
Presidente: Lic. Gustavo Larios. Dirección: Apdo. postal 1351 Cuernavaca, Morelos / México.
Tel/Fax: (52-5) 602 1918. E-mail: amedea@servidor.unam.mx
Organizaciones centradas en la problemática ecológica y en la defensa de la naturaleza:

GREENPEACE México
Av. Cuauhtemoc, 946
Col. Narvarte 03020
México, D.F.
Tel. (52-5) 523 2314 y (52-5) 536 4167
e-mail: greenpeace.mexico@dialb.gl3

MEM (Movimiento Ecologista Mexicano)
Calz. Guadalupe, 120, Edif. 5-004
Col. Ex Hacienda de Coapa
14300 Mexico, D.F.
Tels.: (52-5) 684 3241 y (52-5) 678 0189

GRUPO DE LOS CIEN
Presidente: Homero Aridjis.
Tel.: (52-5) 540 7379.

Greenpeace en Suramérica

Greenpeace Argentina
Mansilla, 3046
1425 Buenos Aires
Fax 54 1 963 7164
e-mail: greepeace.argentina@dialb.gl3
        gp@wamani.apc.org

Greenpeace Brasil
Rua dos Pinheiros, 240 cj
12 05422 - 000 São Paulo SP
Tel. 011 - 881 6167
e-mail: greenpeace.brasil@dialb.greenpeace.org

Greenpeace Chile
greenpeace.chile@dialb.gl3

377

Algunas referencias y lecturas complementarias

I. *El milagro de la vida.*

Cowen, Richard, *History of Life* (2ª ed.), Blackwell, 1995.
Harold, Franklin, *A Study of Bioenergetics*, Nueva York, Freeman and Co., 1986.
Margulis, Lynn, *Symbiosis in Cell Evolution* (2ª ed., 1992), San Francisco, W. H. Freeman, 1981.
Margulis, Lynn y Karlene Schwartz, *Five Kingdoms* (3ª ed., 1988), Nueva York, W. H. Freeman, 1988.
Monastersky, Richard, «Life grows up», en *National Geographic*, abril, pp. 100-115, 1998.
Mosterín, Jesús, «Life elsewhere», en *Philosophy of Biology Today* (International Academy of Philosophy of Science y Publicaciones de la Universidad de Vigo), 1998.

II. *El reino de los animales*

Carroll, Robert, *Vertebrate Paleontology and Evolution*, Nueva York, Freeman and Co., 1988.
Conway Morris, Simon, *The Crucible of Creation: The Burgess Shale and the Rise of Animals,* Oxford University Press, 1998.
Janeway, Charles, «How the immune system recognizes invaders», en *Scientific American*, septiembre, 1993, pp. 40-47. (Este y los demás artículos de *Scientific American* están traducidos al español en *Investigación y Ciencia.)*
Lawrence, Peter, *The Making of a Fly: The genetics of Animal Design,* Blackwell Scientific Publications, 1993.
Levinton, Jeffrey, «The Big Bang of animal evolution», *Scientific American*, noviembre, pp. 52-59, 1992.
McMenamin, M. y D. McMenamin, *The emergence of Animals: The Cambrian Breakthrough*, Columbia University Press, 1990.
Raff, R. A., *The Shape of Life: Genes, Development and the Evolution of Animal Form,* Chicago University Press, 1996.

¡Vivan los animales!

III. *El ánima del animal*

Breidbach, O. y W. Kutsch (ed.) *The Nervous System of Invertebrates: An Evolutionary and Comparative Approach,* Boston, Birkhäuser, 1995.
Butler, Ann y William Hodos, *Comparative Vertebrate Neuroanatomy: Evolution and Adaptation,* Nueva York, Willey-Liss, 1996.
Griffin, Donald, *Animal Thinking,* Harvard University Press, 1984.
Griffin, Donald, *Animal Minds,* The University of Chicago Press, 1992.
Walker, Stephen, *Animal Thought,* Londres, Routledge, 1983.

IV. *Un mundo propio*

Karweina, Günther, *Der seschste Sinn der Tiere,* Hamburgo, Stern-Buch.
Varju, Dezsö, *Mit den Ohren sehen und den Beinen hören: Die spektakulären Sinne der Tiere,* Múnich, C. H. Beck Verlag, 1998.

V. *Los animales como agentes*

Nussbaum, Martha, *Aristotle's De Motu Animalium,* Princeton University Press, 1978.

VI. *El dolor como alarma*

Dawkins, Marian Stamp, *Animal Suffering: The Science of Animal Welfare,* Chapman & Hall, 1980.
Dawkins, Marian Stamp, «From an animal's point of view: Motivation, fitness, and animal welfare», en *Behavioral and brain Sciences,* 13, 1990, pp. 1-9 y 49-54.

VII. *Sobre la muerte*

Clark, William, *Sex & the origins of Death,* Oxford University Press, 1996
Duke, Richard, D. Ojcius y J. D. Young, «Cell suicide in health and disease», en *Scientific American,* diciembre 1996, pp. 48-55.
Moss, Cynthia, *Elephant Memories,* Nueva York, Fawecett Columbine, 1988.
Nuland, Sherwin, *How we Die: reflections on Life's Final Chapter,* Nueva York, Alfred Knopf, 1994. (Traducción española: *Cómo morimos,* Madrid, Alianza Editorial, 1995.)
Ruffié, Jacques, *Le sexe et la mort,* París, Odile Jacob, 1986.

Algunas referencias y lecturas complementarias

VIII. *La cultura de los animales.*

Bonner, John, *The Evolution of Culture in Animals*, Princeton University Press, 1980. (Traducción española: *La evolución de la cultura en los animales,* Madrid, Alianza Universidad, 1982.)

Boyd, R. y P. Richerson, *Culture and the Evolutionary Process*, The University of Chicago Press, 1985.

Mosterín, Jesús, *Filosofía de la Cultura,* Madrid, Alianza Editorial, 1993.

Sabater Pi, Jorge, *El chimpancé y los orígenes de la cultura* (2 ª ed.), Barcelona, Antrophos, 1984.

Wrangham, McGrew, de Waal & Heltne (ed.), *Chimpanzee Cultures,* Cambridge (Mass.), Harvard University Press, 1994.

IX. *La primacía de los primates*

Fleage, John, *Primate Adaptation and Evolution*, Academic Press, Inc., San Diego, 1988.

Galdikas, Biruté, *Reflections of Eden: My years with the Orangutans of Borneo,* Boston, Little Brown and Co., 1995.

Goodall, Jane, *The Chimpanzees of Gombe. Patterns of Behavior*, Harvard University Press, 1986.

Hetltne, Paul y Linda Marquet (ed.), *Understanding Chimpazees,* Harvard University Press, 1989.

McGrew, W. C., *Chimpanzee Material Culture: Implications for Human Evolution*, Cambridge University Press, 1992.

De Waal, Franz, *Bonobo: The Foirgotten Ape,* Berkeley, University of California Press, 1997.

X. *Del lobo al perro*

Derr, Mark, *Dog's Best Friend: Annals of the Dog-Human Relationship,* Nueva York, Henry Holt & Company, 1997.

Grande del Brío, Ramón, *El lobo ibérico: Biología y mitología,* Madrid, Hermann Blume, 1984.

McNamee, Thomas, *The return of the Wolf to Yellowstone,* Nueva York, Henry Holt & Company, 1997.

Thomas, Elizabeth Marshall, *The Hidden life of dogs,* 1993.

Zimen, Erik, *Der Wolf: Mythos und Verhalten,* Múnich, Meister, 1978.

XI. *Niveles de la conciencia moral*

Katz, Erik, *Nature as Subject: Human Obligation and Natural Community,* Lanham, Rowman & Littlefield, 1997.

Singer, Peter (ed.), *A Companion to ethics,* Oxford, Blackwell, 1991. (Traducción española: *Compendio de ética,* Madrid, Alianza Editorial, 1995.)

Taylor, Paul W., *Respect for Nature: A Theory of Environmental Ethics,* Princeton University Press, 1986.

XII. *Consideración moral de los animales*

Singer, Peter, *Animal Liberation* (2ª ed.), New York, Random House, 1990. (Traducción española, *Liberación animal,* Madrid, Trotta, 1998.)

Wolf, Ursula, *Das Tier in der Moral,* Francfort, Vittorio Klostermann, 1990.

XIII. *Gemidos en el laboratorio.*

Blum, Deborah, *The Monkey Wars,* Oxford University Press, 1994.

Orlans, Barbara, *In the Name of Science: Issues in Responsible Animal Experimentation,* Oxford University Press, 1993.

Rollin, Bernard, *The Unheeded Cry: Animal Consciousness, Animal Pain and Science,* Oxford University Press, 1989.

Rowan, Andrew y Franklin Loew, *The Animal Research Controversy: Protest, Process and Public Policy,* Tufts University School of Veterinary Medicine, 1995.

XIV. *Establos de concentración*

Prusiner, Stanley, «The prion deseases», en *Scientific American,* enero, 1995, pp. 30-37.

XV. *La tortura como espectáculo*

Gilpérez Fraile, Luis, *La vergüenza nacional: La cara oculta del negocio taurino,* Madrid, Penthalon Ediciones, 1991.

XVI. *Matar por diversión*

ADDA defiende los animales nº 9. Número monográfico sobre la caza.

Pallejá, Jorge de. *No matar: la opción de un cazador,* Barcelona, Juventud, 1994.

Algunas referencias y lecturas complementarias

XVII. *Derechos de los animales*

Cavalieri, Paola y Peter Singer (ed.), *The Great Ape Project: Equality Beyond Humanity*, Londres, Fourth State, 1993. (Traducción española, *El proyecto «Gran Simio». La igualdad más allá de la humanidad*, Madrid, Trotta, 1998.)

Lara, Francisco, «Hacia una teoría moral de los derechos del animal», en *Revista de la Facultad de Derecho de la Universidad de Granada*, 16, 1988, pp. 89-108.

Pelayo, Ángel, «Sobre los derechos de los animales», en *Anuario de Filosofía del derecho*, tomo VII, 1990, pp. 543-556.

Regan, Tom y Peter Singer, *Animal Rights and Human obligations* (2ª ed.), Prentice-Hall, 1989.

Rollin, Bernard, *Animal Rights & Human Morality,* Buffalo (N. Y.), Prometeus Books, 1992.

XVIII. *La extinción de las especies*

Ehrlich, Paul y Anne, *Extinction*, Nueva York, Random House, 1981. (Traducción española, *Extinción*, Barcelona, Salvat, 1987.)

Erwin, Douglas, «The mother of mass extinctions», en *Scientific American*, julio 1996.

Raup, David, *Extinction: Bad genes or Bad Luck?,* Nueva York, W. Norton, 1991.

Wilson, Edward (ed.), *Biodiversity,* Washington, National Academy Press, 1988.

Wilson, Edward, *The Diversity of Life*, Nueva York, W. Norton, 1992.

XIX. *Preocupación por la biosfera*

Cohen, Joel, *How Many People Can the Earth Support?,* Nueva York, Norton & Co., 1995.

Lovelock, James, *Gaia: A New Look at Life on Earth,* Oxford University Press, 1979.

Índice

Índice

Índice

Índice

Índice

Índice